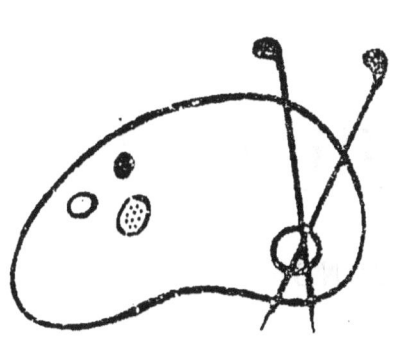

Couvertures supérieure et inférieure
en couleur

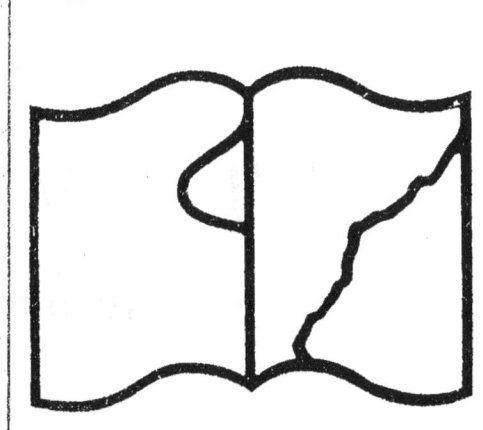

Couvertures supérieure et inférieure
détériorées

COUVERTURES SUPERIEURE ET INFERIEURE D'IMPRIMEUR

VOYAGE
ET AVENTURES
AUTOUR DU MONDE

LES ANTILOPES.

VOYAGE
ET
AVENTURES

AUTOUR DU MONDE

DE

ROBERT KERGORIEU

PAR

PHILIBERT AUDEBRAND

PARIS
THÉODORE LEFÈVRE ET Cie, ÉDITEURS
2, RUE DES POITEVINS, 2

PROLOGUE

La vieillesse de Robert Surcouf. — Un jour de soleil. — Jacques le matelot. — La pipe du corsaire. — Un enfant. — Confidence. — Robert Kergorieu. — Vœu du parrain. — Projet d'un voyage autour du monde. — Legs à un vieux serviteur. — Mort de Robert Surcouf.

Vers les derniers jours du mois de septembre, en 1827, une scène touchante se passait sur les côtes de la Bretagne, à Saint-Servan, près de Saint-Malo. L'automne commençait. Un vent frais et déjà un peu sec, qui soufflait de la mer, poussait les feuilles jaunies des marronniers jusque sur le seuil d'une petite maison à toit rouge et à volets verts, construite sur une éminence comme un nid d'aigle sur un rocher.

Il était dix heures du matin.

Un vieillard à figure martiale était assis à une fenêtre du levant, sur un fauteuil de cuir. Quoique une pâleur de sinistre augure s'étendît sur ses joues, il y avait encore une certaine fermeté sur les divers traits de son visage. Les lèvres n'hésitaient pas à sourire, surtout au moment où le soleil, un peu plus chaud, sortit d'un nuage et attiédit tout à coup l'atmosphère.

— Voilà un beau soleil qui me rappelle mes belles journées de l'Inde, dit alors le vieillard d'une voix tout à la fois faible et énergique.

En même temps, il faisait signe de la main à un vieux serviteur de s'approcher de son fauteuil.

— Jacques, lui dit-il, ne me tiens pas tête, ainsi que tu as la louable habitude de le faire : il me vient une fantaisie de malade à laquelle je ne veux pas résister plus longtemps.

— Capitaine, répondit celui qu'il venait d'appeler, vous savez d'avance que je refuserai *mordicus* tout ce qui pourrait contrarier les ordonnances du médecin.

A ce dernier mot, le malade fit un bond sur son fauteuil.

— Le médecin ! ah ! c'est juste, Jacques, j'oubliais que je suis entre les mains de cet ancien carabin de l'hôpital de Brest. Depuis dix jours que mes rhumatismes et mes blessures me paralysent, l'homme de la science me torture comme un Anglais du temps de Nelson ne l'eût jamais fait. Mille sabords ! que de tisanes émollientes et que de tisanes sucrées vous me faites prendre à vous deux ! Belle distraction, en vérité, pour un vieux loup de mer qui n'a jamais aimé que le tafia de la Jamaïque ! Eh bien, tiens, Jacques, c'est précisément à cause de tous ces breuvages sans saveur qu'il m'arrive une fantaisie. Donne-moi ma pipe.

Ici Jacques parut hésiter.

— Ne vas-tu pas te faire tirer l'oreille pour si peu de chose? reprit le vieillard. Une pincée de tabac de Smyrne que je brûlerai à moitié au grand air, afin de saluer une dernière fois ce beau soleil d'automne, quel grand mal cela pourrait-il me faire? Ah ! si je te demandais un petit verre de genièvre ou deux grains d'opium, à la bonne heure, je comprendrais ta résistance ; mais, pour ma pipe, rien n'est plus innocent. En conscience, tu ne peux me la refuser.

Jacques se mit à regarder son maître avec un certain air d'attendrissement.

— Au fait, capitaine, reprit-il, j'ai beau tourner et retourner entre mes mains l'ordonnance du docteur, je n'y trouve pas une ligne qui prohibe la pipe. Ainsi, comme il n'y a pas de défense, je n'ai qu'à vous obéir; mais cependant ce sera à une condition.

— Laquelle donc, maître raisonneur?

— C'est que vous ne la garderez pas plus de dix minutes.

— Soit, répondit le vieillard en souriant; dix minutes suffisent pour m'aider à penser à mon rêve.

Lorsque Jacques, qui avait fini par s'exécuter, lui eut donné une longue bourse de cachemire brodée, qui servait de blague à tabac, le vieillard reprit:

— Entre nous, mon pauvre Jacques, toutes les grandes précautions du médecin sont bien des mesures prises en pure perte. Il vaudrait autant ne plus rien me défendre. Je n'irai pas loin, je le sens bien.

— Capitaine, ne parlez pas sur ce ton-là, je vous prie, si vous ne voulez point affliger votre vieux Jacques. Vous avez encore bonne façon. Traversons cet hiver, et vous reverdirez au printemps.

— Jacques, ce sont-là de ces jolies choses qu'on chante aux têtes folles. Quant à moi, je sais bien où j'en suis. Il n'y a plus d'huile dans la lampe, comme on dit. Un peu plus tôt, un peu plus tard, que m'importe l'heure où je prendrai ma feuille de route pour l'autre monde, puisqu'il faut que je parte? Tu sais bien, d'ailleurs, que la mort n'a jamais fait peur à Robert Surcouf.

Robert Surcouf était, en effet, le vieillard de la petite maison de Saint-Servan. L'intrépide corsaire qui, pendant trente années, avait été la terreur des Anglais, voyait finir sur la terre sa vie agitée; il s'éteignait dans le calme, sous un toit modeste, assis sur un fauteuil, servi par un matelot qui l'avait accompagné jadis, tout enfant, dans ses courses à travers les mers d'Europe et d'Asie. Plein de sérénité et de courage, il aurait eu honte de faiblir à l'approche de ce que, dans son langage de marin, il appelait la dernière tempête et la dernière bataille de la vie.

Jacques venait de lui donner du feu.

— Je reviens à ce que je te disais il y a un instant, reprit Robert Surcouf. Si je tiens tant à fumer ma pipe ce matin, c'est pour m'aider à fixer ma pensée sur un article délicat de mon testament.

Ici le capitaine Surcouf tira de sa bouche deux ou trois gorgées de fumée, et il ajouta :

— Voilà bientôt quatre ans, dans un temps où je pouvais encore me servir de mes jambes, je revenais de Saint-Malo à pied, appuyé sur cette canne à pommeau d'ivoire que j'ai rapportée de mes voyages et qui a appartenu à Tippoo-Saïb. Le jour baissait. Au détour du chemin connu sous le nom de Chêne-Tordu, je me rencontrai avec une femme tout en larmes. On a beau avoir vécu toute sa vie entre le ciel et l'eau, la hache à la main, assis auprès d'un baril de poudre, on n'en a pas moins un cœur capable de s'attendrir. Or j'étais d'autant plus porté à me sentir ému que celle qui pleurait était la sœur de Luc Kergorieu, l'un de nos vieux compagnons d'armes, ex-matelot de la *Foudroyante*.

« — Eh ! qu'avez-vous donc tant à vous lamenter ainsi, Yvone ? lui demandai-je.

« — Capitaine, me répondit-elle en essuyant ses yeux du coin de son tablier, un double et terrible malheur vient de frapper notre pauvre maison. Mon frère Luc Kergorieu est mort dans un dernier voyage du côté de la terre de Van-Diémen, où il était allé pour une dernière fois à la pêche de la baleine. On en a reçu la nouvelle hier par l'*Alcyon*, qui revient de ces parages.

« — Luc était un brave marin et un honnête homme. Voilà, en effet, un grand malheur, Yvone.

« — Ah ! capitaine, ce n'est pas le seul, allez !

« — Qu'y a-t-il donc encore ?

« — Vous savez que Luc Kergorieu s'était marié, il y a un an, avec une jeune femme du Morbihan. Lorsque la sinistre nouvelle nous est parvenue, la pauvre Maëric venait justement de mettre au monde un gros garçon, rose et joufflu comme une cerise de Normandie.

« — Eh bien, Yvone, qu'en est-il résulté ?

« — Capitaine, la pauvre Maëric fut tellement saisie de

tristesse, qu'elle en est morte deux heures après; et voilà un enfant sans père ni mère. »

En parlant ainsi, elle se remettait à pleurer. Je n'y pus tenir, et lui tendant la main :

« — Yvone, lui dis-je, vous ne dites vrai qu'à demi. L'orphelin n'a plus ni père ni mère, mais il aura en moi un parrain qui lui tiendra lieu de l'un et de l'autre. Robert Surcouf est bien vieux ; il n'a plus sans doute que peu de temps à vivre ; néanmoins il adopte le marmot. Si, par malheur, il vient à partir trop rapidement, ce sera à la grâce de Dieu : l'enfant aura toujours eu un peu de bon temps. »

Yvone pleurait toujours, mon pauvre Jacques.

— Sans doute, capitaine, mais ce ne devait pas être de la même manière.

— En effet, il y avait sur ses yeux, à travers ses larmes, un certain rayon de contentement. La bonne femme me remercia avec effusion. Dès le soir même, on apporta dans cette petite maison le berceau du fils de Kergorieu; dès la nuit suivante, nous avons été, toi et moi, changés en pères nourriciers de ce gaillard, qui promettait déjà d'être un vrai diable à quatre. Tandis que je le faisais sauter sur mes genoux en fredonnant des chansons de tous les pays, tu lui faisais boire du lait de chèvre. Avec le temps, ces soins lui ont profité ; il a grandi ; il marche seul. Tout annonce qu'il sera vigoureux et brave. Il porte déjà fort dignement le nom de Robert que je lui ai donné sur les fonts de baptême ; mais, comme son père, je vais partir, moi aussi, mon pauvre Jacques, pour mon dernier voyage.

Ici le capitaine prit un petit temps de repos.

— Jacques, c'est précisément à tout cela que se rapporte l'idée dont je voulais t'entretenir.

— Parlez, capitaine.

— Tu comprends bien qu'un enfant de la Bretagne, un fils de Kergorieu, un filleul de Robert Surcouf, un nourrisson de Jacques, ne peut être qu'un marin. Cependant on a vu des bizarreries où la nature a l'air de se déjuger elle-même. Quand l'heure d'être un homme sonnera pour mon filleul, à quelle chose sera-t-il propre ? Je désire qu'il soit loup de mer comme tant d'honnêtes gens ; pourtant il peut se faire qu'il y ait plutôt en lui l'étoffe d'un notaire, d'un douanier, d'un avocat ou de tout autre gratte-papier. Afin qu'il n'y ait aucun doute sur ce point, j'ai donc imaginé un expédient pour la réussite duquel j'ai grand besoin de ton dévouement.

— Vous savez, capitaine, que je n'ai rien à vous refuser.

— Si je meurs ces jours-ci, comme tout l'indique, l'enfant ne cessera point d'être placé sous ta tutelle ; tu l'élèveras dans l'amour de la mer, en le faisant jouer sur le rivage et en lui rappelant le passé de son parrain. Aussitôt qu'il approchera de sa quinzième année, tu songeras à faire avec lui un voyage de long cours. Des fonds sont destinés à cet objet ; tu les trouveras chez l'agent d'affaires chargé de mes intérêts. Après t'être pourvu de deux camarades de Robert, choisis de préférence parmi les enfants du peuple, tu t'embarqueras avec ton élève dans le but de lui faire faire le tour du monde. Vous visiterez ainsi de compagnie l'Arabie, l'Égypte, la mer Rouge, la Perse, les Indes, la Chine, le Japon, un archipel qu'on nomme l'Océanie, les deux Amériques et le Levant. Au retour, tu examineras mûrement le résultat de cette traversée. Si Robert n'a pas de goût pour l'eau salée, pour la vie aventureuse et pour les divers soleils que vous aurez vus luire, tu t'arrêteras au projet d'en faire un personnage sédentaire, quelque chose comme un homme de loi ; si, au contraire, il a souri au milieu des tempêtes, si la vie du matelot lui a plu, si l'aspect des contrées changeantes a allumé dans son jeune esprit la flamme si vive de la curiosité et de l'intérêt, tu trouveras dans mon testament un article spécial pour lui, et tu te mettras sans retard en mesure d'en faire accomplir l'exécution. M'as-tu bien compris, Jacques ?

— Fort bien, capitaine. Rien ne m'a échappé.

Cette longue conversation ayant communiqué à Robert

Surcouf une subite fatigue, il se tut un instant; puis, reprenant :

— Jacques, dit-il, tu es un bon et loyal serviteur. Ton vieil ami ne t'a pas oublié; mais, en raison de la circonstance et en attendant un autre legs, il veut te faire un cadeau.

— Quel cadeau, capitaine? demanda le marin.

Robert Surcouf tira de sa bouche, qu'il forçait à sourire, sa belle pipe à bout d'ambre.

— Tiens, dit-il, je viens de la fumer pour la dernière fois; c'est maintenant à toi qu'elle appartient.

— Capitaine, il est bien vrai, vous me donnez votre pipe?

— Je l'ai fumée, tu te le rappelles, peut-être cent fois en présence de l'ennemi. L'Anglais la connaît bien, va! Les grands amiraux de l'autre côté de l'Océan redoutaient autant sa fumée que celle de nos canonnières. Dans les mers de l'Inde, elle est passée à l'état de légende. En Bretagne, elle n'est pas moins populaire que la pipe de notre immortel Jean Bart. Après moi, qui pourrait la porter plus dignement que celui qui, placé tout jeune près de moi, ne m'a pas quitté un jour depuis trente ans, à terre et sur mer?

En achevant ces paroles, il tendit la pipe à Jacques, qui ne pouvait contenir son émotion.

— Que vois-je là, Jacques? dit le corsaire. Mille sabords! il me semble que tu pleures! Un vieux marin! un loup de mer! Y songes-tu? Allons, renferme en toi-même ton accès de tristesse et n'oublie pas mes recommandations.

Jacques se détourna un peu, afin de dissimuler une larme qui pendait à ses cils blancs.

— Capitaine, poursuivit-il en s'efforçant de prendre un air enjoué, tout ce que vous venez de me dire m'a attendri, je l'avoue. On ne touche pas à ce qu'on révère sans céder à un mouvement d'émotion. Dame, j'avais toujours considéré votre pipe comme un objet sacré; mais, entre nous, rien ne presse; vous auriez pu remettre à un autre temps le soin de m'annoncer vos intentions. Dieu merci! Robert

Surcouf peut encore fumer du tabac d'Orient sur le seuil de sa petite maison.

— Mon bon Jacques, je te connais. Si je te laissais faire, tu en dirais jusqu'à demain sur ce ton-là. Pas un mot de plus. Ah! je sais où j'en suis. Mais qu'importe? Je finirai bien, sois tranquille. J'ai vu assez souvent la mort en face pour ne pas la craindre. Tiens pour bien dit ce qui est convenu entre nous, et bon courage.

En achevant ces mots, il lui serra affectueusement la main.

A trois mois de cette scène, Robert Surcouf rendait le dernier soupir.

— Je ne perds plus de vue le filleul de mon capitaine, disait le vieux Jacques.

LES BORDS DE LA RANGE.

CHAPITRE PREMIER

Mort et obsèques de Robert Surcouf. — Éducation de Robert Kergorieu. — Mutinerie réprimée. — L'école de Saint-Malo. — Récits du matelot. — La quatorzième année. — Un camarade de classe. — Projet de voyage. — Horace Vertpré. — D'un petit musicien que Jacques et Robert Kergorieu rencontrèrent, le soir, dans une rue déserte. — Aventures de Claude Marteau. — Un souper à Saint-Servan. — Préparatifs de départ. — On quitte la terre.

Robert Surcouf avait le coup d'œil trop juste pour se tromper sur le caractère et surtout sur la fin de sa maladie; il savait qu'il ne pouvait aller loin.

Trois mois, en effet, après les scènes que nous venons de décrire, une foule en deuil se pressait aux abords de la petite maison de Saint-Servan.

L'intrépide corsaire était mort au commencement du jour.

Robert Surcouf, qui était fort aimé, portait un nom populaire; la Bretagne voulut lui faire d'imposantes funérailles.

Sur la route du cimetière, en tête du cortége funèbre, on apercevait un ancien matelot de la *Foudroyante* et à côté de lui un jeune enfant. Nos lecteurs ont déjà deviné que c'était Jacques, qui tenait par la main le petit Robert Kergorieu, le filleul du défunt.

Jacques avait peine à retenir ses larmes. Tout en marchant, il se disait :

— N'ayons pas les yeux mouillés. Mon maître traitait ces choses-là de faiblesse.

Quant à l'enfant, tous les détails de cette cérémonie l'avaient saisi d'une tristesse soudaine. D'ailleurs, comme il comprenait d'instinct qu'il s'agissait d'une séparation entre le capitaine et lui, il ne pouvait s'empêcher de pleurer.

Au retour à la petite maison, il interpellait naïvement l'ancien marin.

— Jacques, je viens d'entendre dire que grand-parrain est mort. Est-ce que c'est pour toujours ?

— Oui, pour toujours, mon enfant.

— Alors je ne le reverrai plus ?

— Non, mon enfant. Cependant, écoute bien, Robert : j'ai à te dire deux mots à ce sujet.

— Parle, Jacques.

— Ton grand-parrain ne se montrera plus à toi ; mais de temps en temps il me fera appeler pour causer avec moi. Quand nous aurons fini de nous entendre, je te redirai ses paroles. Tu obéiras à ses ordres, Robert ?

— Toujours, répondit l'enfant.

Jacques, délié comme le sont tous les hommes qui ont passé une grande portion de leur vie en voyages, avait cru devoir se servir de ce stratagème pour frapper fortement l'imagination de son élève. On verra par la suite de ce récit qu'il devait avoir à s'applaudir plus d'une fois d'avoir eu cette idée.

— Dans tous les cas, se disait-il, ce ne peut pas être un mal que d'apprendre de bonne heure aux enfants à respecter la volonté de ceux qui ne sont plus.

Jacques et l'enfant continuèrent à habiter la petite maison du capitaine.

Il y avait quelque chose de touchant à voir l'ancien matelot s'occuper de l'éducation de son pupille avec la solli-

CHAPITRE I.

citude d'une mère. A mesure que Robert Kergorieu avançait en âge, Jacques se pliait aux caprices de ses jeux ainsi que l'aurait pu faire un camarade. Saint-Servan, comme tout le monde le sait, n'est séparé de Saint-Malo que par un petit bras de mer. C'était presque toujours sur le rivage qu'ils se livraient à leurs ébats. Jusqu'à sa septième année, le filleul du corsaire n'était élevé qu'au point de vue du

développement de la santé physique. Prendre un salutaire exercice, courir, apprendre à nager, s'exercer sur le port à grimper sur les navires et même à se hisser jusqu'au sommet des mâts, telle était la gymnastique à laquelle il était surtout rompu. Aussi, au moment où il allait entrer dans sa huitième année, était-il sans contredit l'un des plus beaux et des plus vigoureux enfants qu'on pût voir sur les côtes de la Bretagne.

— Eh! eh! Robert, lui dit un matin Jacques d'un ton moitié grave et moitié joyeux, tu es fort pour ton âge : il n'y a pas de gars de Rennes à Saint-Brieuc qui soit mieux bâti que toi. Mais être un enfant bien construit du corps ne suffit point pour faire son chemin dans le monde. Il faut, en outre, qu'on ait l'esprit un peu cultivé, ou, pour le moins, qu'on sache les vingt-quatre lettres de l'alphabet et une demi-douzaine des belles choses qu'elles aident à étudier. Dès demain, tu iras à l'école chez Mathurin, à deux pas d'ici, près du Chêne-Tordu.

Dans le premier moment, Robert Kergorieu ne put se défendre de faire la grimace. Il est rare qu'un enfant qui a eu, dès ses premières années, sa pleine indépendance, n'éprouve pas le contre-coup d'un mouvement d'insoumission quand on veut le soumettre à une discipline.

— Comment! s'écriait le mutin, aller à l'école chez Mathurin, tous les jours?

— Oui, tous les jours, mon cher enfant.

— Mais je ne pourrai plus courir en liberté dans la campagne ni faire de belles promenades en bateau sur les bords de la Rance!

— Non, mais tu sauras bientôt lire dans les beaux livres.

— Mais je ne pourrai plus aller dénicher les nids, au printemps, sur les haies!

— Non, mais tu pourras écrire couramment sur le papier.

— Mais je ne pourrai pas aller voir les navires qui reviennent de Constantinople ou de New-York avec des Turcs et des perroquets?

— Non, mais tu sauras bientôt l'arithmétique, un peu d'astronomie, un peu de géographie et tout ce qu'il faudra pour essayer un jour d'aller dans les pays que tu viens de nommer.

Robert Kergorieu ne convenait pas encore que ce changement de régime pût être préférable à celui qui lui permettait de vagabonder à son aise avec les polissons de la côte. Cependant, pour achever de vaincre sa résistance, Jacques, voulant remuer tout ensemble les fibres de son cœur et les ressorts de sa mémoire, mit fin à ce dialogue en disant :

— Tu sais, Robert, la volonté de grand-parrain est que tu obéisses et que tu ailles à l'école.

— J'irai à l'école à compter de demain matin, répondit l'enfant avec le ton du plus profond respect.

Jacques l'embrassa.

Pendant les deux premières années qui suivirent ce colloque, l'orphelin, doué d'une riche nature, apprit avec assez de facilité les notions élémentaires qu'un maître d'école pouvait donner à des fils de matelots. Plus le temps s'avançait, plus son jeune esprit se formait.

— Dans six mois d'ici, se disait Jacques, notre gaillard sera assez fort pour passer à des études d'un ordre plus élevé, mais jusqu'à ce moment-là nous ne devrons pas cesser de le traiter en enfant.

L'ancien matelot de la *Foudroyante* se donnait ainsi beaucoup de mouvement pour faire, avec le temps, du filleul de son capitaine un marin distingué, capable à tous égards de bien porter le nom de son parrain.

Indépendamment de la lecture, de l'écriture, de l'arithmétique, des éléments de l'astronomie et de divers autres commencements, Robert Kergorieu recevait des leçons d'escrime. Ne fallait-il pas qu'on l'accoutumât peu à peu à regarder un sabre et une épée? On avait de même mis à sa disposition une petite bibliothèque, naturellement garnie des livres que l'enfance aime à lire. Ces ouvrages avaient été choisis de telle façon que le goût de la marine pût venir à celui qui les feuilleterait ; il n'y avait encore que trois volumes bien connus de tous les enfants : les *Aventures de Télémaque*, *Robinson Crusoë* et les *Aventures de Robert-Robert et de son fidèle compagnon Toussaint Lavenette*.

— S'il ne mord pas avec un peu de passion à la lecture de ces livres-là, se disait Jacques, c'est qu'il n'aura pour la mer qu'un goût modéré, et il sera dès lors assez difficile de mettre à exécution les ordres que j'ai reçus de mon capitaine. Si, au contraire, il se préoccupe de ces ouvrages, je serai sans inquiétude : nous ferons notre voyage.

Jacques fut bientôt à même de voir que donner de telles relations de voyage à l'écolier, c'était mettre le feu à une traînée de poudre. L'enfant parcourait ses trois tomes au point de les savoir par cœur. *Robinson Crusoë* surtout le captivait au plus haut point. Quand il se trouvait seul dans le jardin de la petite maison ou sur le rivage, sa jeune imagination l'emportait dans un rêve où il se voyait dans une île déserte, absolument comme son héros de prédilection. Il plantait alors des palissades en terre, il coupait avec son couteau de petites planches de sapin pour en faire un vaisseau, ou bien il s'équipait sérieusement pour aller à la pêche aux tortues ou à la chasse aux agoutis. Jacques, qui le surprenait parfois dans ses jeux, l'entendait jeter au vent quelques tronçons du livre dont il était si profondément pénétré. « Vendredi, va-t'en puiser de l'eau à la source. —Oui, maître. — Vendredi, demain nous irons prendre des singes. — Oui, maître. — Vendredi, apporte-moi des feuilles de cocotier. » Dans son enthousiasme, Robert Kergorieu prolongeait ses regards au delà même de l'île de Robinson Crusoë. Par exemple, simulant une fois la fâcherie, il disait au noir : « Vendredi, si tu me sers si mal à l'avenir, je te condamnerai à planter des cannes à sucre toute ta vie. »

— Allons, tout cela va pour le mieux, se disait le matelot de la *Foudroyante*, il aura le cœur d'un marin. Le moment est venu de l'entretenir un peu plus souvent des pays que nous avons vus et des soleils lointains qui nous ont réchauffés, son parrain et moi.

De ses longs voyages dans l'Inde Jacques avait rapporté un grand nombre de légendes populaires. Ces contes, qui avaient jadis charmé les heures de quart de la *Foudroyante*, étaient bien de nature à former le jeune esprit de Robert Kergorieu. Durant les soirées d'hiver, quand des branches d'arbre brûlaient dans l'âtre de la petite maison, le matelot remuait ses souvenirs et racontait mille choses curieuses à son élève.

L'Inde est, par excellence, le pays qui séduit le plus l'esprit des enfants, Robert Kergorieu, interpellant son vieil ami :

— Ah ça ! Jacques, lui disait-il, parle-moi donc un peu des éléphants.

L'enfant, qui avait déjà lu plus d'un chapitre des *Aventures de Simbad le Marin*, ne tarissait pas de questions de ce genre. Lorsque Jacques avait bien satisfait à sa curiosité en lui parlant des éléphants, c'étaient des exclamations à n'en plus finir sur le bonheur qu'on éprouve à faire de grands voyages à travers les mers bleues et les pays inconnus.

— Comment ! s'écriait l'enfant ravi, grand-parrain et toi, Jacques, vous êtes allés dans le pays des éléphants ?

— Oui, sans doute, Robert ; nous sommes allés à Madras, à Chandernagor, à Bombay, à Calcutta, à Delhy et à Ceylan, l'île des perles.

— Qu'il me tarde donc de devenir grand pour aller à mon tour visiter ces belles contrées ! reprenait Robert Kergorieu. Nous irons, n'est-ce pas, Jacques ?

— Aussitôt que tu approcheras de ta quinzième année, mon enfant.

Ce n'était pas tout. Pour lui faire prendre patience et en même temps pour entretenir son imagination dans les mêmes projets, le Breton entamait alors quelques-uns de ses récits qui parlaient de la presqu'île du Gange et de ses merveilles. Les contes de ce pays plaisaient toujours au filleul du corsaire, mais il les aimait cent fois plus encore lorsqu'il y était question des tigres, des serpents, des panthères qui animent d'une manière si terrible le paysage de l'Orient. Il se trouvait aussi charmé quand le narrateur s'arrêtait, par hasard, à décrire une plante rare, la fleur du lotus, qui est sacrée pour les Hindous, ou le cotonnier, qui est un produit si précieux pour l'industrie moderne.

Ainsi, tout en l'amusant, ces contes nourrissaient son esprit.

Jacques, qui avait l'humeur enjouée, n'était pas fâché non plus de rencontrer quelque occasion d'égayer son élève. Dans ce cas-là, il demandait à sa mémoire des légendes propres à délasser.

Ces histoires entretenaient naturellement le feu sacré dans le cœur de Robert Kergorieu. Comment, d'ailleurs, n'aurait-il pas aimé la vie pittoresque et poétique des matelots? Le pays où il grandissait est entouré d'une mer qui envoie constamment sur ces parages des voiles arrivant de tous les points du globe. Tant de navires de structures diverses, tant de costumes bizarres d'Arabes, de Nubiens, d'Océaniens et d'Américains, tout ce qu'il voyait pour la première fois, serpents, oiseaux, lions, rhinocéros, tant de fleurs éclatantes qui éblouissaient ses yeux et enivraient son odorat, avaient fini par le convaincre qu'il n'y a rien de comparable ici-bas à la profession de marin.

— Quel autre homme que celui-là peut donc voir, toucher et interroger toutes les œuvres de Dieu?

Sur ce rocher de la Bretagne que la plume d'or de Chateaubriand a immortalisé, on ne peut songer à aucun autre état pour un enfant.

Le port de Saint-Malo est d'un accès très-difficile, à cause des récifs qui en obstruent l'entrée; mais le séjour en est sûr et commode. Il est d'une très-haute importance nautique et commerciale. La rade se trouve, à l'ouest, au dehors de l'embouchure de la Rance; elle est défendue par sept forts, dont le principal, la Couchée, est un ouvrage remarquable de Vauban. La chaussée qui lie Saint-Malo au continent est extrêmement solide; cependant on est souvent obligé de la réparer. Une tempête l'enleva même en partie, il y a quelques années. L'aspect de la ville est fort curieux. Plusieurs rues sont bien bâties, et l'on y voit de magnifiques hôtels. C'est la mer qui a enrichi tout ce pays. Toutes les pensées des habitants se tournent conséquemment vers la mer.

Robert Kergorieu était parvenu à la fin de sa treizième année. Le jeune homme succédait à l'enfant. Qu'on se figure un garçon de haute taille, bien découplé, ayant la poitrine carrée, cheveux blonds, yeux bleus, beaucoup de franchise sur le visage, un air digne et respectueux dans le maintien. Jacques, qui ne le perdait pas de vue un seul jour, avait pris soin de le conduire de la petite école de Mathurin à Saint-Servan à une école d'adultes à Saint-Malo. Là, le filleul de Robert Surcouf avait pu mûrir sa jeune tête dans des études d'une nature plus sévère ; à ce qu'il savait déjà il avait dès lors pu ajouter l'histoire, la physique, la chimie, un peu de botanique. Celui qui lui servait de tuteur n'oubliant pas le plan d'un voyage autour du monde, tenait à ce qu'il sût les principes des trois ou quatre idiomes qu'on est le plus exposé à parler à travers les mers. Ainsi le futur marin avait appris l'anglais, l'italien, l'allemand, un peu de hollandais et d'espagnol.

— Le voilà ferré à glace, pensait l'ex-matelot.

En regard de son élève, à l'école de Saint-Malo, il se trouvait un enfant de son âge, le plus intime de ses camarades, celui que, dans la suite de la vie, on aime d'une de ces amitiés de collège qui ne finissent jamais. Il se nommait Horace Vertpré et avait, comme Robert Kergorieu, tous les instincts maritimes que donnent aux Bretons l'air et le sol du pays. Ses parents l'entretenaient aussi dans cette pensée qu'il s'embarquerait à son gré, aussitôt qu'il serait un jeune homme.

Un jour, à la suite d'une promenade qu'ils faisaient ensemble sur le port, le spectacle mouvant des navires arrivant et partant captivait leurs yeux. Ils voyaient des bateaux à vapeur revenir d'Angleterre et des voiles blanches se diriger vers un point opposé. Dans l'un et l'autre cas, la gaieté animait les traits des matelots et des passagers.

— La belle vie ! disait Horace Vertpré, je n'en comprends pas d'autre.

Robert Kergorieu l'arrêta alors fraternellement par le bras.

— Écoute, Horace, lui dit-il. Très-souvent je t'ai parlé de la volonté que mon grand-parrain a exprimée avant sa mort de me voir, dès la fin de ma quatorzième année, prendre la mer afin de faire un voyage de long cours autour du monde. Nous sommes unis comme deux frères. Tu es bien portant, brave, déjà instruit; tu as l'air d'aimer la vie de marin, à laquelle tes parents te destinent. Eh bien, réfléchis et décide-toi. Jacques, l'excellent homme qui remplace mon grand-parrain, m'a prévenu que nous allions songer aux préparatifs de cette longue course. D'ici à huit jours tu as le temps de te recueillir, de consulter ta famille et de prendre un parti. Il ne tiendra qu'à toi de venir avec nous.

Ces paroles avaient été prononcées sur un ton attendri qui émut vivement Horace Vertpré.

— Ami Robert, répondit-il, tu ne pouvais pas me proposer une chose qui fût plus conforme à ce que désire mon cœur. Faire un long voyage avec toi est pour moi un avantage et plus qu'un plaisir. D'abord j'y gagnerai de ne pas me séparer de mon meilleur ami; en second lieu, j'aurai ainsi une occasion peu coûteuse de compléter mon éducation et l'inappréciable bonheur de voir des pays qu'on ne connaît presque jamais que par ouï-dire. Tu comprends bien qu'en ce qui me concerne, j'ai déjà suffisamment réfléchi; j'accepte et de grand cœur. Mais il reste à obtenir le *satisfecit* de mes parents, et c'est ce dont je vais m'occuper dès demain même.

— C'est juste, répliqua Robert Kergorieu, *père et mère honoreras*, c'est une des dix grandes lois de Dieu que nous ne devons jamais oublier.

Le résultat de la démarche d'Horace Vertpré ne pouvait être douteux. Sachant bien que Jacques était un honnête homme et que l'on prendrait le même soin des deux enfants, les parents de l'écolier n'hésitèrent pas.

Il fut seulement décidé qu'on mettrait quelque temps à rendre le départ possible. Ne fallait-il pas rajeunir et doubler les hardes des voyageurs, songer à l'emplette des lunettes, des armes et des divers objets qui pouvaient leur servir, leur prescrire minutieusement certaines mesures d'hygiène, et enfin accomplir les formalités qui sont de mise en pareille occasion?

Jacques avait nécessairement beaucoup à faire, puisque c'était lui, au bout du compte, qui dirigeait l'entreprise. Une assez grosse somme d'argent, qui était déposée chez un notaire de la ville pour les frais du voyage, fut mise à sa disposition. Avec cette somme, représentée tant par des pièces d'or que par des billets de diverses banques étrangères, on lui montra une nouvelle lettre de Robert Surcouf, qui avait pour suscription ces mots : *A mon fidèle Jacques.* — Il lui était enjoint de ne décacheter cette épître qu'au retour de la petite expédition à Saint-Malo, c'est-à-dire après le voyage accompli.

Le vieux serviteur regardait sans doute comme une bonne fortune que Robert Kergorieu eût rencontré à l'école même un ami qui consentît à devenir son compagnon de voyage; mais la volonté du corsaire étant qu'il y eût deux camarades au lieu d'un auprès de son filleul, il avait à compléter ce nombre. Jacques s'informait donc à travers les faubourgs, parmi les familles de marins ou de pêcheurs, pour savoir s'il y avait quelque enfant pauvre qui pût servir à faciliter les volontés dernières de son maître. Une telle recherche présentait beaucoup de difficultés et il n'était guère supposable qu'il mît la main sur un jeune homme disposé à quitter sa famille pour aller au bout du monde dans l'intérêt d'un autre.

Ce rocher de la Bretagne est riche. Ceux qui l'habitent jouissent d'une certaine indépendance dont ils sont justement fiers et qu'ils n'aliènent pas volontiers en échange d'argent.

Par bonheur le hasard, si intelligent quand il est administré par la Providence, servit l'ancien matelot à souhait.

Un certain soir, à la brune, Jacques et Robert Kergorieu rentraient dans la petite maison du capitaine. Avant de quitter Saint-Malo, ils aperçurent un enfant de dix à douze ans qui cherchait à s'endormir sur les dalles d'une rue isolée.

— Hé! mon petit ami, dit Jacques, que fais-tu là?

— Vous le voyez, mon bon monsieur, je me prépare tant bien que mal un gîte pour passer la nuit.

— Comment! petit, tu n'as donc pas d'asile?

— Non, monsieur, et cela depuis que je suis au monde.

En parlant ainsi l'enfant, s'étant relevé, laissa voir un assez grand garçon, l'œil vif, la figure gaie, tous les indices d'une bonne nature.

— Qui es-tu? poursuivit Jacques.

— Un enfant abandonné, monsieur.

— Es-tu de ce pays?

— Non, monsieur, j'arrive de loin. Il y a trois jours, j'étais à la foire de Rennes avec des musiciens. On m'y faisait

jouer de la flûte et des cymbales. Cette vie avec des gens sans courage m'a causé du dégoût. D'ailleurs j'y recevais plus de coups de bâton que de morceaux de pain. Un soir, profitant d'un moment où le chef de la bande était endormi, je me suis faufilé dans les groupes de paysans et je me suis mis à courir tout droit devant moi. Sur mon chemin j'ai rencontré un bateau pêcheur qui a bien voulu me prendre avec lui et m'amener ici; je suis donc arrivé de ce soir, et me voilà.

— As-tu soupé?

— Une bonne femme m'a donné deux pommes de reinette que j'ai mangées.

— Deux pommes ne sont pas un repas suffisant à ton âge, car tu dois bien avoir douze ans?

— Douze ans et demi, mon bon monsieur.

— Eh bien, si tu veux venir avec nous, tu dîneras une seconde fois, et tu ne t'en porteras pas plus mal.

L'enfant ne se le fit pas dire deux fois. Il mit sa casquette sur l'oreille d'un air décidé et suivit les deux amis.

Chemin faisant, Jacques reprit le cours de ses questions.

— A propos, dit-il à l'enfant, tu as un nom?

— Sans doute, monsieur.

Et en riant :

— J'en ai même plusieurs. Chez les musiciens on m'appelait d'habitude monseigneur Rognolet, général des Espagnolets, ce qui égayait beaucoup ces messieurs. Dans l'intimité, je réponds au nom de Claude Marteau, qui m'a été laissé, je crois, par ma mère, près de l'endroit où j'ai été trouvé abandonné. C'est le seul auquel je tienne.

Plus on marchait, plus Jacques et Robert Kergorieu trouvaient à leur petit protégé bonne façon et belle humeur.

— Mais dis donc, petit, reprit encore l'ancien matelot, que comptais-tu faire à Saint-Malo pour vivre?

— Toutes sortes de choses, monsieur, car, si je n'ai pas de profession, j'ai trente-six métiers au fond de mon bissac.

— Mais encore qu'aurais-tu fait?

— Je sais chanter, danser et faire des tours. Quoique ces exercices m'eussent rappelé les musiciens qui m'ont tant battu et si peu nourri, je m'en serais servi. Au besoin, je me serais offert à faire des commissions ou à porter des fardeaux sur le port. Il arrive tous les jours des vaisseaux d'Amérique ou des îles; beaucoup rapportent des animaux rares à l'aide desquels on peut aisément gagner sa vie. Je me proposais de tant prier et supplier les patrons de ces bâtiments, que l'un d'eux aurait bien fini par me donner un singe, que j'aurais stylé à faire la révérence et l'exercice, ou un perroquet, auquel j'aurais appris à prononcer des discours.

— Voilà un drôle qui a la langue bien pendue, pensa Jacques.

Puis, tout haut :

— Et si ces divers métiers n'eussent pas réussi?

— Ma foi, répondit Claude Marteau, aux grands maux les grands remèdes, je me serais embarqué sur le premier vaisseau venu en qualité de mousse.

— Allons, voilà notre affaire, pensa encore Jacques.

Et il ajouta à haute voix :

— Claude Marteau, bénis Dieu qui nous a placés sur ton chemin, ce jeune homme et moi. A l'avenir tu n'auras ni à chanter, ni à danser, ni à devenir commissionnaire ou portefaix, ni à dresser un singe à saluer et un perroquet à parler, ni à t'embarquer comme mousse à bord d'un navire inconnu : ta destinée n'en sera pas plus malheureuse. Mais, pour le moment, il ne s'agit que de souper. Entrons.

En ce moment, en effet, comme ils avaient traversé le petit bras de mer qui sépare Saint-Malo de Saint-Servan, ils se trouvaient sur le seuil de la petite maison.

A table, où il y avait bonne chère, Claude Marteau se montra encore plus enjoué que dans les incidents de la rencontre. Il racontait une partie de ses aventures avec une verve comique qui émerveillait beaucoup ses deux convives.

— Mes bons messieurs, disait-il, voilà un morceau de gigot qui est un morceau de roi. Et ce cidre! c'est le vrai vin de la Normandie, cela. Auparavant, dans l'affreuse baraque d'où je me suis enfui, je n'avais jamais humecté mes lèvres que dans l'eau, vulgairement nommée ratafia des grenouilles.

Au dessert, on mit devant lui une jolie petite tasse en porcelaine du Japon.

Jacques prit une bouilloire et lui versa ensuite la valeur de dix dés à coudre d'une liqueur noire et bouillante.

— Qu'est-ce que c'est que ça? s'écria-t-il en ouvrant de grands yeux. Comment! mon bon monsieur, vous allez me faire boire de l'encre, à présent?

— Tiens, lui dit Robert Kergorieu, qui n'avait pas encore pris la parole; voici un morceau de sucre, jette-le dans la tasse, laisse-le fondre et ensuite tu boiras. Tu verras quel goût a cette encre-là.

Claude Marteau obéit de point en point, comme toujours.

A la première gorgée de la liqueur noire il sentit une douce et vivifiante chaleur pénétrer tous ses membres. Sa belle humeur redoubla d'intensité.

— Ça, ce doit être de l'encre de Paris, reprit-il.

Et comme ses deux convives riaient à se tordre en contemplant ses momeries, il s'écria, immédiatement après la seconde gorgée :

— Ah! mes chers messieurs, décidément voilà de bien bonne encre!

Ici Jacques crut que le moment était bien choisi pour lui faire une ouverture sur le voyage projeté.

— Claude Marteau, dit le matelot, prête l'oreille à un mot sérieux en passant.

— Parlez, mon bon monsieur.

— Ce jeune homme, que voilà à côté de nous à table, et moi, plus un excellent camarade, que nous te ferons connaître en temps et lieu, nous nous proposons de commencer au premier jour un long voyage sur mer autour du monde. Dans notre course, qui durera deux ans et plus, nous irons visiter le pays où fleurit le caféier, l'arbre qui donne le fruit d'où l'on extrait la liqueur que tu viens de boire. Veux-tu être de la partie?

— Si je le veux, mon bon monsieur! répondit Claude Marteau au comble de la joie, mais tout de suite! mais sans le moindre retard!

— Tu verras aussi les champs où pousse la canne à sucre.

— La canne à sucre? Vous voyez bien que je ne puis hésiter.

— Bref, je pourrais te faire une liste longue comme d'ici

à Rome de toutes les plantes rares, arbustes inconnus, fleurs précieuses, arbres inouïs et fougères sans pareilles que nous aurons à rencontrer, sans compter les hommes de toutes les couleurs, les animaux de toutes les espèces, les oiseaux de tous les plumages, les fruits de tous les goûts, les mers, les montagnes, les vallées, les villes, les forêts, les monuments et les sites les plus étranges que nous pourrons placer plus tard dans nos souvenirs. Vois si le programme de notre feuille de route te convient.

L'ancien général Rognolet fit mine de réfléchir quelques instants.

Après avoir convenablement médité pendant une minute et demie environ, il reprit la parole d'un air tour à tour solennel et grotesque :

— Mes bons messieurs, il n'y a pas tant à tourner autour du pot, dit-il. *Primò*, attendu que je n'ai à demander conseil qu'à moi-même et que je suis absolument d'accord avec mon individu sur un point essentiel, à savoir que vous me paraissez être d'honnêtes gens, puisque vous me faites boire de si bonnes choses; — *secundò*, attendu qu'en m'emmenant avec vous sur un navire, où je serai bien logé, bien nourri, bien blanchi et bien éclairé, ne fût-ce que par la lune, vous me tirez une fameuse épine du pied, puisque je ne sais que faire pour le quart d'heure ni que devenir; — *tertiò*, attendu que dans les pays lointains où vous m'entraînez avec vous, il se trouvera nécessairement pour moi beaucoup d'agrément, de belles mers, de belles villes, de beaux arbres, de beaux oiseaux, de beaux fruits, de belles bêtes féroces et pas de mendiants qui donnent des coups de bâton, j'accepte du premier coup et avec allégresse.

On remplit trois petits verres de marasquin et l'on trinqua.

— Claude Marteau, dit alors Robert Kergorieu, ta franchise et ta gaieté me plaisent. J'ai été à peu de choses près un enfant abandonné comme toi; on m'a adopté, je t'adopte. Cela te sourit-il?

— Avoir un père de dix-huit mois seulement plus âgé que

moi ? ce sera encore une chose nouvelle fort amusante. Accepté avec le plus vif empressement par votre fils adoptif, qui aura toujours l'honneur de se dire, comme au bas d'une lettre, votre très-humble et très-obéissant serviteur.

A très-peu de distance de cette soirée, Jacques, Robert Kergorieu, Horace Vertpré et Claude Marteau apprenaient qu'un brick armé en guerre, le *Cormoran*, chargé d'un voyage scientifique d'exploration autour du monde, relâcherait prochainement à Saint-Malo avant de se diriger vers l'Afrique.

— Voilà notre affaire, dirent-ils.

Sans perdre de temps, Jacques fit toutes les démarches nécessitées par la circonstance. Ce navire, moyennant certaines permissions officielles et les frais de la traversée, avait la faculté de recevoir à son bord des jeunes gens qui s'annonçaient comme voulant voyager dans l'intérêt de la science ou de la marine française. Il ne fut pas difficile à l'ancien matelot de la *Foudroyante* de se faire agréer lui et sa petite escouade. Le nom de Robert Surcouf était, d'ailleurs, d'un secours magique à ce sujet. On n'avait rien à refuser à des Bretons qui se présentaient sous le patronage, même posthume, de l'intrépide corsaire.

Il n'y avait plus qu'à s'informer du jour du départ.

En attendant, Jacques et les parents d'Horace Vertpré durent s'occuper de la garde-robe, de l'équipement, des précautions d'hygiène et de tout ce qui pouvait être d'une utilité indispensable aux voyageurs. A la vue des beaux habits qu'on préparait pour lui, Claude Marteau ne pouvait contenir l'explosion de son contentement. On lui avait pris mesure de pantalons rayés, de vestes brodées avec de la soie verte et d'un gilet qui avait des boutons dorés avec des ancres sculptées. Il était aussi admis à contempler une belle ceinture rouge destinée, avec un chapeau de cuir bouilli, à compléter son costume.

— Mille macarons ! s'écriait-il, je serai aussi brillant qu'un amiral en personne. Qu'est-ce que mes anciennes guenilles auprès de cet uniforme-là ? Quand je serai dans ces habitslà, si Jean Bart lui-même venait au monde, je ne lui conseillerais pas de me marcher sur le pied.

Robert et Horace s'amusaient beaucoup de ces beaux airs de Rodomont.

— Patience, patience, se disaient-ils entre eux, à demi-voix, mettons-nous en mer, allons en Arabie, en Égypte, en Perse, dans les Indes, et nous verrons bien si le gaillard conserve toujours la même assurance.

Cependant le temps marchait.

Tout était prêt; il n'y avait plus que les paquets à transporter sur le vaisseau et à partir.

Un matin, à l'aube naissante, Robert Kergorieu éveilla vivement Claude Marteau.

— Debout, lui dit-il. Tiens, Horace Vertpré est déjà tout prêt à monter à l'échelle du *Cormoran*.

Et aussitôt que l'enfant fut habillé :

— Viens donc, Claude, lui dit-il, viens : nous te ferons manger du biscuit tous les jours.

— Du biscuit comme on en vend chez les pâtissiers ?

— Pas tout à fait, mais il n'en sera pas moins bon.

— Quelle belle chose, disait-il, qu'un voyage autour du monde, pendant lequel on mange du biscuit tous les jours !

— Allons, mes enfants, s'écriait Jacques, en mer ! en mer !

GOURBIS DE LA TRIBU DES BENI-OUSSEM.

CHAPITRE II

Ce qui se passe à bord du *Cormoran*. — Brest. — La Rochelle. — La Gironde. — Le cap Finistère. — Coup d'œil sur l'Espagne. — Gibraltar. — Entre deux continents. — Alger. — Ce qu'on trouve dans une ville d'Orient. — Un Arabe. — Du cadeau qu'il fit à Claude Marteau. — Où sont les chameaux ? — Un tour dans le Sahel. — Un mot sur l'oasis des Beni-Oussem. — Le moustique. — Abdallah-Ben-Daoud, le cheikh. — Une collation. — Les gourbis. — A propos des poulains. — Les deux lionceaux. — L'avenir de l'Afrique française. — Toujours les plaintes de Claude Marteau. — Une chasse au sanglier.

On connaît le sans-gêne qui est de mise sur un navire moitié civil, moitié militaire. Les présentations ne sont pas la cause de grandes cérémonies sur cette sorte de ville flottante. Aussi, en quelques instants, les quatre amis furent-ils mis en communication avec l'équipage entier. On leur distribua même des rôles pour avoir l'air de les intéresser au mouvement du vaisseau.

Jacques, qui se rappelait son ancien métier, était décoré du titre de maître timonier.

Robert Kergorieu, en sa qualité de filleul d'un illustre corsaire, fut promu au grade d'aspirant.

Horace Vertpré fut considéré comme pilotin.

Quant à Claude Marteau, il fut proclamé d'une voix unanime mousse de première classe.

Il fallait voir ce dernier s'exercer sans retard à grimper aux mâts, à se suspendre aux cordages, à visiter les haubans comme un marin consommé. Il était impossible de ne pas rire à se tordre les côtes à le voir se balancer au roulis et jeter des regards superbes sur l'Océan.

Toute cette mise en scène n'était que fictive, puisqu'au bout du compte la petite troupe n'avait été admise que comme une collection de passagers.

Le *Cormoran*, étant un fin voilier, filait bon nombre de nœuds à l'heure.

Comme on se dirigeait d'abord vers l'Afrique française, le bâtiment avait à exécuter un certain circuit qui devait lui demander plusieurs jours.

Bien que Robert Kergorieu et son jeune ami eussent respiré, depuis qu'ils existaient, cet air salé de la Bretagne qui donne de la fermeté aux fibres et communique au cœur une force virile, ils ne voyaient cependant pas s'éloigner sans émotion ce rocher de Saint-Malo sur lequel s'était écoulée leur enfance. Lorsque les édifices de la ville disparurent à l'horizon, ce qu'ils ressentirent avait bien quelque rapport avec un accès de vague tristesse ; mais ce ne fut qu'un éclair. Pouvaient-ils s'éloigner sans regrets des toits où ils avaient grandi, où ils avaient été le point de mire de tant de soins et de caresses, où ils laissaient encore le souvenir ou les objets de chères affections ? Pour un peu, quelques larmes se fussent mises à couler de leurs yeux. Mais, en se regardant l'un l'autre, ils s'engageaient à n'avoir point d'enfantines faiblesses et à se comporter en hommes. D'ailleurs les gambades et l'allure si comique de Claude Marteau n'eussent pas tardé à changer leurs pleurs en un profond accès d'hilarité.

— Qu'est-ce que c'est que ce gros pâté que nous apercevons là-bas, là-bas, derrière les flots ? disait le prétendu premier mousse en approchant son œil gauche de la lunette du capitaine.

— C'est Brest, répondit l'officier.

En effet, le *Cormoran* devait relâcher dans les eaux de cette ville, l'un des plus beaux ports militaires de la France. Une forêt de mâts, des vapeurs allant et venant, des forts d'une puissance terrible, le port, le bagne, la rade, tout ce spectacle captivait déjà singulièrement l'attention de nos quatre voyageurs.

— Que de fois mon grand-parrain est revenu par ici en remorquant les prises faites sur les Anglais ! s'écriait Robert Kergorieu avec un juste sentiment de fierté.

Cette relâche, qui n'avait d'autre raison que l'accomplissement de quelques formalités, ne pouvait durer longtemps; on reprit vite la mer. En vue de Brest, la vigie signalait Belle-Isle, célèbre par ses souvenirs historiques et où la pêche est aujourd'hui en grand honneur.

En poursuivant toujours sa course, le *Cormoran* côtoya tour à tour la Rochelle et son port; il entra dans la Gironde, pour y passer avec la rapidité d'une flèche, salua à peine Bordeaux et doubla le cap Finistère. Des côtes prochaines, le vent du sud apportait par moments aux gens de l'équipage de tièdes aromes d'orangers en fleurs, d'aloès et de jasmin. On eût deviné qu'on touchait à la poétique Espagne, quand même on n'aurait pas vu sur la carte qu'on en était à quelques encâblures seulement.

En se promenant sur le pont, Robert Kergorieu, plongeant son regard vers ce roc redoutable de Gibraltar où la puissance britannique se retranche comme un vautour dans son nid, voyait déjà combien ils avaient changé de climat.

— Voilà l'Espagne derrière nous, l'Espagne, qui est comme le péristyle et le commencement de l'Afrique. En ce moment-ci, nous sommes entre deux continents. Encore quelques heures et nous jetterons l'ancre sur le sol africain.

Ce jour-là cette belle mer bleue était unie comme une glace. Un vent propice soufflait en poupe. Le *Cormoran* courait sur les eaux, pareil à un oiseau gigantesque. Bientôt Alger, ses hauts minarets, sa rade, ses forts et ses rues opulentes bâties en amphithéâtre apparurent de loin à l'officier de quart.

— Terre ! cria une voix du grand hunier.

Tout le monde répéta avec joie :

— Terre ! terre !

Tous les visages rayonnaient, car, depuis 1830, cette Algérie, achetée au prix de tant de sacrifices et objet de tant de triomphes militaires, est une seconde France. A un coup de canon du *Cormoran* répondit un coup de canon du principal fort ; cela signifiait que, les honneurs étant rendus de part et d'autre, le bâtiment pouvait entrer dans le port.

A dix minutes de là, en effet, le brick prenait sa place dans le bassin.

Suivant les instructions qu'il avait reçues, le capitaine fit opérer le débarquement de la presque totalité des officiers, matelots, commissaires et passagers qui composaient l'équipage. Il était dit qu'on résiderait dans l'Afrique française pendant un mois, a cause des études de géologie, de sylviculture et de minéralogie qu'on avait à faire.

— Dans un mois jour pour jour, dit le capitaine, le navire se remet en mer pour aller d'ici à Oran et à Tunis, et ensuite pour faire une pointe du côté de l'Arabie et de l'Égypte. Que ceux des engagés libres qui tiennent à nous suivre n'oublient pas de se trouver sur le port à la date qui vient d'être désignée. Tant pis pour les absents. Le *Cormoran* n'attendrait pas les retardataires : on mettra à la voile sans le moindre retard.

— Voilà une consigne qui s'ajuste on ne peut mieux avec nos affaires, pensa Jacques. Il entrait dans nos plans de visiter l'Algérie depuis Alger jusqu'à la frontière du Maroc.

Et à haute voix :

— Merci, capitaine, s'écria-t-il, mes trois petits amis et moi nous nous présenterons, à l'heure dite, sur le port.

Tous quatre saluèrent et se dirigèrent ensuite vers la ville.

Alger a beau avoir été *francisé* par la conquête, c'est toujours la ville barbaresque dont les Turcs ont fait pendant de si longues années un nid de pirates. La physionomie orientale de cette capitale de la colonie éclate dans les rues, sur les monuments, dans le costume déjà moins bourgeois de ses habitants et jusque dans les industries en plein vent qu'on y remarque. En mettant le pied sur la grande place de la ville, nos voyageurs virent cependant que l'élément oriental était moins nombreux qu'ils ne l'avaient cru.

Comme on apportait leurs bagages sur un haquet, une nuée d'hommes à veste de velours et ornés d'une médaille de cuivre se jetèrent sur eux.

— Qui êtes-vous ? leur demanda Jacques.

— Des portefaix à l'instar de Marseille, monsieur.

— Que voulez-vous ?

— Porter vos malles dans un hôtel à l'instar de Paris.

— Pour combien ?

— Pour un prix déterminé par un tarif dressé à l'instar de celui d'Avignon.

— Voilà une singulière chose, dit Robert Kergorieu ; nous sommes en Afrique, et l'on s'évertue à y faire tout comme en France.

— Mon enfant, repartit Jacques, fais tes observations ; regarde, contemple, médite ; les hommes ont l'air d'être bien différents les uns des autres ; mais, quand on se met à bien examiner, on trouve qu'au fond ils sont tous semblables, surtout en ce qui concerne l'art de demander leur argent aux touristes.

Néanmoins Jacques fit signe à deux portefaix de prendre les bagages ; il prononça à demi-voix le nom d'un hôtel, situé près de Babazoun, et il s'achemina lui et les siens du côté de cette maison.

Il n'était pas encore nuit et le jour allait cependant bientôt baisser. Les habitants commençaient à prendre le frais, les uns sur leurs terrasses, les autres sur le seuil de leurs portes. Parmi ces derniers, on remarquait un Arabe à belle tête encapuchonnée et barbue. C'était un ancien officier d'Abd-el-Kader, à qui il ressemblait un peu. Grave, silencieux, il paraissait réfléchir ou prier.

Au moment où la petite troupe passa près de lui, Claude Marteau, qui n'avait pas encore dépouillé, non le vieil homme, mais le gamin moqueur, fit entendre une parole irrévérencieuse qu'il accompagna d'un bruyant éclat de rire. Tout ce mouvement n'échappa point à l'Arabe. Il faut croire qu'en faisant la guerre contre nous, avant de se soumettre, il avait été à même d'apprendre notre langue, car il s'écria en très-bon français :

— Hé, hé ! mon petit ami, un mot, s'il te plaît ?

— C'est à moi que vous en voulez, homme à la longue barbe ?

— A toi précisément.

Les quatre amis s'approchèrent.

— Écoute, reprit l'Arabe en s'adressant à l'espiègle. Tu as la mine éveillée, mais la langue trop vive. Néanmoins je veux te faire un cadeau.

— Qu'est-ce que vous voulez me donner ?

— Un conseil.

Jacques, Robert et Horace commençaient à s'intéresser à cette scène.

— Ne te moque jamais des gens dont tu parcours la pays, reprit l'Arabe.

Puis, jetant les yeux sur les trois compagnons de Claude Marteau, il ajouta :

— Ce que je viens de lui dire là vaut son pesant d'or.

D'un geste plein de noblesse il leur fit ensuite comprendre qu'ils pouvaient passer leur chemin.

Jacques était enchanté de cette leçon de politesse donnée à l'un d'eux.

— J'espère, dit-il, que vous profiterez tous les trois de ce salutaire avertissement.

Il ne faisait déjà plus autant jour ; car, en Orient, la lumière du soleil disparaît avec une très-grande rapidité d'un horizon à l'autre.

Encore quelques instants et ils arrivaient à l'hôtel.

— Je demande à faire une observation, dit Claude Marteau, que la parole de l'Arabe n'avait pas tout à fait déferré.

— Eh bien, que veux-tu dire ? demanda Jacques.

— Mon Dieu ! c'est une chose bien étonnante. Je croyais qu'en descendant sur le sol de l'Algérie, le premier être qui s'offrirait à ma vue serait un chameau ; voilà vingt minutes que nous marchons, et je n'ai pas encore aperçu la queue d'un.

— Patience, ce sera sans doute pour demain, répondit Robert Kergorieu.

Cette première nuit fut vite passée. Les quatre amis avaient à se remettre des fatigues de la traversée par un sommeil réparateur. Au chant du coq, Jacques, qui était leur réveille-matin, les fit vite sauter à bas du lit.

— Levez-vous, mes enfants, leur dit-il. Vous savez que nous n'avons qu'un mois à passer en Algérie, puisque, ce délai écoulé, le *Cormoran* se remet en mer. Il n'est pas nécessaire que nous demeurions plus longtemps à Alger même, cité déjà européenne et qui n'a rien de bien imprévu à nous faire voir. Nous allons partir pour le Sahel.

— Qu'est-ce que c'est que le Sahel? demanda Horace Vertpré.

— C'est le jardin de l'Afrique française, c'est un des pays les plus riants et les plus fertiles du monde.

— Allons, soit, partons pour le Sahel.

— Partons, répéta Claude Marteau ; du moins, une fois que nous serons en rase campagne, j'aurai sans doute la chance de rencontrer un chameau.

On chargea les bagages à dos de mulet; les notes de l'hôtel furent payées, et Jacques, accompagné d'un guide, donna le signal du départ.

Ils n'avaient pas fait cent pas dans la plaine qu'ils étaient éblouis à l'aspect de cette luxuriante et merveilleuse végétation. Depuis une vingtaine d'années, cette partie de l'Afrique française voit accourir chaque année, en hiver, les Anglais frileux, les malades et les ennuyés, qui d'ordinaire allaient passer la mauvaise saison à Nice. Ces lieux sont tout à la fois plus doux, plus conformes aux prescriptions d'un régime hygiénique et plus peuplés d'oiseaux, de fleurs et de fruits. De nombreuses maisons de campagne y ont été bâties par des Européens riches.

A l'époque du voyage de nos jeunes amis, le Sahel conservait sa figure de paysage arabe. A chaque pas de grandes et hautes herbes s'élançaient jusqu'à taille d'homme et laissaient voir aux passants les perles de la rosée.

— Quel beau pays! s'écriaient Robert Kergorieu et Horace Vertpré enthousiasmés.

— Beau tant qu'il vous plaira, ripostait Claude Marteau, qui tenait à son idée fixe; mais pourquoi n'y voit-on pas un seul chameau?

Ils marchaient toujours avec l'intrépidité naturelle à leur âge. Tout à coup, à la naissance d'un sentier, Jacques les fit arrêter en leur disant :

— Tenez, mes enfants, voilà le revers de la médaille. En regard de toutes ces belles choses que nous admirons, arbres, fleurs, oiseaux, oasis, voici un monstre ailé. Je veux parler du moustique, particulier au pays.

En même temps il leur montrait par centaines, du bout de son bâton de voyage, de ces infatigables et redoutables insectes qui sont l'effroi et souvent la ruine des colons algériens.

Ce fut l'affaire d'un instant, et l'on se remit bravement en route.

— Ah ça! Jacques, demanda Robert Kergorieu à l'ancien matelot de la *Foudroyante*, où nous mènes-tu ainsi, à travers le Sahel?

— Chez les Beni-Oussem, tribu commandée par le cheikh Abdallah-Ben-Daoud.

— Qu'est-ce que la tribu des Beni-Oussem? Qu'est-ce que le cheikh Abdallah-Ben-Daoud?

Ici le guide crut devoir prendre la parole.

— Messieurs, dit-il, toutes les tribus de ce pays sont hospitalières à des degrés divers, mais la tribu des Beni-Oussem qui, la première, a fait acte de soumission à la France, est sans contredit la plus affable vis-à-vis des étrangers. Quant au cheikh, tête arabe et cœur français, il se fait une fête d'ouvrir la porte de sa tente aux Européens qui viennent le visiter.

— Monsieur le guide, se hasarda à dire ici Claude Marteau, pensez-vous que je sois assez heureux pour rencontrer des chameaux dans la tribu des Beni-Oussem?

— Cela dépend. Si les hommes sont aux champs, vous n'en verrez pas; si les récoltes sont serrées, vous en verrez.

— En ce cas, hâtons-nous, reprit Claude Marteau.

Bientôt les aboiements des chiens de garde, le bêlement des troupeaux mêlés à des voix humaines, leur firent comprendre qu'ils approchaient d'un lieu habité.

En effet, au détour d'un sentier, derrière un petit bois de figuiers et de palmiers, ils aperçurent une vingtaine de tentes dressées les unes près des autres.

— Voilà la tribu des Beni-Oussem, dit le guide.

Ils s'approchèrent.

— Voilà maintenant la tente du cheikh Abdallah, reprit le guide en désignant du doigt une tente plus élevée que les autres et arrondie à son sommet en forme de tour ou de coupole.

Jacques s'avança le premier. Immédiatement après lui venaient ses jeunes amis.

L'ex-matelot aperçut à l'entrée de la tente un magnifique cheval du pays. Un peu plus loin, sur un tapis, plutôt couché qu'assis, un Arabe d'un certain âge fumait une longue pipe en cerisier d'Arménie. Ce personnage n'était autre que le cheikh Abdallah lui-même.

— Seigneur, dit Jacques en s'inclinant, voici de jeunes Français qui auraient le désir de visiter votre tribu.

— Qu'ils soient les bienvenus s'ils se présentent au nom d'Allah, répondit l'Arabe.

Il se leva, invita les visiteurs à entrer dans sa tente et leur dit :

— Enfants de la France, vous êtes ici chez vous.

Deux esclaves noirs ne tardèrent pas à se présenter avec des plateaux. Ils offraient aux étrangers des rafraîchissements consistant en tranches d'oranges, figues fraîches, eau glacée et confitures de roses.

— Si vous aviez de la barbe au menton, dit Abdallah, on vous offrirait la pipe, qui est en Orient le premier acte de l'hospitalité; à votre âge, on ne fume pas encore. Voici des fruits et de l'eau pure; mangez et buvez.

Une exception fut naturellement faite en faveur de Jacques, à qui les deux esclaves apportèrent l'un un chibouque chargé de tabac de Latakié, l'autre un charbon ardent pour y mettre le feu.

Nos jeunes voyageurs étaient dans le ravissement. Cette tête grave du cheikh leur causait une très-grande émotion. Robert Kergorieu trouvait qu'il y avait tout à la fois beaucoup de simplicité et beaucoup de noblesse dans l'attitude de ce chef; Horace Vertpré cherchait dans cette vie orientale une réminiscence de la Bible, qu'il avait lue à Saint-Malo. Quant à Claude Marteau, il ne tarissait pas sur la saveur et la bonne qualité des rafraîchissements qu'on avait offerts à la petite troupe.

Une heure s'était écoulée.

Abdallah se leva.

— Suivez-moi, dit-il à ses jeunes hôtes, je vais vous faire visiter la tribu.

Les Beni-Oussem avaient planté leurs tentes dans une vallée du Sahel, à deux portées de fusil d'une petite rivière. Ces diverses habitations ne se trouvaient séparées les unes des autres que par de petits enclos cultivés comme des jardins potagers ou par quelques bouquets de palmiers. Une longue ceinture formée par ces beaux arbres protégeait l'ensemble de la tribu. Çà et là, à la porte des tentes, quelques Arabes assis à terre causaient en fumant.

Rien de plus pittoresque à voir quand un souffle du vent du sud inclinait par moments les hauts rameaux des beaux arbres du côté des habitations.

Entre un village de notre Europe et un campement en Afrique il n'y a guère que la différence du paysage.

Des poulains couraient en liberté dans un pré vert.

— Cela est bon pour le jour, dit Abdallah; la nuit, on les fait rentrer dans l'enceinte des palissades, à cause du *seigneur à la grosse tête.*

— Quel est celui que vous désignez par ce nom-là? demanda Robert Kergorieu.

— C'est le lion, répondit gravement l'Arabe.

Et montrant du doigt une petite chaîne de montagnes qui s'élevaient à trois ou quatre milles de distance du lieu où il était:

— Il y a une dizaine d'années, dit-il, le terrible animal avait établi sa résidence dans ces parages. Allah seul peut savoir tout ce que nous avons eu à souffrir d'un tel voisin! C'était à chaque instant une déprédation nouvelle du brigand à la crinière fauve. Toutes les nuits, au moment où les feux de la tribu commençaient à s'éteindre, il descendait de la montagne, tantôt seul, tantôt accompagné de deux petits dont il faisait l'éducation. Une fois arrivé à l'angle de ce sentier, il ouvrait ses larges naseaux, sentait de quels côtés pouvaient se trouver nos bêtes, et, s'élançant dans les gourbis, il enlevait, avec une agilité prodigieuse, un jour un taureau, un autre jour un cheval. Leur proie une fois étranglée, lui et son horrible famille retournaient par là-haut pour commencer leur festin. Pendant tout le temps qu'avait duré la visite, toute la tribu était dans les transes, ainsi que vous pouvez bien le penser. A cette époque-là, le lion nous paraissait invincible. Rien que son rugissement, qui imite le grondement du tonnerre, nous glaçait d'épouvante. Cependant Allah a eu un jour pitié des Beni-Oussem. Il est venu ici un jeune officier français qui nous a débarrassés du monstre.

— Vous voulez parler de Gérard, *le tueur de lions?* demanda Jacques.

— Précisément. Un homme jeune, à figure ouverte, taille moyenne, avec du feu dans les yeux. Après s'être bien rendu compte du chemin que suivait le larron toutes les nuits, il prit une chèvre, l'emmena avec lui sur la montagne, l'attacha au pied d'un arbre, à cent pas environ du repaire où résidait le lion et sa famille. Quant à lui, il se cacha derrière un pan de rocher, ayant à la main sa fidèle carabine. Il attendit ainsi que la nuit fût venue. Enfin le soleil disparut, l'ombre couvrit tour à tour la vallée et la montagne; les étoiles s'allumèrent au ciel; la nuit était venue. Au bruit que faisaient les chakals et les hyènes, la chèvre effrayée répondait par des plaintes sans fin. Tout à coup une voix formidable sortit de la caverne; c'était le *seigneur à la grosse tête* qui venait prendre part au concert. Les bêlements et l'odeur de la chèvre ne manquèrent pas de l'attirer; il allait se jeter sur la pauvre bête, quand l'officier français, écartant sans bruit des branches de lierre qui gênaient ses mouvements, pointa le canon de son fusil sur la figure du monstre. Si rapide et si léger qu'il eût été, le lieutenant n'avait pu s'empêcher de faire quelque bruit; en ce moment le lion avait regardé de son côté, et ils s'étaient fixés l'un et l'autre d'un air plein de menace. Il n'y avait pas à dire, c'était la mort pour l'un des deux. Par bonheur, l'homme, doué d'un sang-froid merveilleux, visa l'animal une seconde et lui envoya au front, entre les deux yeux, une balle qui l'étendit roide mort, mais pourtant en lui laissant le temps de lancer en l'air un dernier rugissement qui ébranla les échos de toute la vallée. A ce bruit, tous les feux de la tribu s'étaient rallumés. Nous nous portâmes en troupe sur la montagne et nous en ramenâmes en triomphe et le lion mort et l'homme victorieux.

— Mais les deux lionceaux, que sont-ils devenus? demanda Robert Kergorieu.

— Nous les avons pris à la lumière et emportés pareillement, car, au fond, ils n'étaient pas deux fois plus gros que de jeunes chats. Cette prouesse nous a bien valu quelques morsures assez profondes, les drôles ayant déjà de bonnes dents, et des égratignures en bon nombre, puisque leurs ongles étaient déjà longs; mais pourtant nous en sommes venus à bout. On les a envoyés depuis à Alger et de là à Paris, où ils figurent en ce moment-ci, à ce qu'il paraît, parmi les hôtes de la ménagerie du Jardin du Roi.

En faisant ce récit, Abdallah avait mené ses visiteurs jusque sur la croupe de la montagne, en sorte qu'au moment où il le terminait, ils pouvaient, à l'aide d'une longue-vue, apercevoir le théâtre sur lequel ces scènes s'étaient passées.

Deux journées s'écoulèrent ainsi en explorations et en promenades dans les alentours. A mesure qu'ils s'avançaient à travers ce beau pays, les jeunes amis sentaient leurs poumons respirer plus à l'aise et leur poitrine se dilater. Un charme inconnu à la vie sédentaire et endormie de l'Européen commençait à séduire leur imagination.

Que de sujets d'étude ou d'étonnement ils rencontraient sur leur passage! Les arbres, les fleurs, les oiseaux, tout les arrêtait; tout les amenait à faire une comparaison entre la patrie qu'ils avaient momentanément quittée et cette terre nouvelle.

Un jour viendra, un jour très-prochain sans doute, où

l'Afrique rendra au centuple à la France tout l'or, toutes les forces, tout le sang et tous les sacrifices qu'elle lui a demandés pour se rajeunir. Dans ce temps-là, grâce à la fécondité du sol et à la vivifiante chaleur du soleil, ce sera un des pays les plus riches du monde. Ces campagnes qui ne sont couvertes que de palmiers nains, de grêles oliviers, de ronces, de vignes sauvages et de lentisques, seront renouvelées par la savante culture de l'Occident. Dès le lendemain, des moissons dorées, des vignes joyeuses et les fruits de tous les climats donneront à la seconde France une physionomie qu'on ne lui connaît pas.

L'Afrique française n'a-t-elle pas déjà commencé à payer sa dette à la mère patrie? C'est sur son sol que se sont formés les meilleurs officiers de nos armées et cette brillante pléiade de généraux qui ont eu tant à servir la France, soit pendant les guerres civiles, soit au dehors quand on avait à combattre l'étranger. Vingt villes nouvelles et un grand nombre de villages agricoles sont disposés de manière à recevoir le trop-plein de nos populations un peu énervées par l'industrie. Le jour où ceux qui gouvernent la nation le voudront bien, l'Algérie créera trois millions de propriétaires français auxquels elle donnera la santé, l'abondance et assez d'espace pour que l'Afrique tout entière se renouvelle.

Ces réflexions, Jacques et ses jeunes compagnons les faisaient mentalement; ils s'enorgueillissaient d'être les fils d'un grand peuple dont l'intrépidité, la patience, le savoir et la vertu sont parvenus, après plus de trente années d'efforts surhumains, à opérer cette importante transformation d'un pays que le despotisme turc et le fanatisme musulman avaient tout à fait conduit à sa déchéance. Mais en même temps ils étaient charmés de se retrouver, après le repas du soir ou une promenade du matin, au milieu d'une de ces poétiques tribus d'Arabes qui ont conservé religieusement le costume, le langage, les mœurs et la simplicité héroïque des descendants des patriarches. Civilisation d'autrefois et civilisation moderne, tous ces contrastes agitaient leur pensée de la manière la plus heureuse.

CHAPITRE II.

Toutefois, pendant leurs explorations, Claude Marteau, se grattant sans cesse l'oreille, n'omettait pas de faire comprendre qu'il n'était pas aussi complétement satisfait que les autres.

— Ah çà! qu'as-tu donc? lui demanda une fois Robert Kergorieu.

— Ce que j'ai! tu me le demandes! Mais, entre nous, je suis tout à fait dépaysé.

— Que veux-tu dire?

— Mais, reprit Claude Marteau tout désappointé, je veux dire qu'il ne m'a pas encore été donné d'apercevoir l'ombre d'un seul chameau.

— Cela finira bien par venir, répondit Jacques en souriant.

On avait logé les visiteurs dans une tente à part, où ils étaient servis par trois esclaves. Rien de ce qui pouvait leur rendre agréable le séjour de la tribu n'avait été négligé. Les Arabes ont pour principe d'exercer l'hospitalité avec autant de profusion que de désintéressement.

Un matin, une voix se fit entendre sur le seuil de leur tente.

C'était celle du cheikh.

— Seigneurs français, disait Abdallah, voulez-vous assister à un spectacle qui captive vos regards?

— Assurément, oui, répondit Robert Kergorieu.

— Avant tout, levez-vous et soyez vite habillés.

— Ce ne sera que l'affaire d'un instant, repartit le filleul du corsaire.

— Entendez-vous le bruit inaccoutumé qui se fait dans les gourbis?

— Sans aucun doute, seigneur. Qu'y a-t-il donc?

— Les chevaux piaffent d'impatience; les chiens sont tirés du chenil et aboient avec force; on passe la revue des armes. Nos jeunes hommes les plus robustes et les plus alertes vont partir pour la chasse au sanglier.

Et après un petit moment de silence :

— Voulez-vous faire partie de cette chasse, seigneurs?

Il n'y eut qu'une voix pour répondre oui.

— C'est fort bien, reprit le cheikh. Sur mon ordre on va vous donner tout à l'heure d'excellentes cavales. Avez-vous des fusils ?

— Il y en a parmi nos bagages, répliqua Jacques, ce sont des armes bien trempées et de l'excellente fabrique de Saint-Étienne.

— A merveille, mais encore un mot, dit Abdallah.
— Dites.

L'Arabe regarda les trois enfants dans les yeux.

— Vous êtes d'une nation de braves, ajouta-t-il. La chasse au sanglier n'est pas un enfantillage; elle a ses dangers. J'espère cependant qu'aucun de vous n'aura peur ?

Les trois enfants prirent une attitude pleine de fierté.

— Je suis le filleul de Robert Surcouf! s'écria Robert Kergorieu.

— Je suis le fils d'un marin de Saint-Malo! dit Horace Vertpré.

— Je n'ai jamais eu peur que du bâton des musiciens de Rennes, dit à son tour Claude Marteau.

Puis, tout bas :

Enfin, je vais peut-être réussir à apercevoir un chameau !

LE CHEIKH ABDALLAH SOUS SA TENTE.

CHAPITRE III

La chasse au sanglier. — Préliminaires. — Le bachi-bouzouck. — Une halte. — Combat. — Un chien tué et un homme blessé. — Sur la lisière du bois. — Robert Kergorieu. — Un coup de pistolet. — Victoire. — Un cadeau au *Cormoran.*—On se remet en route.—Reprise des plaintes de Claude Marteau. L'intérieur de l'Afrique française. — Un chameau. — Deux branches d'arbre. — Arrivée à Bône. — Un café arabe. — Le Turc d'Erzeroum. — Un charmeur de serpents. — Scènes de la vie orientale. — Une lettre au capitaine du *Cormoran.* — Rendez-vous à Tunis.

Quand Abdallah, suivi de Jacques et de ses jeunes compagnons, eut quitté la tente et qu'il fut arrivé au milieu des gourbis, une brillante cavalcade se trouvait déjà organisée. Les plus valeureux parmi les Beni-Oussem, tenant leurs chevaux par la bride, n'attendaient plus qu'un signal pour se mettre en selle. On connaît la richesse et la variété de couleurs éclatantes qui distinguent le costume oriental. Les chasseurs n'avaient pas de ces parures éblouissantes qu'ils adoptent lorsqu'ils vont à la ville. Un burnous blanc à plis flottants, la coiffure traditionnelle des pays berbères et de belles armes, c'était tout ce qu'ils présentaient aux yeux de nos Européens.

A un signe presque imperceptible que fit le cheikh, un palefrenier amena quatre nouveaux chevaux pour les survenants.

— Voici vos montures, reprit Abdallah en s'adressant à la petite troupe française. Comme tous les chevaux arabes, ceux-là ne s'écartent jamais beaucoup de leurs frères de la même tribu; c'est surtout pour ce motif que je vous confie à eux. Vous allez parcourir un pays que vous ne connaissez pas; il peut se faire qu'un mouvement imprévu, une fausse manœuvre ou toute autre circonstance vous sépare un moment du gros des chasseurs. Ne vous en alarmez pas. Les autres chevaux ne sauraient être bien loin, et les vôtres vous ramèneront infailliblement auprès d'eux.

— Bien dit! riposta Claude Marteau, qui n'aurait pas éprouvé un grand plaisir à se trouver seul, même un quart d'heure seulement, dans un pays qu'il ne connaissait point.

— Avez-vous vos armes? reprit Abdallah.

— Oui, seigneur, répondit Jacques qui avait tenu à veiller lui-même à la distribution.

— Eh bien, qu'Allah veille sur vous, et que le Prophète vous mène par la main! dit encore le cheikh.

Tous ceux qui étaient de l'expédition montèrent à cheval.

Nos jeunes Français n'étaient pas les moins agiles. Quoiqu'il y ait, en général, sur les côtes de nos départements maritimes, une sorte d'antipathie entre l'équitation et la profession de matelot, il existe néanmoins un grand nombre de jeunes gens, en Normandie et en Bretagne, qui savent tout aussi bien se tenir sur un vaisseau que sur une selle, et *vice versa*. L'excellente gymnastique à laquelle Jacques avait de bonne heure assoupli son élève faisait qu'il était même un cavalier d'une certaine distinction. Horace Vertpré avait de même appris à courir le long des grèves sur un cheval du Perche qu'on avait mis à sa disposition. Claude Marteau était peut-être le moins bon écuyer des trois, mais encore, grâce à la bizarre éducation qu'il avait reçue chez les bohémiens, qui sont, comme on sait, d'incorrigibles maquignons, il n'était pas étranger à l'art de l'équitation. Les

CHAPITRE III.

trois compagnons et Jacques, leur chef de file, ne figuraient donc pas trop mal auprès des Numides, ces sortes de Centaures qui depuis leur naissance sont habitués à aller à cheval.

Le signal du départ fut donné par celui qui commandait l'escouade.

Cet homme, Arabe d'origine, qui avait été soldat en Europe, à Constantinople, chez le sultan Mahmoud, était un ancien bachi-bouzouck. Revenu dans l'Afrique française, il avait conservé le costume de son premier état. De grands yeux, un grand nez, de longues moustaches, qui formaient l'ensemble de sa physionomie, se détachaient bien sous son turban allongé en forme de cône.

Il se nommait Dervisch-el-Elddin.

— En avant! s'écria-t-il en arabe, et ne nous séparons pas.

Nous avons oublié de dire qu'il y avait en outre dans la cavalcade le guide de nos Européens, qui servait aussi d'interprète.

Les sangliers, reprit Dervisch-el-Eddin, se tiennent par delà la petite montagne du Lion, dans le bois des Chênes verts.

On se dirigea donc de ce côté.

En Algérie, une chasse au sanglier est une affaire d'importance. Les Arabes ont tout intérêt à se délivrer de l'animal à la hure terrible. Si le lion dévore leur bétail, l'autre détruit leurs récoltes quand elles ne sont encore qu'à l'état de semences. Toujours en mouvement, toujours occupé à briser, à rompre, à ronger, à renverser et à abattre, le sanglier est le plus grand ennemi des tribus agricoles.

Il n'en faut pas davantage pour qu'on lui fasse une guerre de tous les instants.

On chevaucha environ une heure.

Un proverbe dit que les chevaux arabes ont des ailes aux pieds. De la montagne du Lion, la troupe aborda en peu d'instants le bois des Chênes verts. A mesure qu'on avançait, on apercevait, à travers les enclos, de larges trouées ou des crevasses dont le signe ne pouvait être équivoque.

— Ils ont évidemment passé par là, disait le bachi-bouzouck en montrant les traces des sangliers : ils ne sauraient être bien loin.

Deux tirailleurs furent dépêchés en avant en guise d'avant-garde.

Pendant une dizaine d'années Dervisch-el-Eddin avait fait, en Europe, la guerre d'aventure, tantôt contre les Russes, tantôt contre les contrebandiers. Dans le corps d'irréguliers où il avait servi, on avait peut-être moins su se battre que marauder. Ce qu'il y a de certain, c'est que le bachi-bouzouck, qui aurait sans doute été peu capable de diriger un peloton d'hommes sur un champ de manœuvres, s'entendait à merveille à commander une chasse à cheval, sorte de tohu-bohu où il faut plus d'audace que de savoir militaire.

Comprenant très-bien qu'à tout prendre, la bête après laquelle on courait n'était jamais que sur la défensive, et que, par conséquent, on en viendrait toujours à bout en s'agglomérant, il faisait injonction à tout chasseur de ne pas s'écarter du rayon où se tiendrait son cheval.

— Halte! s'écria tout à coup Dervisch-el-Eddin

On était arrivé sur la lisière du bois des Chênes verts, retraite présumée des sangliers.

Le commandant distribua différents postes. Ceux qui menaient les chiens furent envoyés en avant à quelque distance des tirailleurs ; chacun d'eux était accompagné d'un cavalier armé.

En ce moment un coup de feu partit et résonna dans toute l'étendue de la forêt.

— C'est l'avant-garde, dit Dervisch ; on nous annonce que la bête vient d'être vue. Qu'on lâche les chiens!

Ici le vacarme devint on ne peut plus bruyant. Aux aboiements rauques des grands lévriers maures se joignaient les cris des Arabes et le hennissement des chevaux. Il y avait de quoi affoler la tête d'airain d'un sage. De temps en temps un étrange cliquetis, résultant de branches cassées ou de broussailles mordues, attestait que l'animal, surpris dans ses fins, venait de passer. Trois ou quatre coups de fusil avaient été tirés sur lui sans qu'il eût été atteint. A son approche les chevaux, dont l'odorat est presque aussi subtil que celui des individus de la race canine, devinaient sa présence et se cabraient, ou se dressaient sur les pieds de derrière.

Toute cette scène prenait une tournure fort animée.

On sait que rien n'arrête le sanglier sur son chemin. En Afrique, où il est d'une taille monstrueuse, il ne redoute guère que le lion ; pour l'homme, il ne se soucie qu'à moitié même de ses armes ; s'il l'aperçoit, il fond sur lui, l'éventre d'un coup de boutoir et étrangle son cheval aussi d'un seul coup. On a pourtant observé que, quand il est traqué par des chasseurs qui ne se dégarnissent pas, il se détourne légèrement et fait des circuits en laissant sur le sol des lignes déchirées, comme traces de son impuissante fureur. Dans ce cas-là, il devient plus facile de l'atteindre, notamment à l'heure où il traverse des fourrés de buissons en les renversant. C'était bien sur cette éventualité qu'avait compté le bachi-bouzouck pour mieux le frapper.

— Ne nous éparpillons pas et redoublons d'énergie ! s'écria Dervisch-el-Eddin.

La chasse recommença donc avec une nouvelle fureur.

Une sorte de ronflement sourd parcourait le bois comme un trait, et revenait ensuite par des sentiers non frayés ; c'était la bête, à laquelle on ne laissait ni repos ni trêve. Les coups de feu se succédaient avec rapidité les uns aux autres.

A un certain moment, un double cri de douleur retentit dans la profondeur de la forêt.

— Le sanglier a blessé un Arabe au bras droit et *décousu* un chien ! s'écriait un des chasseurs.

Rien de plus vrai.

On accourut.

Un des lévriers gisait à terre dans son sang et un Arabe se tenait appuyé contre un arbre, mis de même hors de combat, mais sans danger de mort.

Quant au sanglier, il n'avait rien reçu que le coup de sabot d'un cheval.

Il est vrai que ce coup de sabot lui avait ébréché les deux dents de devant appelées *défenses*.

— Qu'on le pousse hors du bois ! s'écria alors Dervisch-el-Eddin ; qu'il aille même dans les blés, s'il le faut ! Il n'y a qu'en le mettant en rase campagne que nous en viendrons à bout.

Tous les efforts de la troupe furent donc dirigés dans le sens d'une battue, poussant la bête hors des massifs, des fourrés et des ronces où elle pouvait trouver une retraite.

Après un quart d'heure de marches et de contre-marches, les chiens, les chevaux et toute la troupe aidant, le sanglier, n'ayant plus d'autre refuge que la plaine, y donna tête baissée.

CHAPITRE III.

C'était dans les blés du vallon que le bachi-bouzouck pensait qu'on le tuerait, — si l'on parvenait à le tuer.

Nos jeunes Européens s'étaient tenus sur la lisière du bois. Ce poste étant originairement le moins périlleux, on avait voulu le leur donner. Les incidents de la lutte faisaient qu'il était maintenant celui de tous qui présentait le plus de danger.

Jacques cherchait à faire opérer une légère retraite sur les côtés.

— Ne crains donc rien, lui disait Robert Kergorieu; est-ce que nous ne savons pas tenir une arme?

Le filleul du corsaire n'avait pas fini de parler que le ronflement bien connu se faisait entendre dans la direction du point où il était. Une minute après, la tête du monstre apparut, hérissée, furibonde, éclairée par deux yeux petits et sanglants. A cette rencontre, que son instinct lui faisait pressentir depuis quelques instants, le cheval du jeune homme, cédant à un mouvement d'effroi, se levait en hennissant sur ses pieds de derrière; mais Robert Kergorieu, serrant les freins, tenait ferme le plus possible.

— Eh! jeune Français, s'écriait Dervisch-el-Eddin, la bête est sur vous; visez bien, ou vous êtes perdu!

Robert Kergorieu ne comprenait pas, puisqu'il n'entendait pas l'arabe; seulement il n'avait pas besoin d'être averti pour mesurer d'un coup d'œil toute la grandeur du péril qu'il courait.

Le sanglier venait de se précipiter au poitrail de sa monture.

Robert Kergorieu ne sourcilla pas.

Dans les fontes de sa selle se trouvaient des pistolets chargés; il en prit un et le tira d'une main sûre dans l'oreille du monstre.

Un grognement terrible et suprême répondit à cet acte de bravoure. Le sanglier se roulait tout sanglant dans la poussière du sentier.

Il n'y avait pas de cor ni d'instruments de musique dans cette chasse; les Beni-Oussem ne purent donc pas célébrer par une fanfare cette prouesse du jeune homme ; mais, aussitôt que le fait fut connu, toute l'escouade, improvisant une fantasia, lança ses fusils en signe d'acclamation.

— Honneur au jeune Français ! disait le bachi-bouzouck avec effusion.

Jacques rayonnait de bonheur.

— Robert, ajoutait Horace Vertpré, si la bête avait pu seulement te toucher, je tombais sur elle avec mon couteau de chasse pour la saigner au côté.

On plaça le sanglier mort sur un petit chariot qui portait les provisions et les bagages, et l'on reprit le chemin des gourbis.

— Quelle belle chasse ! disait Claude Marteau au moment où l'on rentrait à l'oasis ; il ne nous a manqué que d'y être à cheval sur des chameaux.

— Animal ! riposta vivement Horace Vertpré, te tairas-tu, avec tes chameaux ? Attends encore quelques jours et nous en verrons plus que tu ne voudras.

Toute la tribu se mit en fête à l'occasion du sanglier tué. N'était-ce pas un ennemi de moins ? Le nom de Robert Kergorieu fut souvent prononcé pendant ces réjouissances. Les Orientaux manifestent toujours une grande vénération pour un vainqueur.

— Jeune Français, dit Abdallah, ce sanglier n'est pas à nous, mais à toi ; que veux-tu en faire ?

Sachant par Jacques qu'il ne devait pas refuser, parce que c'aurait été contrarier les usages des Arabes, Robert Kergorieu finit par accepter.

Il fit faire du sanglier un chargement qu'on envoya de sa part à l'équipage du *Cormoran*.

C'était une pensée tout à la fois délicate et ingénieuse.

— Dès demain nous nous remettons en route, dit un matin Jacques à ses jeunes amis. N'oublions pas qu'il nous reste à parcourir notre Afrique jusqu'à la frontière du Maroc.

Le lendemain, en effet, ils prenaient congé d'Abdallah et des Beni-Oussem ; le bon cheikh, qui jouissait dans toute l'Afrique de la réputation d'un seigneur homme de bien, leur délivra une sorte de firman sur parchemin signé de son nom et scellé de son cachet, moyennant quoi ils étaient sûrs de recevoir le meilleur accueil de toutes les tribus qu'ils trouveraient sur leur chemin.

Jacques, ayant toujours présente à l'esprit la pensée première de sa mission, qui était d'aider Robert à devenir un homme, ne manquait pas d'attirer son attention sur cette nature de l'Afrique, si peu pareille au pays où ils étaient venus au monde. Au delà du Sahel, ils entraient dans des régions moins fertiles, mais toujours pittoresques. Par moment, le roulement du tambour ou le son de la trompette sortait d'un sentier ou des clairières de quelques bois d'oliviers; c'était un bataillon français qui changeait de cantonnement ou qui allait châtier des tribus rebelles. Les quatre voyageurs portaient la main au front et faisaient le salut militaire.

Plus ils avançaient, plus le paysage changeait. En inclinant du côté du Maroc, le sol est en grande partie argileux ou sablonneux; mais il est fécond et produit tout ce que l'on peut désirer, pourvu qu'il soit arrosé par les pluies à des époques convenables; si cette faveur du ciel lui est refusée, il devient bientôt absolument stérile, se refuse à la culture et se dépouille de toute végétation

Mais Blidah, Médéah, Biskarah, Constantine, Tlemcen, Oran, villes et provinces françaises, sont encadrées pour la plupart dans des ceintures d'oasis. Tous ces points présentent un mélange de vues variées et un spectacle vraiment pittoresque, l'horizon n'offrant de toutes parts que des plaines agréables, coupées en divers sens par des montagnes boisées et des collines verdoyantes, chargées d'arbres à fruits.

On avait déjà mesuré beaucoup de chemin, quand Horace Vertpré signala de loin un groupe étrange, qui paraissait immobile. Au milieu d'une plaine à peu près desséchée, se trouvaient de gros blocs de pierres, arrachés à des masses de rochers ou extraits d'une carrière. De grands cylindres en fer, adaptés à quelques-unes de ces pierres, les broyaient ou les réduisaient en poussière, pour qu'on en tirât du mortier ou du béton.

— Mais qui donc fait mouvoir ces cylindres? demandait Robert Kergorieu.

— Nous le verrons bien quand nous aurons fait encore cent pas, répondit Jacques.

On se hâta, on avança, et alors un grand cri mêlé de surprise et de jovialité partit de quatre poitrines à la fois :

— Un chameau !

En effet, c'était un de ces dociles, imposants et utiles quadrupèdes qui faisait tourner la roue et servait ainsi à tirer de l'eau d'une citerne.

— Enfin ! s'écria Claude Marteau au comble du contentement, je parviens donc à me trouver face à face avec le porteur du désert, l'animal de mes rêves ! Que de chemin ne faut-il pas faire ici-bas avant de toucher à la réalité de ce qui fait le plus songer ! Oui, c'est bien un chameau, et un chameau de la belle espèce !

Ils n'étaient plus séparés du groupe que par quelques légers plis du terrain.

— Hélas ! reprit Claude Marteau, qui ne tarissait pas une fois qu'il était lancé, hélas ! dans quel état l'ont-ils mis, ce navire des mers de sable ! Ce n'est plus le noble compagnon de l'Arabe, mais un vulgaire manœuvre de l'industrie moderne. Il tourne des machines, il fait du béton. N'importe, il ne sera pas dit que Claude Marteau aura passé auprès de toi sans te donner, ô chameau, une preuve de ses sympathies.

En parlant ainsi, il caressait l'animal de la main et, pour le rafraîchir, approchait de sa bouche deux vertes branches d'arbre, que l'animal broutait.

Cet incident n'eut pas d'autres suites, et nos voyageurs se remirent en route.

Toute l'ancienne régence d'Alger se montra à eux telle qu'elle est encore, c'est-à-dire pleine de poésie, de types curieux, de bourgs blanchis à la chaux, de petites villes ornées de minarets, de grands centres où l'Europe envoie ses trafiquants, et où le Soudan, pays des noirs, députe ses caravanes.

Vers le vingt-cinquième jour de leur départ de chez Abdallah, ils arrivèrent à Bône, sur le point qui mène à la frontière. Cette ancienne cité, où Cervantès a été quelque temps prisonnier, a conservé dans ses rues, dans sa population mêlée et dans le ton même de son langage quelque chose d'espagnol qui ne déplaît pas aux visiteurs; mais c'est toujours l'Orient et les ressources de son inépuisable magie.

En parcourant le faubourg de Karguantah, ils s'arrêtèrent devant un café, particulièrement ouvert aux voyageurs.

— Entrons ici un moment, dit Jacques; nous aurons probablement quelques observations intéressantes à faire.

Comme un grand mouvement se manifestait dans l'intérieur de l'établissement, ils demandèrent quel était l'objet dont il s'agissait.

Un Arabe, qui savait un peu de français, vint à eux.

— Vous paraissez désirer savoir ce qui se passe d'extraordinaire dans ce jardin ?

— Eh bien, ajouta l'interprète, si vous n'avez jamais vu de *charmeur de serpents*, regardez, en voilà un, et il est pour le moment dans l'exercice de ses fonctions.

Les jeunes gens ne pouvaient manquer d'éprouver un très-vif sentiment de curiosité à ce sujet-là. Aussi, après s'être approchés, à l'exemple de tout le monde, ouvrirent-ils de très-grands yeux.

Jusqu'à ce jour ils s'imaginaient que le type du *charmeur de serpents* résidait exclusivement dans l'Inde ; c'était une erreur que ce nouveau spectacle était destiné à extirper de leur esprit. Dans toute la Barbarie, mais notamment au Maroc, à Tripoli, à Tunis et dans les villes de l'Afrique française qui se rapprochent le plus de ces diverses contrées, on trouve en assez grand nombre des charlatans maures qui manient des serpents impunément et sans crainte. Des savants assurent qu'on voit parfois ces jongleurs entrer dans une espèce de fureur et d'ivresse, et déchirer à belles dents le corps des animaux qu'ils font danser. Le peuple, qui regarde ces prétendus *psylles* comme de véritables magiciens, prétend qu'ils ne se nourrissent que de serpents, de lézards et d'autres reptiles qu'ils ont le pouvoir de charmer, et dont ils rendent le venin inoffensif.

Celui qui se livrait à ces exercices dans le jardin du café de Bône faisait preuve d'une très-grande habileté. A sa voix et même à ses gestes, les serpents auxquels il com-

mandait se dressaient à terre sur leur queue, sautaient sur ses bras, s'enroulaient autour de son cou et ne lui faisaient jamais la moindre morsure.

— Voilà l'Orient, disait Robert Kergorieu ; à chaque pas, nous, fils de l'Occident, nous devons y trouver un nouveau sujet d'étonnement.

Le lendemain une dépêche parvenait aux voyageurs.

— Le *Cormoran* va bientôt quitter le port d'Alger et reprendre la mer, leur dit Jacques en terminant la lecture d'une lettre qu'il avait reçue. Vous savez que le délai d'un mois qui nous avait été accordé par le capitaine expire dans cinq jours. Ce serait juste le temps qu'il faudrait pour regagner la capitale de l'Afrique française. Mais à quoi bon revenir sur nos pas ? Comme le *Cormoran* va visiter tout le littoral, je vais mander à l'excellent capitaine qu'il nous trouvera à son passage à Tunis.

— Bien dit ! s'écrièrent les trois jeunes gens, qui soupiraient toujours après la vue de nouveaux horizons et de nouvelles contrées ; écris, cher Jacques.

— Soit, répondit l'ex-matelot de la *Foudroyante*, mais il faut que Robert me prête sa main pour écrire.

— De grand cœur, répondit le filleul du corsaire.

Il prit donc une plume, du papier, de l'encre, et écrivit ce qui suit sous la dictée de son vieil ami :

« Capitaine,

« Le désir bien légitime de voir du pays nous a poussés tous les quatre jusque dans la ville de Bône, c'est-à-dire à très-peu de distance des côtes que le *Cormoran* va visiter. Rebrousser chemin serait presque du temps perdu. Au moment où je jette la présente sur le paquebot qui va à Alger, c'est-à-dire à votre destination, nous nous remettons en route pour aller d'ici à Tunis ; il est à croire que nous arriverons dans cette ville curieuse trois jours avant votre équipage, et nous vous y attendrons.

« Mille compliments, capitaine, à vous et au *Cormoran* tout entier.

« JACQUES. »

Puis, tout riant, Robert Kergorieu ajouta à la lettre un *post-scriptum* ainsi conçu :

« P. S. — Très-grande nouvelle pour tous les gens du *Cormoran* : Claude Marteau a enfin pu voir un chameau. »

— Et maintenant, à Tunis.

PORT DE TUNIS.

CHAPITRE IV

Tunis. — La chapelle de saint Louis. — Le tombeau des Abencerrages. — Les marionnettes. — Justice du bey. — Le port. — Un prétendu marchand de corail. — La felouque. — Un mendiant. — Horace Vertpré s'embarque. — Retour du *Cormoran*. — Ce qui se passait à bord de la felouque. — Regrets des trois amis. — Projets de vengeance. — La rade d'Aboukir. — Un souvenir historique. — Alexandrie. — Premier salut à l'Égypte. — Voyage à pied. — Le Nil. — Le marchand d'eaux. — Une ravine. — Chasse au crocodile. — Le poignard des nègres. — Un coup de fusil.

Voilà Tunis! s'écria Robert Kergorieu en apercevant de loin, à l'horizon, les minarets d'une douzaine de hautes mosquées.

Les quatre voyageurs ne tardèrent pas à faire leur entrée dans cette ville que les vieux géographes nommaient « la perle de la Régence. »

Tunis la Blanche, ainsi nommée à cause de la couleur de ses maisons, est située à six kilomètres environ de l'ancienne Carthage. On l'a bâtie avec les débris de la rivale de Rome. Il n'est pas rare de rencontrer, çà et là, dans ses rues, un tronçon de marbre vert soutenant un banc arabe ou quelque colonne antique servant de pilier à une porte.

En réalité, l'Afrique ne commence que dans cette cité, dont la majorité des habitants est composée de Turcs, de Maures, de Juifs et de trafiquants de tout le littoral africain.

Jacques ne manquait sans doute pas de signaler quelques Européens affairés qui traversaient les places et les carrefours, suivis ou précédés de portefaix.

— Ce sont des négociants de Marseille qui viennent ici faire leur fortune en quatre ou cinq ans, disait-il.

Ces Français, qui n'avaient d'oriental que le fez traditionnel, marchaient d'un air dégagé, comme s'ils se fussent trouvés dans leur propre pays. C'est que Tunis est maintenant une ville hospitalière où les chrétiens ne sont plus inquiétés.

L'histoire rapporte qu'à la suite de la seconde croisade saint Louis est mort sur cette terre, et un monument votif, une chapelle chrétienne rappelle ce grand souvenir. Par les soins de notre consul, les Européens peuvent y faire en toute liberté un pèlerinage qui n'est jamais inquiété.

Un autre édifice d'un style funéraire se trouve aux alentours et pour ainsi dire aux portes de Tunis. Des vers en caractères arabes disent au passant que sous ces dômes funèbres reposent les anciens Abencerrages.

En dépit de ces souvenirs, il n'y pas dans toute la contrée de ville où la gaieté soit plus bruyante. Les vaisseaux, qui vont et viennent, apportent sans relâche dans le port les produits de tous les climats ; l'abondance réjouit sans cesse ces carrefours où les joueurs de guitare chantent leurs chansons, où les marchands de comestibles vendent des sorbets et des pastèques, où les bateleurs font leurs tours, où des almées venues d'Égypte dansent au bruit du tambourin.

Ils contemplaient ce spectacle forain quand un attroupement considérable de cavaliers et de piétons passa à côté d'eux. Des cavass, sorte de gendarmes à cheval, suivis d'un groupe nombreux de gens du peuple, conduisaient au palais du bey un grand jeune homme à figure pâle, enveloppé des pieds à la tête des plis de son manteau.

Horace Vertpré arrêta un des passants pour lui demander ce que c'étaient que ces soldats et ce long cortége.

— Seigneur étranger, lui dit le passant dans cet idiome bizarre, moitié arabe, moitié italien qu'on appelle la langue franque, il s'agit d'une aventure extraordinaire.

— Pouvons-nous la connaître?

— Sans doute

Le Tunisien fit une très-légère pause et ajouta :

« Hassan-Aziz, notre bey, tient à imiter le calife Harounal-Raschid, qu'il croit être un de ses ancêtres. Comme ce prince des légendes, il se plaît à rendre une justice sommaire. Aussi, déguisé, pour qu'on ne le reconnaisse pas et accompagné de quelques officiers, il se promène souvent, la nuit, dans les rues de sa capitale, afin de voir et d'entendre par lui-même. Très-défiant, il est porté à supposer que la lenteur des tribunaux et la corruption des hommes peuvent aisément faire absoudre un coupable et condamner un innocent : « Je suis juge moi-même, dit-il ; je suis bien « sûr de ne me laisser séduire ni par l'or ni par les larmes, « et la sentence que je prononce est sans appel. »

« Or, la nuit dernière, Hassan-Aziz, passant dans le bazar, a entendu les plaintes d'une négresse libre.

« — Pourquoi vous lamentez-vous ainsi, brave femme ? lui a-t-il demandé.

« — C'est, a-t-elle répondu, à cause du boucher Hamédy.

« — Que vous a fait cet Hamédy ?

« — Il m'a vendu de la viande gâtée et à faux poids.

« Ici le bey se fit connaître de la plaignante.

« — Écoute, lui dit-il. Si tu mens, je te fais couper la langue ; si c'est le boucher qui est coupable, il le payera cher.

« En parlant ainsi, il expédia deux officiers chez le marchand, afin de s'assurer de la vérité de l'accusation.

« — Seigneur, répondirent les deux envoyés, la négresse n'a pas menti.

« — Eh bien, c'est le boucher prévaricateur qui payera, répondit le bey.

« Et il le condamna à avoir le poing droit coupé chez lui-même, sur le billot de sa boutique. »

— Voilà une sentence vraiment terrible, dit l'un des quatre Français.

— Attendez, ce n'est pas fini, poursuivit le narrateur. Suivant la volonté du prince, le jugement devait être exécuté ce matin même. Il y a une demi-heure, les soldats que vous voyez en tête du cortège voulurent se mettre en mesure de châtier le coupable. J'étais présent, j'ai tout vu. Ce grand jeune homme pâle, Djémil-Hamédy, le fils du malheureux, arrive ; il demande la cause du tumulte qui règne dans sa maison, et, l'ayant apprise, il saisit son père par ses vêtements, l'en dépouille avec cruauté et l'accable de coups et d'outrages.

« — Ah ! malheureux, lui dit-il, tu déshonores ta famille, tu t'avilis pour posséder quelques pièces d'argent ; tu mérites le sort qui t'est réservé, et je demande comme grâce spéciale que ce soit moi qui exécute la sentence du bey.

« Ici les soldats, tour à tour touchés de tant d'héroïsme et indignés de tant de cruauté, se refusèrent aux vœux du jeune homme.

« On dépêcha cependant un exprès vers Hassan-Aziz pour l'instruire de ce qui se passait.

« — Un fils qui veut être le bourreau de son père ! s'écria le bey courroucé. Voilà un effronté scélérat.

« Puis, se ravisant :

« — Allez, dites à ce jeune homme que je lui permets d'agir. Qu'il exécute sur-le-champ la sentence que j'ai portée, et qu'il vienne aussitôt déposer à mes pieds le poing coupé, gage de son obéissance.

« A peine cette permission fut-elle accordée que Djémil-Hamédy saisit son père ; il l'entraîna de vive force vers un arrière-magasin, plaça sa main sur un billot, et les gardes stupéfaits entendirent un cri lugubre, poussé par l'infortuné si cruellement traité par un fils. Celui-ci, d'un pas ferme et à demi couvert de son manteau, s'avance alors vers les soldats ; il leur présente le poing coupé et les invite à se retirer.

« — Non, dit le chef des cavass, nous avons l'ordre de te conduire auprès du bey ; il prétend récompenser ton obéissance et ton courage ; obéis et suis-nous.

« Voilà où en sont les choses, ajouta le passant ; nous allons voir maintenant de quelle manière tout ceci va finir. »

Émus par cette dramatique histoire, ils voulurent suivre la foule, et arrivèrent avec le narrateur jusque dans la salle du palais où le bey rendait la justice.

— Te voilà, le plus obéissant de mes sujets, s'écria Hassan-Aziz ; as-tu exécuté mes ordres ?

— Oui, seigneur.

— Où est la preuve de ton obéissance ?

— La voilà, seigneur, dit le jeune homme en jetant le poignet sur le parquet.

Indigné de tant d'horreur, le bey allait ordonner qu'on abattît la tête de ce monstre d'un coup de cimeterre, quand un des plis du manteau laissa à nu le bras droit de Djémil-Hamédy.

On s'aperçut alors que c'était son propre poignet qu'avait coupé le fils du boucher.

Un long cri d'admiration partit de la foule.

— Djémil-Hamédy, s'écria le bey fortement impressionné par cette scène, tu es le plus héroïque des fils. Un chirurgien du palais va panser ta blessure, et tu seras à dater de demain un des dignitaires de l'État.

Cette histoire dramatique, dont le hasard venait de les rendre témoins, avait vivement impressionné les quatre amis. Jamais le dévouement d'un fils envers son père ne s'était montré à leurs yeux d'une manière aussi noble et aussi touchante.

Robert et Horace exaltaient beaucoup la vertu de Djémil-Hamédy, qui avait poussé l'héroïsme jusqu'à dissimuler qu'il s'était mutilé lui-même.

En parlant ainsi de ce qu'ils venaient de voir, ils prenaient le chemin qui mène au port, car l'heure approchait où ils devaient retrouver le *Cormoran* et son équipage.

Tout en marchant, ils considéraient cette ville étrange, ces maisons sans fenêtres, ces ruelles étroites et tout cet air e mystère répandu dans tous les quartiers.

— Nous venons d'assister à un spectacle des plus dramatiques, disait Jacques. Combien de faits du même genre ne se passent-ils pas dans ces murs ? Tunis est aujourd'hui une ville de négoce, où l'on fait le commerce du café, de la gomme, de la soie, des perles et des chevaux ; il y a trente ans, c'était un nid de pirates. « La caque sent toujours le

CHAPITRE IV.

hareng, » s'il faut en croire un proverbe de notre pays; on trouverait sans doute encore en ce moment plus d'un écumeur des mers.

Tout en marchant et en causant à travers les faubourgs, ils se trouvèrent sur une des hauteurs de la ville, d'où ils jouirent d'un magnifique panorama, et peu après ils arrivaient au port.

Sur la jetée, en vue de la rade, ils regardaient à l'aide d'une lunette d'approche. Presque tous les drapeaux connus flottaient aux mâts des nombreux vaisseaux qu'ils avaient sous les yeux; cependant ils n'apercevaient pas le pavillon français.

Un petit homme au teint olivâtre vint à eux.

— Seigneurs étrangers, dit-il en s'inclinant et en se servant toujours de la langue franque, puis-je vous demander ce que vous cherchez par ici?

Robert prit la parole en essayant d'imiter le langage de l'inconnu.

— Nous cherchons, dit-il, un navire français qui devrait être arrivé d'Alger ici depuis ce matin.

— Comment l'appelez-vous ?

— Le brick *le Cormoran*.

Le petit homme fit mine de se frapper le front comme pour s'efforcer de réveiller un souvenir dans sa tête; puis il répéta coup sur coup :

— Le *Cormoran !* le *Cormoran !* Je ne connais pas de brick de ce nom-là.

Il allait se retirer, quand il interpella la petite troupe par ces mots :

— Tenez, adressez-vous à ce seigneur que voilà assis sur des cordages; Ayoub-ben-Elim est le meilleur marin du pays et l'homme qui connaît le mieux le port de Tunis.

Celui qu'il venait de désigner de cette sorte était un Maure déjà sur le retour de l'âge; il avait sur la tête un turban moitié blanc et moitié rouge.

Voyant que les étrangers se dirigeaient de son côté, il ôta de ses lèvres le bout de son chibouque et leur dit :

— Qu'Allah soit avec vous, enfants de l'Europe ! Qu'y a-t-il pour votre service ?

Robert renouvela les questions qu'il venait de faire sur le brick.

— Un navire français appelé *le Cormoran*, reprit le Maure, il me semble l'avoir rencontré hier dans ces parages. Eh non ! sans doute, je ne me trompe pas, ajouta-t-il.

— Mais comment l'avez-vous rencontré ? demanda Horace.

Le Maure se leva, et tournant son index du côté de la mer :

— Tenez, poursuivit-il, voyez-vous cette petite felouque qu'on est en train de charger pour un très-prochain départ ? C'est la barque dont je suis le patron. Sachez, en effet, que je suis pêcheur de corail de mon métier. Les miens et moi nous prenons la mer toutes les nuits pour visiter ces parages, puis nous portons l'objet de notre commerce aux îles Baléares, à Alger, en Sicile ou en Sardaigne. Voilà pourquoi j'ai pu rencontrer votre brick hier dans la soirée.

En ce moment, un homme qu'on n'avait pas encore vu, un vieux mendiant couvert d'un long vêtement d'étoffe brune qui lui descendait jusqu'aux pieds, s'approcha des étrangers et leur tendit humblement la main comme pour leur demander l'aumône. Horace Vertpré lui tendit une petite pièce blanche. Pendant que les trois autres écoutaient encore le marin, le nouveau venu, tout en faisant un signe de remercîment, murmurait à demi-voix ces paroles obscures comme une énigme :

— Seigneur, ne prêtez pas l'oreille à toutes les fables qu'on vous fera ; seigneur, ne faites pas tout ce qu'on cherchera à vous faire faire.

— Que dis-tu là, mendiant! s'écria le Maure en se tournant avec colère du côté du pauvre homme. Cette engeance ressemble au scorpion ; elle pique en rampant. Quelles paroles a-t-il marmottées tout à l'heure ?

L'homme à la main tendue était déjà loin, et Horace Vertpré, tout ému, protestait n'avoir rien compris à son langage.

Ayoub-ben-Elim reprit :

— Ainsi que je vous le disais, j'ai donc entrevu votre brick français hier au soir. Vous savez qu'il y a eu depuis quelques jours de terribles coups de vent sur la Méditerranée. Le navire avait beaucoup souffert ; il était démâté et à demi échoué sur la côte, près des rochers de Bel-Abbès.

Jacques ne put s'empêcher de dresser l'oreille.

— Le *Cormoran* à demi échoué ! s'écria-t-il. Croyez-vous que ce soit sérieux ? Pensez-vous que ce soit un naufrage ?

— Tout ce que je puis vous dire, ajouta le Maure, c'est qu'au moment où je revenais sur ma felouque dans ce port, c'est-à-dire à l'abri, la fureur des coups de vent redoublait. J'ai eu moi-même toutes les peines du monde à éviter les avaries.

Nos quatre amis ne pouvaient plus détacher leur pensée du sinistre dont on venait de leur faire le récit.

— On tirait le canon d'alarme, dit encore Ayoub-ben-Elim ; des hommes placés sur le pont agitaient des mouchoirs blancs en signe de détresse; mais qu'aurait pu faire en pareille circonstance un pauvre pêcheur de corail, accompagné de cinq matelots, sur une mince felouque déjà entamée elle-même par le gros temps?

— Allons! s'écria Robert Kergoricu, il n'y a pas de temps à perdre. Il faut aller voir ce qu'est devenu le *Cormoran*. Qui sait si nos amis n'ont pas besoin de nous?

— Seigneurs étrangers, recommença à dire le marin, je mets à votre disposition ma felouque, qui est prête à partir, son équipage et moi-même.

— Eh bien! partons! partons! dirent les trois jeunes gens d'une commune voix.

— Un moment, repartit Jacques, qui avait un peu plus de sang-froid; un moment, mes enfants. Puisque ce généreux patron veut bien nous offrir sa barque et le concours de ses matelots, il n'est pas nécessaire de nous mettre en mer tous les quatre. Il suffit qu'un seul parte pour aller voir ce qui se passe.

Ici le pêcheur de corail assura, sur le nom du prophète, que l'entreprise n'avait rien de périlleux, et que la course ne demanderait au plus que deux ou trois heures.

— Peu importe, poursuivit Jacques, un seul se chargera du message, et comme tous les trois voulaient partir, on convint de tirer à la carabine sur une feuille de papier blanc disposée en forme de cible; Jacques y avait dessiné un rond au crayon noir.

Il était dit qu'on tirerait à vingt-cinq pas.

— Celui qui tirera le plus près du rond aura gagné, dit l'ancien matelot.

Robert s'était trop pressé; Claude Marteau avait été gauche; ce fut Horace qui l'emporta.

— Heureux Horace! dirent les deux jeunes gens à leur camarade; tu vas donc pouvoir affronter un danger!

Pendant la fin de cette scène, Ayoub-ben-Elim, qui était descendu sur le chemin de hallage, achevait de donner des ordres à son équipage.

CHAPITRE IV.

Dix minutes après, le son d'une cloche annonçait que tous les préparatifs du départ étaient terminés.

Ayoub-ben-Elim s'avança en affectant de sourire vers le groupe des quatre amis.

— Mon jeune seigneur, dit-il en s'adressant à Horace, vous entendez le signal? Nous n'avons plus qu'à sauter dans la barque et à partir.

— Fort bien, seigneur, je vous suis, répondit Vertpré.

Là-dessus, se tournant du côté de Jacques et de ses deux jeunes compagnons :

— Il s'agit d'une trop courte absence pour que je vous dise adieu, ajouta-t-il. Aussi, c'est à revoir et à bientôt !

Au bout d'un instant, notre Breton était debout sur la proue de la felouque. Comme les voiles de l'embarcation étaient déployées et qu'elle avait le vent en poupe, l'équipage ne tarda pas à sortir de la rade. Bientôt elle ne parut pas plus grosse qu'une mouette ou qu'un goëland. C'est qu'elle entrait en pleine mer.

— Deux ou trois heures, disait alors Robert Kergorieu, ce n'est rien dans une journée ; eh bien, c'est étrange, mais voilà qu'au fond du cœur j'éprouve le regret d'avoir laissé partir Horace. Je crains de ne plus le revoir.

— Es-tu fou avec tes regrets ! répondit Jacques. Ce marchand de corail, qui a bien voulu le prendre à son bord, est un des marins les plus connus de Tunis. De deux choses l'une, ou il déposera notre ami à bord du *Cormoran*, s'il le rencontre en route, ou bien il nous le ramènera dans le délai convenu.

— Que Dieu t'entende, Jacques !

Robert Kergorieu n'avait pas achevé ces mots qu'une sorte de ricanement moqueur se faisait entendre derrière eux.

Ils tournèrent la tête, et aperçurent l'homme en haillons, que le Maure avait gourmandé un quart d'heure auparavant.

— Ah ! c'est le mendiant, dit Claude Marteau, un pauvre homme privé de raison.

Dans le même moment, un bruit soudain retentit dans la rade.

— Un, deux, trois coups de canon! s'écria Jacques.

D'un fort voisin trois coups de canon répondaient sans retard.

— Cela nous annonce un vaisseau qui entre dans le port, dit Robert.

Ils prirent leurs lorgnettes, regardèrent avec attention et aperçurent au haut du mât la flamme aux trois couleurs.

— C'est un drapeau français! reprit Claude Marteau.

— C'est le *Cormoran!* poursuivit Jacques.

— Vivat! dit à son tour Robert. En chemin, la felouque du pêcheur de corail aura transbordé Horace sur le brick. Nous allons revoir notre ami.

Le brick, qui avait, comme on le sait, un long voyage à faire, n'entrait dans le port de Tunis que pour y faire une station de quelques instants, le temps de laisser des dépêches au consulat français et de reprendre à bord les quatre amis.

Ces derniers, qui ne se trouvaient plus que trois, étaient intimement convaincus qu'en montant sur l'avant, ils allaient retrouver Horace Vertpré.

— Une chaloupe! une chaloupe! disaient-ils et montons vite sur le pont.

Ils traversèrent donc le bassin dans un bateau et abordèrent le brick.

— Horace Vertpré? Est-ce qu'on ne vous a pas remis Horace en mer? demanda aussitôt Robert Kergorieu au capitaine.

L'officier répondit qu'il ne comprenait rien à ce qu'on lui demandait.

— A deux ou trois brasses de la rade, dit l'officier, nous avons bien aperçu une felouque portant pavillon tunisien; mais, d'abord, elle avait l'air de nous éviter, et ensuite nous n'avons pas à faire la police de ces mers.

Jacques, consterné, expliqua alors ce qui venait de se passer.

— Hum! hum! dit le maître timonnier, vieux loup de mer qui avait entendu ce récit, votre Ayoub-ben-Elim m'a tout l'air d'être un pêcheur de corail comme je suis un avocat plaidant; c'est bien plutôt un effronté corsaire barbaresque qui, par ruse, s'est emparé d'un de vos jeunes compagnons pour en faire un apprenti pirate.

Le maître timonnier ne disait que trop vrai.

Tant que la felouque avait été en vue de Tunis, c'est-à-dire dans les eaux de la rade, Ayoub-ben-Elim, jouant toujours son rôle de protecteur, n'avait pas cessé d'entourer le jeune Français de politesses presque obséquieuses. Aussitôt qu'on fut en pleine mer, le langage et les manières du prétendu pêcheur de corail changèrent au point qu'Horace Vertpré n'eut pas longtemps à se faire illusion.

— Écoute, lui dit le patron en riant d'une manière satanique, considère-toi maintenant comme un bel oiseau en cage. A dater d'à présent, tu vas t'arranger de manière à ressembler aux cinq diables que voilà.

Et il lui montrait les cinq matelots de son équipage.

A quelques instants de cette interpellation, un des corsaires avait signalé le *Cormoran*.

Le cœur d'Horace Vertpré n'avait pu se défendre de battre avec violence.

— Tout beau, mon petit ami! s'écriait Ayoub-ben-Elim en tirant de sa ceinture un pistolet qu'il braquait sur la poitrine du jeune homme, tout beau! Si tu pousses un cri ou si tu fais un geste qui puisse attirer l'attention du brick sur nous, je lâche le chien et tu es mort!

Le *Cormoran*, on le sait, ne devait que relâcher à Tunis.

— Il nous faudrait consacrer dix années consécutives à visiter l'Orient, si nous devions y voir en détail tout ce qu'il y a d'intéressant, disait le capitaine. Aussi n'avons-nous que quelques heures à donner à certains points déjà connus des Européens. Nous reprendrons la mer sans nous arrêter à cette ville des États barbaresques.

En effet, une heure s'était à peine écoulée que le brick sortait du port pour se diriger sur Alexandrie.

Tout le temps que dura la traversée, les trois amis étaient en proie à la plus amère tristesse. Horace Vertpré emmené sur une felouque à travers les mers par un pirate devenait pour eux un sujet constant de chagrin et la cause d'une sorte de remords. Jacques, dont la vigilance avait été mise en défaut, s'accusait tout haut d'incurie ; il ne se pardonnait pas la faiblesse avec laquelle il avait ajouté foi à la parole trompeuse du forban. Robert Kergorieu, animé d'une généreuse indignation, parlait de se mettre à la recherche de son ami une fois qu'il serait arrivé en Égypte.

— Horace est brave, disait-il. A nous deux nous viendrons bien à bout des hommes de la felouque et de leur indigne patron.

Un vieux pilote du navire, homme de bon conseil, cherchait, de son côté, à les consoler, il les prenait à part pour leur dire :

— Aussitôt que nous serons arrivés à Alexandrie, vous laisserez aux consulats européens le signalement du jeune homme enlevé. En très-peu de temps, on se transmettra ces renseignements sur les deux rives de la Méditerranée ; on les enverra sur des paquebots à tous les bâtiments de la marine chrétienne qui sont chargés de faire la police dans ces parages. Vous n'ignorez pas sans doute que les corsaires de Barbarie sont l'objet d'une surveillance des plus sévères. Tout pirate sur lequel on parvient à mettre la main est pendu à son mât. Tout écumeur des mers a son embarcation saisie. Les vrais marins sont intéressés à ce que les prises soient fréquentes. Je vous promets qu'avant un mois on vous ramènera votre jeune ami.

Ce discours d'un homme qui connaissait le pays faisait un peu l'effet d'un baume sur la vive blessure de ces trois cœurs.

— Au fait, reprenait Robert moins rembruni, quelque chose me dit que mon cher Horace n'est point perdu pour nous, et que nous le reverrons dans un temps prochain.

Il n'y a pas de douleur que la patience n'allége, ni de chagrin que le temps ne guérisse. L'espérance diminuait leur mal. Au moment où l'on arrivait en vue d'Alexandrie, Jacques, Robert et Claude avaient le cœur moins gros ; ils n'étaient sans doute pas consolés tout à fait, mais un certain calme rafraîchissait leur pensée.

En ce moment un homme de l'équipage murmura un mot terrible : « Aboukir ! »

En se penchant sur l'entre-pont, les passagers apercevaient cette rade au nom terrible et douloureux où, malgré l'héroïsme de trois amiraux et les prodiges de valeur de dix navires, le drapeau français a été humilié pendant la moitié d'une nuit sinistre. Jacques, qui connaissait particulièrement cette histoire, ne pouvait s'empêcher d'en dire deux mots à ses jeunes compagnons. Il rappela donc l'amiral anglais Nelson se présentant à l'improviste auprès du rocher et engageant la bataille au moment où le jour baissait. Brueys, notre amiral, commandait l'*Orient*, vaisseau de cent vingt canons, le même qui venait d'amener en Égypte le général Bonaparte, ses lieutenants et vingt membres de l'Institut ; Brueys, après s'être battu comme un lion, fut coupé en deux par un boulet ; on voulut le descendre à l'ambulance, sur un matelas : « Non, dit-il, qu'on me laisse debout sur le pont : un amiral doit mourir en donnant des ordres. » Et il expira dix minutes après. Sur le même navire le capitaine Casabianca, grièvement blessé, voyait les flammes gagner la cabine où il était ; auprès de lui se tenait son jeune fils ; on disait à ce dernier : « Le navire va sauter ; venez avec nous ; sauvez-vous ! — Non, répondait l'enfant, je ne peux que vivre et mourir avec mon père. » Et un quart d'heure après, la sainte-barbe s'enflammant, le vaisseau amiral sautait, entraînant dans son désartre le père et le fils. Jacques ajoutait :

— Des yeux français ne sauraient regarder sans larmes et sans colère cette rade d'Aboukir. Passons vite.

Le *Cormoran* avait l'air de se hâter. Alexandrie n'était pas loin ; Alexandrie, au contraire, rappelait un souvenir glorieux. C'était là que Kléber et Desaix avaient aidé le futur vainqueur des Pyramides à opérer le débarquement de cette valeureuse armée ; c'était sous ces murs qu'avait été remportée la première victoire.

A la vue de l'Égypte, le filleul de Robert Surcouf sentit tout à coup sa langue se délier :

— Te voilà donc, s'écriait-il, te voilà enfin, terre de l'histoire, des sciences et de la poésie ! Voilà ton beau ciel et tes brillants horizons. Que de grandes choses n'as-tu pas vues à travers les siècles écoulés ! Tu es le berceau de la civilisation. Chez les anciens, Hérodote, Pythagore et Platon sont venus s'éclairer à ta lumière ; Pompée est mort sur ton sol, et César s'y est ennobli ; Alexandre le Grand y a bâti une ville qui porte encore son nom. A l'heure solennelle du rachat du monde, l'enfant-Dieu, fuyant les bourreaux d'Hérode, t'a demandé un asile ; saint Louis t'a visitée, Bonaparte t'a conquise et Kléber t'a arrosée de son sang ! ô vieille terre d'Égypte, vénérable patronne du genre humain, je te salue !

On était déjà dans le port.

Les chaloupes de débarquement s'approchaient.

— A terre ! mes amis, à terre ! dit Jacques. Le devoir avant tout. Allons sans retard déposer notre plainte chez le consul de France.

De toutes les villes d'Orient, Alexandrie est celle qui a le plus de ressemblance avec nos cités d'Europe.

Cette antique cité, fille d'Alexandre, qui sous les Ptolémées s'était accrue au point d'exciter la jalousie de Rome, et qui était alors sans contredit la deuxième du monde; qui, au septième siècle, comptait encore plusieurs millions d'habitants et renfermait, dit-on, dans une enceinte de quatre lieues de tour, quatre cents théâtres, quatre mille palais, quatre mille bains, douze mille boutiques, n'a presque plus rien de ses quartiers primitifs. Les premiers lieutenants de Mahomet ont passé par là et ont tout détruit. Alexandrie a été construite à nouveau plusieurs fois. Ainsi, l'on y a élevé des hôtels dans le goût des auberges confortables de l'Occident. De riches négociants anglais, italiens, allemands et français y ont d'importantes maisons de commerce. Les portefaix y savent à peu près toutes les langues. Des navires portant à la vergue de leurs mâts les principaux pavillons connus y vont et viennent sans cesse, chargés d'objets de négoce et d'argent. Aussi n'est-il pas possible d'y faire cent pas dans les rues sans y rencontrer le frac noir de Londres et l'habit à la dernière mode de Paris.

Leur démarche au consulat français terminée, les voyageurs consacrèrent un jour à visiter la ville. Il était convenu qu'ils laisseraient le *Cormoran* louvoyer sur ces mers. L'Égypte était une contrée trop nouvelle pour eux pour qu'ils ne cédassent pas au désir de la voir avec quelque lenteur.

— Mes enfants, nous irons jusqu'au Caire à pied, disait Jacques.

Dès le lendemain, au lever du jour, ils étaient équipés, comme il fallait l'être pour une longue marche dans les sables ou sur les rives du Nil.

Si l'Égypte est intéressante à visiter, il faut bien dire aussi qu'on ne peut la parcourir sans avoir à affronter des périls de toute sorte. Les jeunes gens s'étaient munis chacun d'une carabine, soit pour repousser l'agression des Bédouins voleurs, toujours embusqués près du grand fleuve, soit pour chasser les animaux de toute famille qui se présentent sur le chemin.

— Je déclare nettement la guerre aux crocodiles! s'écriait Robert Kergorieu ; je jure d'exterminer les serpents.

— N'y a-t-il pas aussi des hippopotames à rencontrer? demandait Claude Marteau.

— Eh! pas tant de zèle, mes amis, répondait Jacques. Chez nous, en Europe, quand on parle des rives du Nil, on exagère singulièrement l'horreur des rencontres qu'on a toujours à y faire. L'hippopotame n'y vit que comme une exception. Sans doute les autres monstres y sont plus nombreux, mais ils y sont beaucoup moins redoutables.

Au bout d'une centaine de pas, Claude Marteau attira l'attention de ses deux amis sur quelque chose d'étrange.

— Que voyez-vous donc là, à travers les roseaux et les glaïeuls du fleuve ?

Robert se préparait déjà à armer son fusil, comme s'il voulait tirer dans la direction indiquée.

— Halte-là, étrangers ! Arrêtez-vous et ne tirez pas sur l'oiseau sacré ou vous êtes perdus !

Ils tournèrent la tête du côté d'où paraissait venir ce brusque avertissement.

Dans le creux d'une ravine située à vingt pas d'eux, ils aperçurent un homme vêtu d'un caftan vert et ayant la tête entourée d'un turban. Cet inconnu avait une longue barbe blanche qui ondoyait jusque vers le milieu de la poitrine. A côté de lui se trouvaient plusieurs vases en terre cuite dans la forme des amphores antiques. En voyant s'approcher les trois voyageurs, il se leva et, devinant sans doute qu'il avait affaire à des Européens, il leur parla en français, langue qui paraissait leur être familière.

— Tout à l'heure, leur dit-il, en entendant le bruit de vos pas, je me suis levé une première fois, et je vous ai vus au moment où l'un des trois allait mettre en joue un ibis du fleuve, un ibis sacré. Gardez-vous bien de vous laisser aller à commettre une pareille profanation. Tout Égyptien qui vous eût surpris dans un pareil moment n'aurait pas manqué de vous faire un mauvais parti.

— Quoi ! demanda Robert Kergoricu, l'ibis du Nil est donc encore aujourd'hui un oiseau sacré en Égypte, comme du temps d'Hérodote ?

— Oui, toujours.

Il vint à eux et reprit :

— Tenez, regardez-le. Y a-t-il rien de plus beau et de plus inoffensif ? Il a un peu plus de deux pieds de hauteur. L'extrémité de son bec forme une faux mortelle pour les serpents et pour les insectes. Il porte au cou des plumes blanches comme celles du cygne, et il n'est pas moins doux que lui.

Ici l'Oriental crut voir que les voyageurs le regardaient lui-même avec des yeux étonnés.

— Vous êtes Français, dit-il, et cela excite votre surprise que de me voir parler votre langue avec une certaine facilité. Vous allez bien vite me comprendre. En 1798, il y a longtemps, comme vous voyez, j'étais un enfant de ce pays, un petit paysan de dix ans, le fils d'un pauvre fellah. Un jour du mois du lion, un grand bruit résonna par là-bas; c'était l'armée française qui se faisait ouvrir les portes d'Alexandrie à coups de canon. Mon père, pêcheur de son métier, esclave des beys mamelucks, me dit : « Voilà des étrangers, des Français qui viennent chez nous, mais cela ne nous regarde pas, puisque nous sommes sous la domination des mamelucks, cavaliers de Circassie, nos maîtres du jour, qui sont aussi des étrangers pour nous. Ainsi demeurons tranquilles. » Pas du tout. Au bout de huit jours, l'armée s'avance par ici ; on prend de force mon père pour guide, mais on le traite avec douceur, et, quant à moi, on m'attache au service du général en chef. Je vois encore ce dernier, après quarante ans de souvenir : un petit homme maigre, pâle, très-simplement vêtu, avec de longs cheveux qui retombaient sur ses épaules, la parole brève, et l'homme toujours en mouvement. « On aura soin de cet enfant-là, dit-il ; je veux qu'on lui apprenne le français à dater d'aujourd'hui, » et j'eus, en effet, pour maître un des nombreux savants qui avaient suivi l'expédition. Tout le temps qu'a duré l'occupation j'ai entendu parler et j'ai parlé moi-même votre langue. Ne soyez donc plus si émerveillés de voir que je puisse causer avec vous.

L'Oriental, qui, pareil à Sancho Pança, paraissait être des plus loquaces, s'arrêta un instant, mais pour reprendre bientôt, en poussant un gros soupir :

— Ah ! si l'expédition française eût réussi jusqu'à la fin, point de doute que je n'eusse eu un sort brillant ! Mais Allah et le Prophète ne l'ont pas voulu. Le général en chef avait promis de me prendre sous sa protection. Mais qu'y faire ? Les Français repartis, je suis redevenu un pauvre fellah comme auparavant. Pour vivre, je me suis établi marchand d'eaux.

— Marchand d'eaux ! s'écria Robert, quelle est cette profession ?

— L'équivalent de ce qu'est dans votre pays celle de marchand de vins. En Orient, la loi ne permet de boire que de l'eau. D'ailleurs nous avons, notamment en Égypte, des sources d'une saveur délicieuse. Sur la table des riches figurent des bouteilles d'eaux de diverses qualités dont on fait la politesse à ses convives : eau des sources du Nil, eau des cataractes du Nil, eau distillée du Nil, eau des rochers libyques ; il y a aussi des eaux de diverses années qu'on met en bouteilles, qu'on bouche et qu'on goudronne soigneusement.

Puis, pour donner une idée plus nette encore de son industrie, il ajouta :

— Au fait, l'hospitalité étant la coutume invariable de l'Orient, je vous invite, étrangers, à venir chez moi, à une lieue et demie d'ici, dans cette bicoque bâtie au milieu d'un petit bouquet de palmiers. Du temps des Pharaons, c'était un palais ; la tradition veut que la fille du roi qui sauva Moïse des eaux y ait élevé le petit Hébreu proscrit ; aujourd'hui ces mêmes murs sont l'asile d'un modeste fellah, qui vend de l'eau du Nil moyennant un para la bouteille.

Tout en parlant ainsi, il descendait dans la ravine et, choisissant la plus grosse de ses amphores :

— En attendant que vous me suiviez, reprit-il, faites-moi l'honneur de goûter de cette eau.

— Elle est excellente pour le goût et pour la fraîcheur, dirent-ils après avoir bu.

Le marchand d'eaux les invita aussi à s'asseoir un instant dans sa ravine, à l'abri du soleil, qui était fort ardent.

Tant de bienveillance jointe à tant de simplicité séduisait les voyageurs. Cette volubilité de langage leur plaisait aussi singulièrement, puisqu'ils entendaient la langue de leur patrie, et que, d'ailleurs, l'homme rappelait des souvenirs d'une grande et poétique époque à laquelle il avait été mêlé. Ils ne firent donc aucune difficulté de s'asseoir à côté de lui dans la ravine.

Ibrahim se mit à fumer, et il leur demanda d'en faire autant.

Ici Jacques seul accepta.

— A propos, reprit-il, l'immobilité orientale n'est ni de votre pays ni de votre âge. A la saison de la vie où vous êtes, on a besoin d'activité. Je vois que vous aimez la chasse ?

— Je ne vous cache pas que ce sera une passion pour moi, répondit Robert Kergorieu.

— Eh bien, écoutez. S'il n'est pas permis d'envoyer ici du plomb dans les ailes d'un ibis sacré, on a tout loisir de se livrer à un autre exercice. Voulez-vous faire la chasse au crocodile ?

— Les enfants hésitèrent un instant.

— Je vois, reprit l'Oriental en souriant, que vous êtes comme tous les Européens, vous croyez le crocodile beaucoup plus à craindre qu'il ne l'est réellement.

— Mais n'est-ce pas, en effet, un amphibie terrible ?

— Cela dépend. Notez d'abord que celui de notre pays se sauve toujours avec vitesse à l'aspect de l'homme. Ce n'est que lorsqu'il se trouve dans l'eau qu'il a quelque audace.

Placez-le sur le sable ou même sur les rives du Nil, un enfant armé lui fera peur.

— Fort bien, mais comment s'y prend-on pour lui faire la chasse ?

— Il y a plusieurs manières, dit le marchand d'eaux. L'une est en usage chez les nègres des bords du Nil. Pour attaquer l'ennemi dans l'eau, le noir arme sa main droite d'un couteau solide et pointu, et couvre son bras gauche entier d'un fourreau de cuir très-épais. Ainsi préparé, il s'avance vers le crocodile et lui présente le bras gauche en travers de la gueule ; l'animal ne manque pas de s'en saisir ; mais comme il a la langue en grande partie soudée à la voûte palatine, il ne peut changer la direction de l'objet qu'il a pris dans ses mâchoires ; il s'efforce en vain de l'avaler ou de le faire tomber dans l'eau pour le happer ensuite plus commodément. Pendant ce temps, le nègre enfonce son couteau de la main droite dans la chair de la mâchoire inférieure, qui est fort tendre ; l'eau se précipite dans la gorge du monstre, et il est à la fois asphyxié et submergé en peu d'instants.

— Cette méthode est bonne pour le Soudan et pour les rives du Nil Bleu, objecta Robert Kergorieu ; mais, en Égypte, comment fait-on ?

— La chose est encore beaucoup plus simple. Nos Égyptiens s'arment seulement d'un fort bâton, et, s'approchant du crocodile avec précaution, ils assènent un coup violent sur l'extrémité des mâchoires et les brisent, car ces os ont peu de solidité, malgré la force terrible avec laquelle ils broient ce qu'ils tiennent une fois. Par ce seul coup l'animal est mis hors de combat et doit mourir en peu de jours, à moins que son antagoniste ne profite d'un premier avantage et ne le tue sur-le-champ.

La halte avait duré assez longtemps ; on se leva pour se remettre en route.

— Figurez-vous, reprit Ibrahim, que j'ai tout un campement par ici ; vous ne voyez là que la moitié de mon attirail. A un mille d'ici nous rencontrerons un hôte.

— Un hôte?

— C'est un Anglais, sir James Primrose ; il est venu du Caire jusqu'en cet endroit précisément pour se livrer à la chasse du crocodile, dont je vous parlais tout à l'heure.

— A la chasse à coups de bâton ?

— Sans doute.

Robert Kergorieu n'était ni incrédule ni sardonique. Cependant l'idée qu'il s'était toujours faite de l'amphibie ne lui permettait pas de supposer qu'on pût le dompter ou même le tuer avec une branche de coudrier ou avec un bambou. Jusqu'à ce jour, sur la foi de je ne sais quelle tradition, il avait cru qu'on tuait le crocodile ou à coups de hache, ou même en déchargeant, au défaut de sa cuirasse, un pistolet chargé à balle.

Ibrahim, dont l'œil était doué d'une grande et rapide pénétration, comprit bien vite cette hésitation du jeune homme.

— Mon petit monsieur, dit-il, je vois que mes paroles ne vous ont pas pleinement convaincu ; eh bien, comme nous arrivons près de sir James Primrose, vous allez voir par vos yeux. Le témoignage de vos regards ne vous trompera pas.

Très-peu d'instants après qu'il eut prononcé ces paroles, ils entendirent quelque chose qui ressemblait au piétinement d'une cavale sur le sable et sur les cailloux.

— Voilà mon Anglais, reprit Ibrahim.

De loin, en effet, ils apercevaient un cavalier en selle, non sur un cheval, mais sur un de ces ânes magnifiques de l'Orient que les gens du pays ne songent jamais à tourner en dérision, tant ils sont utiles et beaux. L'insulaire était armé d'un long bâton à l'aide duquel il faisait toutes sortes d'évolutions énergiques.

— Mais il est en lutte avec un crocodile ! s'écria Jacques.

Rien de plus vrai.

De loin les voyageurs pouvaient être témoins de cette scène.

Un crocodile à dos jaunâtre, sorti des eaux, s'échappant par le détour d'un sentier, ouvrait sa gueule immense à la vue du cavalier et de sa monture ; sir James Primrose, équipé en véritable gentleman, de manière à ne pouvoir pas être démonté, s'avançait résolûment sur le monstre, et, malgré l'épouvante du quadrupède, il frappait à coups redoublés l'horrible saurien sur la mâchoire.

Cependant les voyageurs s'étaient avancés.

Le crocodile, aux trois quarts assommé par la main vigoureuse de l'Anglais, se débattait encore. De sa queue, assez aiguë et assez solide pour briser tout obstacle, il essayait d'atteindre ses ennemis, lorsque le marchand d'eaux crut devoir s'adresser à Robert.

— Eh bien, mon jeune monsieur, lui dit-il, voilà, si vous le voulez, le moment de chasser le crocodile à l'européenne. Mettez-le en joue.

Robert ne se le fit pas dire deux fois.

Au même instant un long cri, pareil au vagissement plaintif d'un enfant, sortit du gosier du monstre en même temps qu'un sang noir. Le crocodile était mort.

ALEP.

CHAPITRE V

Première rencontre avec sir James Primrose. — Repas du soir. — Une nuit d'Orient. — Récit sur la terrasse. — Épisodes de l'expédition d'Égypte. — Les soldats français et les savants. — A propos de la jambe de bois du général Caffarelli. — Le Nil. — Chébreiss. — Les mamelucks. — Bataille des Pyramides. La caravane. — Une halte. — Le costume arabe. — Alep. — Un marchand de Syrie. — Arrivée au Caire. — Un esclave noir. — Une maison arabe. — Kaddour le Touareg. — Hésitation. — Le Touareg raconte son séjour à Marseille. — Une bague. — L'association des cinq cent mille. — Le bazar. — Premier effet des vertus de la bague. — Retour à la caravane. — Un mystère. — Le visiteur. — On se remet en marche.

Ibrahim s'empressa de présenter les nouveaux venus à sir James Primrose.

— Sir, lui dit-il, voici trois Français que j'ai rencontrés là-bas, à l'endroit où je faisais mon aiguade. Allant au Caire à pied, ils ont fait route avec moi. En chemin, je leur ai parlé de la chasse au crocodile, et ils ont témoigné le désir de voir celle que vous faisiez. C'est ainsi que l'un d'eux a été amené à devenir votre aide.

L'Anglais venait de mettre pied à terre. Il étreignit fortement la main de Robert Kergoricu.

— Ma foi, mon jeune monsieur, lui dit-il, souffrez que je vous remercie; vous avez achevé l'horrible lézard, ce qui a été d'un grand secours pour ma monture, fort effarouchée. Ce service ne sera pas oublié. J'espère bien que ce sera à charge de revanche.

— Mais que va-t-on faire du crocodile? demanda Claude Marteau, de plus en plus étonné à la vue de ces aventures.

— Il en coûterait trop cher de le faire empailler et de l'envoyer ensuite par mer au muséum de Londres ou à celui de Paris, répondit sir James Primrose; laissons-le où il est.

— C'est juste, répliqua Ibrahim; sa chair fraîche nourrira trois de ses ennemis qui en sont friands : l'ichneumon, la tortue molle et le vautour.

En même temps il montrait du doigt les ruines du petit palais de la fille de Pharaon, qui étaient devenues sa résidence.

— Quand nous arriverons près de ces vieilles murailles, reprit-il, le jour commencera à baisser. L'Oriental vous offrira à tous les quatre son repas du soir et un gîte pour la nuit.

— En effet, une fois qu'on fut arrivé à l'habitation, sans doute fort délabrée, mais où il y avait encore quelques pièces assez bien conservées, le marchand d'eaux donna à son esclave des ordres pour qu'on fît honneur à ses hôtes.

— Vous n'avez, dit-il à ces derniers, qu'un très-mince souper, une vraie collation d'Égyptien, mais le tout sera offert de bon cœur.

On servit au milieu de la terrasse, non sur les dalles, mais sur un vieux tapis de Turquie, un gâteau de riz, des oignons grillés sous la cendre, des tranches de pastèque et de l'eau de diverses qualités.

— A Paris et à Londres, reprit Ibrahim, on ne comprendrait pas un pareil repas.

— Autres pays, autres festins, répondit sir James Primrose. Chez nous autres Anglais, où le soleil ne se montre que pendant un quart de l'année, il faut des viandes noires et des boissons qui fortifient; ce doit être nécessairement le contraire sous des cieux resplendissants, où une généreuse chaleur tient lieu de toute chose.

Cette terrasse, sur laquelle ils se trouvaient, dominait toute la contrée. De cette hauteur l'œil plongeait dans l'espace à quinze milles de distance et s'arrêtait jusqu'aux tours et aux minarets du Caire. Tout en mangeant, Ibrahim faisait remarquer à ses invités cet admirable panorama de sables, d'oasis, de monticules, de villages, de vallées et de petits bouquets de palmiers. La nuit, qui descendait sur la terre, rayonnait déjà de mille lueurs célestes. En Orient, le ciel est tout parsemé de points d'or comme un manteau de roi. L'aspect d'une belle nuit saisit l'âme d'un sentiment religieux et d'une vague rêverie.

— Ce spectacle est sans doute nouveau pour vous, dit Ibrahim. Pour moi, il est d'autant plus rempli de charmes qu'il rappelle sans cesse à ma mémoire les souvenirs de mon enfance. C'est là qu'en 1798, c'est sur cet immense damier qui se déroule sous nos yeux, qu'étant enfant, j'ai assisté à cette grande journée qu'on appelle la *bataille des Pyramides*.

L'esclave venait de servir le café; c'était le moment où la langue se délie et où l'oreille prend plaisir à écouter.

On pressa Ibrahim de raconter ce qu'il avait vu.

— A toutes les grandes pages de l'histoire, lui dit sir James Primrose, qui sont vraies, sans doute, mais qui sont aussi trop pompeuses, j'ai toujours préféré le simple récit des témoins oculaires d'une action. Allons, Ibrahim, vous qui savez si bien faire faire un repas oriental à des hommes d'Occident, poussez jusqu'au bout le culte de l'hospitalité et dites-nous les épisodes de cette fameuse bataille à laquelle vous avez assisté.

Ibrahim vida sa tasse de café noir et parla comme il suit :

« Vous savez que j'étais enfant, âgé de dix ans tout au plus, lorsque les Français abordèrent à Alexandrie. Mais les débuts de la campagne n'avaient pas été heureux. Bonaparte décidait que, pour aller au Caire, il fallait que l'armée prît par le désert de Damanhour, sur la lisière duquel nous sommes.

« Un matin, mon père et moi nous traversions ce pays ; c'était au moment même où quarante mille soldats se mettaient en marche. Ces tambours, dont je n'avais jamais entendu le son, me firent tourner la tête. Au même moment, un officier d'état-major accourait à nous au galop de son cheval. J'ai su depuis son nom, celui du général Junot, futur duc d'Abrantès.

« Il fit signe à mon père et à moi de le suivre.

« On nous conduisit alors devant le général Bonaparte, qui fit de l'homme un éclaireur et de l'enfant une espèce de page attaché à son service. Au reste, je vous ai déjà parlé de ce détail.

« A dix ans, on a bonne mémoire ; j'appris vite une centaine de mots de la langue française ; c'est vous dire que je fus à même de comprendre tout ce que je devais voir et entendre.

« L'armée était d'abord fort gaie. Ces quarante mille hommes fredonnaient des chansons de leur pays. Cependant, quand ils se virent engagés dans cette plaine sans bornes, avec un soleil brûlant sur la tête, un sable brûlant sous les pieds et point d'eau, point d'ombre, ils se dirent : « Quel pays est donc celui-là ? »

« Un vieillard à jambe de bois, général et savant tout ensemble, le général Caffarelli-Dufalga leur disait : « Mes « amis, c'est l'Égypte ; c'est le pays le plus fertile du « monde. »

Ils ne voulaient pas le croire et haussaient les épaules, comme pour donner à entendre que le bonhomme commençait à radoter.

« De temps en temps, à l'horizon, ils voyaient apparaître

par centaines des cavaliers vêtus d'une manière brillante, armés de longs cimeterres et caracolant plus pour les exciter que pour les attaquer; c'étaient les mamelucks, faisant partie des dix mille cavaliers des beys circassiens qui oppressaient en ce moment l'Égypte et la traitaient en pays conquis. « Ces gaillards-là se sauvent comme si leurs che-
« vaux avaient des ailes aux pieds, reprenaient les soldats;
« nous ne pourrons jamais nous rencontrer avec un ennemi
« qui ressemble à un oiseau. »

« Bref, le mécontentement prenait toutes les formes.

« La première ville à rencontrer était Damanhour; on avait rapporté au général que l'armée y trouverait ce dont elle avait besoin. On y trouva un amas de huttes, des Arabes déguenillés, les puits comblés. « Ah! s'écriaient les soldats
« pleins de tristesse et de goguenardise, voilà cette Égypte
« qu'on nous avait représentée comme une terre promise! »

« Mon père et moi, interrogés, nous répondions que le désert ne s'étendait pas partout.

« Au troisième jour de marche, on trouva des puits en meilleur état, des villages moins misérables, du blé, des lentilles, de la volaille; mais c'était égal, les soldats n'en démordaient pas. « L'Italie valait mieux, » disaient-ils. Ils n'avaient, en effet, ni moulins pour moudre le blé, ni beurre ni sel pour faire la cuisine, ni tabac pour fumer leur pipe.

« En vain leur assurait-on que cette contrée était un jardin délicieux, qui l'emportait même sur la Lombardie.
« Comment croire que c'est un si beau pays, disaient-ils,
« puisqu'on ne peut ni y manger la soupe ni y boire la
« goutte? »

« Puis, comme ils s'étaient aperçus que, dans tous les endroits où il y avait des vestiges d'antiquités, on s'arrêtait pour les fouiller avec soin, c'était aux membres de la commission scientifique qu'ils s'en prenaient de leur mauvais sort. « Ce sont tous ces savants qui, pour faire leurs fouil-
« les, ont donné l'idée de l'expédition. »

« Caffarelli-Dufalga, qui joignait la curiosité d'un érudit

à la bravoure d'un soldat, passait à leurs yeux pour avoir trompé Bonaparte en l'attirant en Égypte. « Lui, disaient-« ils, en faisant allusion à la jambe que Caffarelli avait « perdue sur le Rhin, il peut bien se moquer de ça, il a un « pied en France. »

« — Taisez-vous, nous marchons sur le Caire et rien ne vous manquera, leur disait le général en chef en sortant de Damanhour.

« Un matin, un long cri d'allégresse retentit dans toute l'armée.

« — Voilà le Nil! avait dit le général en chef en ôtant son chapeau.

« — Voilà le Nil! répétaient les soldats. Désormais nous aurons toujours à boire!

« — Voilà le Nil! à l'avenir nous pourrons même prendre des bains!

« Sur-le-champ, Bessières ayant donné le signal, les officiers et les soldats se déshabillèrent pour entrer dans l'eau jusqu'au cou.

« On s'établit ensuite pour passer la nuit sous de beaux sycomores, et l'on soupa voluptueusement d'une espèce de melon d'eau, très-savoureuse et très-rafraîchissante, qui croît sur les bords du grand fleuve.

« Ce jour-là on en cueillit vingt mille, et il n'y paraissait pas.

« Le lendemain, au point du jour, il fallait se remettre en marche.

« Qu'importait à l'armée? Elle n'était plus triste, elle voyait qu'en effet l'Égypte était un des plus beaux pays du monde.

« — Soldats, les mamelucks nous attendent en vue de Chébreiss, disait le général en chef; partons!

« Chébreiss est un village, désormais fameux, peu distant du Caire. Tenez, vous pouvez le voir d'ici. Quand on y arriva, on commença à apercevoir l'admirable cavalerie des beys, avec ses riches costumes et ses belles armes. Les mamelucks reprirent les allures d'une moquerie provocante.

CHAPITRE V.

« — Nous verrons tout à l'heure quelle figure ils feront devant nos carrés, disait le général en chef.

« L'armée française se composait de cinq divisions. En cinq minutes le général en forma cinq carrés, cinq citadelles hérissées de fer et vomissant la mort.

« — Attendons-les, dit-il ensuite, en montrant les mamelucks.

« Mourad-Bey s'avance à la tête de quatre mille cavaliers. Voyez-vous le bruit et le spectacle d'une telle masse! Ils arrivaient avec impétuosité, d'abord en criant, puis en déchargeant leurs pistolets; en troisième lieu, en tirant leurs formidables sabres. Les fantassins ne bougeaient pas. Jugez de la surprise de Mourad-Bey. Ni lui ni les mamelucks ne pouvaient supposer que des hommes venus d'Europe, à pied et très-simplement vêtus, pourraient victorieusement tenir tête à la première cavalerie du monde.

« Sous le coup de ce premier insuccès, Mourad-Bey se retira dans son camp, afin d'y rallier toutes ses forces, c'est-à-dire quarante mille hommes. On le suivit entre le Nil et les Pyramides, que dorait le soleil levant. A la vue de ces constructions, de ces muets et immobiles témoins des plus grandes vicissitudes humaines, l'armée s'arrêta, comme saisie de curiosité et d'admiration; l'armée tout entière battait des mains.

« Placé auprès du général en chef, je le regardais. Son visage rayonnait d'enthousiasme.

« — Soldats, s'écriait-il, songer que du haut de ces monuments quarante siècles vous contemplent!

« Quels mots, quels efforts d'éloquence eussent été plus dignes de la circonstance et du lieu!

« A trois heures de là, tout était fini. Les janissaires, les spahis, les mamelucks étaient ou broyés par les cinq carrés français ou mis en fuite.

« Junot, courant à cheval, disait ce que rapportait cette victoire.

« Quarante pièces d'artillerie, sept ou huit cents tentes, huit cents chameaux, mille chevaux superbes et d'immenses

7

provisions de bouche furent le gain de la journée. Sur le champ de bataille les soldats trouvèrent aussi des tapis, des porcelaines, des cassolettes, des armes de luxe, des vestes brodées, des châles de cachemire et des bourses contenant quatre cents et même cinq cents pièces d'or. Il n'en fallait pas tant pour les réconcilier avec l'Égypte.

« Aux portes du Caire, que l'armée pressait déjà, on apercevait une magnifique résidence; c'était le palais de Mourad-Bey, le chef des mamelucks. Le général Bonaparte y établissait son quartier général; c'est dire que je l'y suivis.

« A peine entré, en même temps que l'état-major, un jeune officier, me prenant par la main, me conduisit dans les jardins. Là, au pied d'un figuier, je trouvai un homme tout sanglant et sur le point de rendre le dernier soupir. Je reconnus mon père.

« — Ibrahim, me dit-il, je vais mourir. Il y a une heure, un gros de mamelucks, m'ayant aperçu près des lignes françaises, m'a frappé sans pitié : « Tiens, fellah ! » disaient-ils, et l'un d'eux ajoutait : « Te voilà frappé à mort; nous frap-
« perons de même ton fils. » Or, ajoutait mon père, comme ils nous confondent à tort, toi et moi, dans la même accusation de trahison, jure-moi par le nom du Prophète que tu éviteras leurs coups en restant parmi les Français.

« Je jurai, les yeux tout en larmes, et mon père expira.

« Depuis lors je n'ai pas quitté l'armée; j'ai vécu tour à tour sous la tente de Kléber et sous celle de Desaix. J'ai vu le siége terrible de Saint-Jean-d'Acre. Lors de l'évacuation j'ai été l'objet d'une stipulation particulière; il a été convenu qu'on épargnerait mes jours et, en effet, je n'ai pas été inquiété. »

Ibrahim termina là son récit.

Il était tard.

— Voici le moment de songer au sommeil, dit sir James Primrose.

Les étrangers se disposaient à gagner les pièces que l'Oriental mettait à leur disposition pour passer la nuit, lorsqu'en jetant un dernier coup d'œil du haut de la terrasse,

Jacques et ses deux jeunes amis poussèrent un cri de surprise.

— Ibrahim! Ibrahim! disaient-ils.

Le marchand d'eaux accourut..

— Qu'y a-t-il, mes jeunes seigneurs?

Ils lui montrèrent du doigt à l'horizon une longue traînée de lumières. On aurait dit, à distance, un immense serpent de feu s'avançant, à travers les sables et les plis du Nil, jusqu'à l'endroit même où ils se trouvaient en ce moment. Quoique l'obscurité de la nuit s'étendît sur l'espace, on distinguait dans l'éloignement des armes, des chevaux, des turbans et des chameaux. Cette vision avait l'air de ne pas s'arrêter.

— Dites-nous, Ibrahim, reprit Robert Kergorieu, ne dirait-on pas d'une nouvelle armée qui vient conquérir la terre d'Égypte?

Le fils du fellah ne put s'empêcher de sourire.

— Eh! non, mes chers enfants, répondit-il avec douceur. Ce que vous prenez pour une armée n'est autre chose qu'une caravane.

Puis, comme ils ne paraissaient pas bien comprendre, il ajouta :

— De tous les points de l'Afrique, les musulmans, qui ont le désir de faire leur salut, se groupent ainsi, afin d'aller en masse faire une station auprès du berceau et du tombeau de Mahomet, c'est-à-dire à Médine et à la Mecque. Pour accomplir ce pèlerinage, il faut nécessairement traverser ou longer le Caire, frôler la chaîne du Mokattam, parcourir le désert jusqu'à Suez, reprendre les sables près du mont Sinaï, traverser la mer Rouge ou faire double circuit, et s'arrêter à Djeddah, la première des villes saintes.

— Djeddah est une des villes que nous avons le projet de voir, interrompit Jacques.

— Eh bien! répliqua l'Oriental, demain, au jour, la caravane arrivera devant ces ruines et s'y arrêtera pour me demander à acheter de l'eau; c'est l'usage des pèlerins. Tenez-vous prêts alors à suivre mes instructions, et je vous ferai admettre parmi les croyants qui font le grand voyage.

Ibrahim avait dit vrai.

Le lendemain, au moment où les premières lueurs du levant empourpraient le ciel, nos voyageurs étaient réveillés par un bruit inaccoutumé. Des chants nasillards et graves se mêlaient au piétinement sonore des chevaux et des dromadaires sur le sable.

— Allons, Robert, lève-toi ; allons, Claude, debout ; voici les pèlerins, disait Jacques.

Qu'on se figure une procession de six mille Orientaux, précédant et suivant des tentes, des chariots et des cavales. Le costume arabe mêlait sa poésie à ce spectacle. Des vieillards, ornés du turban vert, signe d'une naissance illustre, ouvraient la marche, en égrenant pieusement des chapelets d'ivoire entre leurs doigts. Des musulmans plus jeunes se tenaient près d'eux, ayant le fusil à la main ou le sabre au côté. Ceux-là protégeaient la marche de la caravane.

Quoique tous ces hommes marchassent en rang, comme s'ils avaient été groupés par catégories, on voyait bien vite qu'ils ne formaient pas une armée, mais plutôt une manifestation religieuse. Au milieu de la colonne, les chameaux, si précieux dans le désert, traînaient d'un pas rapide les fardeaux les plus lourds : les toiles des tentes, les vivres, toutes les provisions. Des cavaliers, montés sur des juments de l'Yémen, fermaient la marche.

Lorsque la caravane fut arrivée en regard de l'ancien palais de la fille de Pharaon, un des vieillards appela Ibrahim d'une voix grave. Le marchand était prêt ; il se présenta sans retard et fit le salut d'usage. Au même moment, un marabout qui marchait en tête du cortége leva la main en l'air ; cela signifiait qu'on allait faire halte.

— Ibrahim, il nous faut de l'eau pour les hommes et de l'orge pour les bêtes.

Ibrahim répondit que sa maison et lui étaient au service des enfants du Prophète.

Pendant qu'il se mettait en devoir d'aller quérir ce qu'on lui avait demandé, les derniers anneaux de la longue procession arrivaient jusqu'à cette première étape. En même temps le jour était devenu plus radieux. Le marabout signala la deuxième heure du jour ; c'était le moment de la prière.

Toute la caravane se mit à genoux sur le sable du côté du soleil levant.

Il y avait quelque chose de solennel et d'imposant à voir cette cérémonie simple et pleine de grandeur. De toutes les poitrines à la fois sortit un triple cri, empreint d'un enthousiasme sacré : « Gloire à Dieu! Gloire à Dieu! Gloire à Dieu! » Les pèlerins inclinèrent en même temps le front jusqu'à terre en signe de soumission absolue. Ceux qui étaient en tête de la colonne purent entendre ensuite le marabout prononcer distinctement ces paroles :

« Dieu, qui es assis sur les nuages, au milieu des tonnerres ;

« Dieu, qui d'un souffle remue les mers à ton gré ;

« Dieu, qui soulèves d'un geste le sable des déserts ;

« Dieu grand, Dieu juste, Dieu bon, Dieu unique, conduis en paix les pas des croyants jusqu'au berceau et au tombeau de celui à qui tu as dicté tes lois. »

Pour la seconde fois les pèlerins se mirent à pousser le cri sacré : « Gloire à Dieu! Gloire à Dieu! Gloire à Dieu! » et ils se relevèrent.

Ibrahim revint, suivi de son esclave, portant des jarres. On s'installa alors pour boire l'eau du Nil et pour donner à manger aux chevaux et aux dromadaires. Mille conversations s'engagèrent sur le ton le plus familier. Des marchands suivaient la caravane, tant pour se servir de ses hommes d'armes comme d'une protection que pour y faire du commerce. Ils se mêlaient effectivement aux groupes, y causaient ou débattaient les intérêts de leur négoce.

— Messieurs, vint dire le marchand d'eaux aux trois Français, êtes-vous décidés à aller jusqu'aux villes saintes?

— Sans aucun doute, répondit Jacques.

— Eh bien! tenez, un de ces marchands va vous apporter tout ce qu'il faut pour que vous ayez tous trois le costume arabe, et vous aurez la chance de faire le trajet avec la caravane.

Un tel projet ne pouvait que séduire vivement l'imagination de nos voyageurs.

— Acceptez et hâtez-vous, leur disait de son côté sir James Primrose. Il pourrait se passer plus d'un mois avant que vous eussiez une bonne fortune égale à celle qui vous est offerte en ce moment. Quant à moi, j'ai le regret de ne pas être de la partie. Mes affaires m'appellent au plus vite à Alep, une ville des *Mille et une Nuits*, comme vous savez; c'est un des ports les plus importants de la contrée. Tout le commerce de la Syrie s'y donne rendez-vous. Je n'en ferai pas moins les vœux les plus vifs pour que vous arriviez à bon port.

En très-peu d'instants ce qui avait été projeté se réalisa. Jacques, Robert et Claude prirent le caftan, le burnous, le turban, les babouches et la ceinture : il ne leur manquait rien pour avoir l'air de fils de l'Orient.

— Suivez-moi maintenant, dit le marchand d'eaux.

Ibrahim les présenta alors aux vieillards et au marabout qui marchaient en tête de la colonne.

— Voici, dit-il, trois étrangers qui demandent à suivre la caravane jusqu'à Djeddah. Voulez-vous les recevoir parmi vous, seigneurs?

— Qu'ils soient les bienvenus, si le nom du Prophète ne déplaît pas à leurs oreilles, répondit le plus âgé des vieillards.

Jacques voulait parler d'un tribut à payer.

— Dans le désert, rien ne se paye que par une parole sortie du cœur, lui dit le marabout.

C'est une grande erreur que de croire que les pèlerins seuls fassent partie d'une caravane, même sacrée. Nous avons dit tout à l'heure comment un certain nombre de marchands grossissaient le nombre des croyants qui s'acheminaient vers le Caire. Il arrive aussi fort souvent que des Européens fassent partie du cortége; on sait qu'il y aurait danger pour eux à traverser isolément le désert, où les Bédouins voleurs commettent leurs déprédations. La caravane les protége, mais parfois au prix d'une rétribution d'argent assez considérable. Il ne leur est d'ailleurs imposé d'autre condition que celle de porter le costume arabe.

On se disposait à se remettre en route.

A l'une des fenêtres de la vénérable masure un homme se montrait aux trois amis; c'était sir James Primrose.

— Adieu et bonne chance! leur disait-il.

Robert cherchait en même temps à mettre dans la main d'Ibrahim un petit rouleau d'or.

L'Oriental le refusa sans rudesse.

— Enfant, ajouta-t-il, le Nil suffit amplement à mes besoins. N'a-t-il pas des eaux pures et des pastèques comme au temps où la grande armée se baignait sur ses rives? Gardez votre or. Hélas! qu'en ferais-je au milieu de ces sables?

La tête de la colonne s'était ébranlée et commençait à marquer un sentier avec ses sandales.

— Adieu, étrangers! dit encore Ibrahim en pressant la main des trois Français. Adieu, et que les anges qui entourent le trône d'Allah vous conduisent toujours par la main.

On ne fait pas beaucoup de chemin quand on va ainsi par longues files. La caravane marcha, tantôt sous le soleil, antôt près des palmiers; elle frôlait les villages; elle faisait des haltes fréquentes, soit pour prier comme nous venons de le voir, soit pour rafraîchir ses provisions, soit encore pour passer la nuit. Dans ce cas-là, on dressait les tentes et l'on allumait les feux du bivac. Il était convenu que les plus jeunes faisaient sentinelle.

Des impressions de diverse nature s'emparaient de l'esprit des Européens à la vue de cette vie si nouvelle pour eux. A la longue, à force de causer, ils avaient fini par retenir les mots les plus usités dans la conversation, vous savez, cette centaine de substantifs et cette dizaine de verbes dont on se sert le plus dans tous les pays du monde. Au bout du huitième jour de voyage, ils étaient déjà à même de comprendre ce qu'on leur disait et de se faire entendre eux-mêmes.

La caravane arrivait en vue du Caire, lorsqu'ils se lièrent d'une sorte d'intimité avec un certain Riza-ben-Assel, riche marchand des côtes de Syrie qui faisait le commerce des aromates. A une dernière halte, avant d'entrer dans la capitale de l'Égypte moderne, où il est d'usage de faire relâche, ils eurent à veiller de concert avec lui sur le repos de la caravane.

Il se passa alors quelque chose d'étrange.

Pour mieux tenir le sabre avec lequel il faisait sa faction, le Syrien s'était enveloppé la main droite d'un lambeau d'étoffe, d'un foulard.

Or, à la lueur des feux du bivac, Robert Kergorieu crut voir sur cette étoffe un chiffre qui attira singulièrement ses regards.

Ce chiffre se composait des deux lettres H. V.

— Mais, se dit-il tout intrigué, c'est là un foulard de mon pauvre Horace!

Puis, s'enhardissant :

— Riza-ben-Assel, dit-il, y a-t-il indiscrétion à te demander d'où tu tiens ce mouchoir de soie dont tu t'enveloppes la main droite?

— Non, par Allah, répondit le marchand. Je l'ai acheté, il y a quinze jours, au bazar de Beyrouth.

— A qui?

— A un matelot barbaresque qui faisait le commerce du corail.

Robert chercha à poursuivre ses questions, et il ne put y réussir. Les Orientaux sont peu communicatifs. Cependant le peu qu'il venait d'apprendre jetait une lueur sur le drame du port de Tunis.

Et en rapportant le fait à Jacques et à Claude Marteau, il leur dit :

— Nous retrouverons bientôt Horace Vertpré.

Dieu est grand! Dieu est grand! Allah! Bismillah!

Les pèlerins saluaient par ces cris les nombreux minarets d'une grande ville.

— Nous voilà aux portes du Caire, disait le marchand arabe à Robert Kergorieu.

Une magnifique mosquée est construite aux portes mêmes de la capitale. La caravane s'arrêta pour y faire une station.

On avait besoin de prendre un peu de repos avant de se remettre en route.

Si certains monuments, tels que les Pyramides et le grand Sphinx de granit rose, sont de nature à donner une haute idée de l'ancienne Égypte, le Caire, cité de trois cent mille habitants, oblige bien aussi celui qui passe à voir que l'Égypte moderne n'est pas destituée de toute grandeur. Le Caire a été longtemps le séjour des califes, successeurs des lieutenants de Mahomet, et, pendant les premiers siècles de l'ère musulmane, il a eu à s'enorgueillir de belles époques. Les sciences, les arts et les mœurs y florissaient. Ce n'est qu'à dater de l'heure où la contrée tout entière a été asservie par les Turcs que sa civilisation a sensiblement baissé. Dans l'origine de cette domination, le sultan de Constantinople envoyait un vice-roi qui pressurait le pays de concert avec les beys des mameluks, petits tyrans militaires qui étaient au nombre de dix mille. Pour donner de l'or, des palais, de riches tapis, des chevaux de luxe et des armes de prix à cette milice, l'Égyptien et l'Arabe arrosaient les campagnes de leurs sueurs. Comment ce vieux peuple de bergers, de laboureurs, d'architectes, de mathématiciens et de prêtres aurait-il pu résister à la rigueur du régime qu'on lui imposait? Si la fatigue, le sommeil ou la faim le gagnaient, on répondait à ses plaintes en le faisant mourir sous le bâton ou bien en lui montrant la lame d'un cimeterre. N'était-ce pas, du reste, un juste châtiment des traitements pareils que le même peuple avait fait subir autrefois aux Hébreux? Quoi qu'il en soit, l'Égypte tomba de la servitude dans la dégradation, et ne fut bientôt plus que l'ombre d'elle-même. De nos jours, un homme de génie, un officier de fortune, Méhémet-Ali, Circassien d'origine, envoyé par la Porte au Caire en qualité de pacha, s'est fait vice-roi, et a eu assez d'énergie pour briser et pour détruire la puissance féodale des mameluks.

L'histoire raconte avec complaisance ce massacre des dominateurs de l'Égypte, mais Jacques et ses deux jeunes compagnons, tout en promenant leurs regards sur la capitale du pays, n'avaient pas assez de loisir pour s'arrêter à ces détails. Il fallait demeurer quelques heures dans la ville et s'apprêter à reprendre le chemin du pèlerinage.

Toutefois, en traversant les longues rues du Caire, ils ne pouvaient s'empêcher de reconnaître que le vice-roi avait déjà fait oublier par de nombreuses réformes cette boucherie exécutée par ses ordres. L'Égypte n'est pas encore régénérée, tant s'en faut, mais Méhémet-Ali avait déjà fait venir d'Europe des ingénieurs, des savants, des artistes. Nos voyageurs crurent remarquer plus d'une figure française. C'est que le pacha et sa famille ont toujours manifesté une prédilection des plus vives pour nos compatriotes.

Ils revenaient du consulat français, où ils étaient allés déposer la plainte déjà portée au consulat d'Alexandrie, quand, au détour de la rue du Delta, ils virent un jeune esclave d'Abyssinie s'approcher d'eux d'un air de mystère; il s'arrêta tout à coup, et de la main leur fit signe qu'il avait à leur parler.

— Que nous veux-tu, enfant des déserts? lui demanda Jacques.

— Vous conduire auprès de mon maître, le seigneur Kaddour.

Nos trois Européens se regardèrent entre eux; c'était la première fois qu'ils entendaient prononcer ce nom.

— Mais quel est ce seigneur Kaddour? reprit l'ancien matelot de la *Foudroyante*.

— Il passe pour le plus grand chasseur de panthères de toute l'Afrique.

— Où est-il?

CHAPITRE V.

— Si vous voulez me suivre dans le voisinage, je vais vous conduire auprès de lui.

On conçoit aisément que les trois amis dussent être en proie à un certain mouvement d'hésitation. Pendant un instant ils se consultèrent des yeux pour la seconde fois. Comment auraient-ils pu s'abandonner à une crédulité absolue? Ils se trouvaient en ce moment isolés au milieu d'une des plus grandes villes de l'Orient, où tout leur était à peu près inconnu, les usages, la langue, les mœurs, les lois et les hommes. Cette grande cité, qu'ils traversaient, avait été présentée à leur imagination, dans mille et un récits, comme ayant été le théâtre d'aventures étranges et terribles. On leur faisait, il est vrai, un bon accueil, mais un passé de fraîche date leur disait qu'il n'est pas toujours bon de s'en rapporter aux apparences. Le pêcheur de corail du port de Tunis avait aussi commencé à se présenter à eux sous la figure d'un bon apôtre; Dieu sait ce qu'il était résulté de ses airs engageants et du ton mielleux de ses belles paroles. Or, n'était-il pas prudent, avant tout, de s'entendre pour se méfier de celui que l'esclave noir appelait Kaddour, le chasseur de panthères?

D'un autre côté, il n'était pas bon non plus de s'armer sans sujet d'une méfiance dédaigneuse ou inquiète. Tout Européen qui traverse l'Orient pour le soin de ses intérêts ou pour le bénéfice de son instruction ne doit pas négliger de se faire des amis sur cette terre où il se trouve autant de dangers que d'enchantements. Jacques, qui, en raison de son âge, avait nécessairement plus d'expérience que ses deux jeunes compagnons ensemble, comprenait bien que leurs pas, à tous les trois, avaient besoin d'être protégés à chaque instant à travers tant de contrées où la moindre difficulté née du hasard peut se changer en péril. D'ailleurs, il ne perdait pas de vue l'affaire d'Horace Vertpré. Qui savait si le seigneur Kaddour n'aurait pas à fournir des renseignements sur les pirates, ou même sur le jeune homme? En Orient, où il n'y a cependant pas encore de chemins de fer, les moyens de locomotion sont aussi variés que rapides, et il n'est pas rare de retrouver, après un parcours de mille cinq cents lieues, l'homme même qu'on a rencontré la semaine passée; il était à Damas, vous le revoyez dans le Soudan ou en Perse. Pourquoi le seigneur Kaddour, le chasseur de panthères, n'aurait-il pas été à même de naviguer avec le corsaire barbaresque? Ainsi il était sage de ne pas refuser l'offre qui était faite.

Le coup d'œil que les trois amis se lancèrent signifiait qu'en tout cas il fallait voir et que, si les circonstances le voulaient, on se tiendrait sur ses gardes.

— Eh bien, reprit Jacques en s'adressant à l'esclave, conduis-nous au seigneur Kaddour.

L'Abyssin les précéda de quelques pas. Ils entrèrent avec lui par une petite porte cintrée qui menait à une cour. Au milieu de cette cour, couverte d'herbes et de ruines et entourée d'un mur crénelé, était bâti un pavillon en style arabe, avec ogives et terrasse. Après avoir frappé légèrement, le noir vit la porte de cette résidence s'ouvrir. Une sorte de vestibule, tapissé de peaux de panthères et meublé uniquement d'un coffret en bois de cèdre, conduisait à une pièce principale, fermée seulement par une magnifique portière en étoffe de Perse.

— Suivez-moi toujours, messieurs, disait l'esclave, voici la salle où se tient le seigneur Kaddour.

Un instant après, la portière ayant été soulevée, il s'avançait, et, en s'accompagnant d'une profonde révérence, dans la forme du salamalec oriental connu, c'est-à-dire en portant les deux mains à sa tête et en s'inclinant, il disait:

— Seigneur Kaddour, voici les trois étrangers que tu m'as donné ordre de t'amener.

Jacques, Robert et Claude se trouvèrent alors en présence d'un personnage d'une trentaine d'années, qui fumait sur un divan d'un travail assez précieux. Sidi Kaddour n'était pas costumé comme tous les autres Orientaux que nos voyageurs avaient été à même de rencontrer. Son habillement se composait de deux grandes robes, l'une blanche, l'autre bleue, en soie du Soudan; il portait aussi une espèce de caftan en drap, qui descendait jusqu'à terre, et un pantalon flottant sur les hanches, attaché autour des reins par une ceinture à coulisse et descendant jusqu'au-dessus de la cheville, où il se terminait très-étroit et orné d'une bordure aux couleurs les plus éclatantes. Il n'avait point de bas. Il chaussait seulement des sandales parfaitement confectionnées en cuir rouge, garnies de dessins assez gracieux, faits avec des lanières de maroquins bleu, vert et noir. Un burnous blanc et bleu lui couvrait l'extrémité de

la tête. Il était fixé par une tresse de soie rouge sous laquelle passait une légère frange de dentelle qui venait retomber sur le front. A sa ceinture de soie rouge il portait un grand poignard à gaîne d'argent.

— Messieurs, dit-il en assez mauvais français, vous êtes ici chez un ami; considérez cette maison comme étant la vôtre.

Il leur montrait du doigt un divan, placé vis-à-vis du sien, et les invitait à s'y asseoir.

— Djebel, disait-il ensuite à l'esclave, apporte des pipes et du café.

En Orient, toute politesse et même toute conférence, de quelque genre que ce soit, commencent invariablement par les pipes et le café.

Si l'on veut témoigner d'une grande déférence pour ses hôtes, on y ajoute un bassin argenté dans lequel un esclave leur lave les pieds, suivant l'usage antique.

Tandis que l'Abyssin s'occupait d'obéir à son maître, les trois Européens jetaient un regard curieux sur tous les objets qui les environnaient. Dans cette pièce d'un chasseur, il n'y avait sans doute rien du luxe efféminé des grands du pays, mais on était bien éloigné d'y retrouver la simplicité naïve et presque indigente des ruines du palais de la fille de Pharaon.

Il était évident que le seigneur Kaddour était un personnage de quelque importance.

L'esclave ne mit pas longtemps à reparaître. Il revenait en souriant, ayant à la main un plateau chargé. En familier rusé, comme il avait bien deviné que les deux jeunes gens d'Europe ne seraient pas fâchés de goûter aux friandises du pays, il avait mêlé aux pipes et au café, dans un joli petit vase en porcelaine de Chine, des confitures de rose, et, tout près, une carafe d'eau glacée.

Sidi Kaddour fait un signe de la main, et l'esclave se retira.

— A présent que nous sommes seuls, dit le chasseur de panthères, je vais vous expliquer pourquoi j'ai pris la liberté de vous faire venir ici. Tenez, fumez, buvez et mangez pendant que je vais vous conter en deux mots mon histoire.

Jacques se mit en devoir de fumer et de boire d'excellent café d'Arabie, non clarifié comme celui qu'on prend en France; Robert Kergorieu et Claude Marteau goûtaient aux conserves de rose et se rafraîchissaient avec de l'eau du Nil assaisonnée de neige.

— Messieurs, dit Sidi Kaddour, je suis un membre de l'intrépide tribu des Touaregs. Ce sont des Arabes de vieille race qui vivent dans les sables du Sahara et viennent souvent, dans leurs incursions, faire du commerce avec les indigènes et les colons de votre Algérie. Il y a vingt ans, n'étant encore qu'un enfant, je fus placé sur une barque avec trois hommes de ma tribu ; on s'occupait d'une petite expédition à faire dans l'île de Malte. Je n'ai jamais su au juste s'il s'agissait de piraterie ou de commerce, mais je crois bien que c'était plutôt la première que la seconde des deux choses qui était la pensée de l'entreprise. Nous allions aborder, quand un effroyable coup de vent se déclara et emporta notre coquille de noix jusque sur les côtes de la Sicile. La frêle embarcation pouvait se briser ; elle ne fit qu'éprouver des avaries. Un peu de calme la remit en mer, mais démâtée, c'est-à-dire incapable de naviguer avec quelque vitesse. Dans une telle situation, elle ne pouvait manquer d'être accostée et prise par les croisières qui sillonnent la Méditerranée ; un navire français nous harponna.

« — Ce sont des pirates barbaresques, dit le commandant, il faut les pendre tous les quatre à notre grand mât.

« On se saisissait déjà de mes trois compagnons, et un marin à larges épaules allait aussi s'emparer de moi, quand le capitaine s'écria :

« — Quant à celui-là, n'y touchez pas, c'est un enfant ; les Français ne tuent pas les enfants. Qu'on ait, au contraire, pour lui toutes sortes d'égards. Pourquoi ne deviendrait-il pas un honnête homme ?

« Il me prit à son bord, me fit descendre à Marseille, où je vécus deux ans dans une école, et, un peu plus tard, j'obtins la permission de regagner ma tribu. Je suis donc redevenu Touareg, homme du désert, comme les miens ; mais, en revoyant nos tentes et nos sables, je n'ai jamais oublié que je devais la vie à un Français. Aussi, en quelque lieu de l'Orient que je me trouve, je m'enquiers, je cherche, je demande. Trouver un Français est plus qu'un plaisir pour moi, c'est une joie des plus vives. J'ai su qui vous étiez tous les trois ; je vous ai fait suivre ; Djebel, mon esclave, à qui j'ai appris un peu de votre langue, vous a amenés auprès de moi et je vais vous rendre un grand service.

— Est-ce qu'il va être question d'Horace Vertpré ? se demandait Robert.

—Grâce à mes prouesses de chasseur, poursuivit Kaddour, mon nom a un très-grand retentissement dans tout l'Orient ; presque tous les princes m'ont décerné des récompenses pour plus de trois cents panthères abattues par ma lance ou par mon fusil. Ce n'est pas tout. J'ai quatre pied-à-terre, un dans le Sahara, un en Égypte, où nous sommes, un autre en Perse et le quatrième dans l'Inde. Vous devez comprendre que cette situation me met à même de voir les personnages considérables de ces divers pays. Or, si je suis bien renseigné, vous avez le projet de parcourir plusieurs des contrées que je viens de nommer. Comme vous êtes Français, je me mets entièrement à votre disposition.

— Pouvez-vous nous faire donner des firmans ? demanda Jacques.

— Je puis mieux que cela. Si respectable que soit ce morceau de parchemin écrit, signé, paraphé et scellé de la main d'un pacha ou d'un émir, qu'on appelle un firman, il y a encore mieux.

— Quoi donc ?

— Une bague.

En parlant ainsi, Sidi Kaddour montra aux trois amis un petit anneau d'or dans lequel était enchâssée une topaze, et sur cette pierre un tronçon d'un des versets du Koran.

— Voilà, ajouta-t-il, non point un passe-port (ce ne serait pas dire assez), mais un talisman doué d'un pouvoir magique, et qui vous laissera circuler partout en Orient en parfaite sécurité. Fussiez-vous entré, par mégarde, dans le palais d'un sultan ou d'un khan, où nul profane ne doit pénétrer, que cette bague vous en ferait ouvrir les portes. A la vue de la topaze, les geôliers des prisons vous mettraient en liberté, les caravanes vous escorteraient, les mosquées vous serviraient d'asile; les Bédouins voleurs du désert eux-mêmes vous respecteraient.

— C'est, en effet, seigneur, un anneau d'une valeur inappréciable.

— Nous sommes cinq cent mille à avoir une bague pareille, continua le chasseur de panthères. Ces cinq cent mille Orientaux forment ainsi une franc-maçonnerie redoutable, mais qui n'agit jamais que pour le bien. Vous voyez qu'il y a là une pensée tout à la fois ingénieuse et louable.

Les deux jeunes gens ne pouvaient s'empêcher d'ouvrir de grands yeux à l'aspect de la topaze.

— En général, dit encore Sidi Kaddour, on porte cette bague à l'annulaire de la main gauche; mais, comme on est exposé à la perdre ou à se la faire prendre, beaucoup des membres de la mystérieuse société des cinq cent mille musulmans l'attachent autour du cou dans un petit sachet comme une amulette; d'autres encore la fixent à leur poignard ou à leur fusil, bien sûrs qu'ils sont qu'on ne viendra pas y toucher là. Eh bien, cette bague, que je vous donne, où voulez-vous la porter?

— Tout simplement a doigt, répondit Jacques. De cette façon on verra tout de suite quel degré de considération il faudra avoir pour nous.

— C'est très-bien vu, cela, repartit Kaddour.

Il remit la topaze à Jacques, qui la passa à Robert Kergorieu.

— Tiens, dit le marin au filleul de Surcouf, te voilà homme; c'est pour toi qu'a été entrepris ce voyage; c'est par toi que ce précieux talisman doit être porté.

Tous les trois se confondirent en longs remercîments envers le chasseur de panthères.

— Je ne fais que ce que je dois, répondit le Touareg, puisque je ne vis que grâce à l'humanité d'un Français.

Les pipes étaient finies; d'ailleurs le moment était venu où il était indispensable de regagner la caravane.

Avant de se séparer, on se salua encore une fois en se souhaitant réciproquement mille choses heureuses.

L'homme des sables était fort attendri.

Robert crut devoir prendre la parole.

— Seigneur Kaddour, dit-il, comment pourrons-nous vous rendre le bien que vous nous faites?

— Tu le pourras en te servant d'un procédé bien simple, mon jeune monsieur.

— Lequel donc?

— Il s'agira tout uniment d'être utile à ceux qui, sur votre chemin, auront besoin de vous. Il n'y a pas de meilleur moyen d'acquitter une dette; il n'en est pas non plus qui soit plus agréable à Allah.

Ils allaient se séparer.

— Messieurs, je ne vous dis pas adieu, reprit Kaddour. Tous tant que nous sommes nous ne nous appartenons pas; nous faisons ce que le Maître de toutes choses veut nous faire faire. Qui sait si son souffle tout-puissant ne me poussera pas auprès de vous? J'espère bien avoir occasion de me retrouver à fumer avec vous, un jour ou l'autre, dans l'un des lointains pays où vous allez.

Djebel, l'esclave noir, reparut et les reconduisit à l'endroit même où il les avait abordés.

Robert Kergorieu était tout à la fois enchanté et surpris de ce qui venait d'arriver.

— Quelle chose merveilleuse que le nom de notre France! s'écriait-il. Son prestige s'exerce même dans les petites choses de la vie.

Lorsque M. de Chateaubriand courut, écrivain pieux, chercher en Palestine des inspirations pour ses *Martyrs*, il rencontra dans le bourg d'Ascalon des petits enfants à cheval sur des bâtons. Ils jouaient au soldat, et criaient comme nos bambins: *En avant, marche!* Cette voix de la patrie, retrouvée tout à coup dans la bouche d'une troupe d'enfants arabes, fit sur l'âme du noble poëte une impression puissante. Il pleura malgré lui, et il ne put s'empêcher d'admirer le soldat de génie dont les armes avaient porté la langue et la gloire française jusque dans le *pays de Chanaan*.

CHAPITRE V.

Ainsi Jacques et ses deux jeunes camarades étaient profondément émus de cette parole du musulman : « Je suis redevable de la vie à un Français. En souvenir de ce bienfait, je veux toujours faire du bien à ceux de votre nation. » Quoi de plus touchant en effet?

— Il faut nous hâter, dit tout à coup Claude Marteau, nous n'avons plus que quelques instants pour rejoindre la caravane. Si nous n'étions pas arrivés à temps, les pèlerins partiraient sans nous.

Ils n'eurent le temps de voir aucune des curiosités de la ville, ni la résidence du vice-roi, qui est d'un beau coup d'œil, ni le vieux palais des califes, ni la mosquée d'Amrou, ni les beaux jardins de Mourad-Bey, dont leur avait cependant parlé le marchand d'eaux du Nil.

— Traversons toujours le grand marché, dit Jacques.

Ce grand marché du Caire est une sorte de champ de foire oriental. Figurez-vous une place des plus spacieuses, où se fait en grand le commerce de tout ce qui intéresse l'Orient, les chevaux, les parfums, les étoffes de soie et de laine, le maïs, les armes. Un baraquement en bois protége un grand nombre d'industries contre le soleil et les intempéries.

Il n'y a rien de plus pittoresque à contempler que ce tableau, où la variété des costumes et des couleurs produit un spectacle d'une tournure fort originale. Des dromadaires accroupis à terre ou debout devant un peu d'orge donnent encore plus de relief à ces scènes de la vie africaine. Du reste, il ne manque ni de bateleurs, ni de charlatans ni de promeneurs.

En traversant cette grande place, il vint à Robert Kergorieu la pensée d'éprouver pour la première fois la vertu de la bague que venait de lui donner Kaddour.

— Que veux-tu faire ? lui demanda Jacques.

— Regarde, et tu verras.

Le filleul de Robert Surcouf s'était arrêté au bazar, devant la boutique d'un marchand de fruits.

— Donnez-moi, dit-il, des dattes, des oranges et des raisins secs.

Il était servi et s'apprêtait à tirer une pièce d'argent d'une petite bourse en cuir rouge, mais en ayant bien soin de mettre en évidence le chaton de sa bague.

Kaddour n'avait rien exagéré. Au seul aspect de la topaze, le marchand fit signe à Robert qu'il ne recevrait rien.

— Tu peux prendre tout ce que tu voudras dans ma boutique, je n'accepterai pas un para.

— Mais à qui devrai-je donner le prix de ces fruits ?

— Il ne manque pas de fils d'Allah que cela pourra soulager.

Robert Kergorieu comprit alors que faire du bien et

donner l'aumône par ricochet, était sans doute l'excuse et le but d'une association mystérieuse.

Ils reprirent leur chemin et retrouvèrent leur rang parmi les voyageurs qui allaient aux villes saintes.

— Allons, il était temps, disait Claude Marteau ; voilà les pèlerins qui font leurs préparatifs de départ.

Peu après la caravane se remettait en marche.

Le négociant syrien, que les trois amis avaient un moment perdu de vue, revint et se retrouva auprès d'eux.

— Ah ! messieurs, leur dit-il en affectant toujours de se servir des formes du langage européen, vous voilà donc enfin ? Figurez-vous qu'il y a près d'une heure que je vous cherchais parce que, très-peu de temps après l'arrivée de la caravane, on est venu vous demander.

Jacques, Robert et Claude étaient, ainsi qu'on le pense aisément, fort intrigués par cette nouvelle.

— Mais qui est venu nous demander ? dit Jacques. Inconnus à l'Orient, nous ne pouvons y être un objet d'intérêt pour personne.

— Il paraît que si.

— Mais, encore une fois, qui donc est venu nous demander ?

— Il n'y avait pas dix minutes que vous étiez partis qu'un vrai croyant, assez simplement, je pourrais dire assez pauvrement vêtu, s'est approché de moi. Il m'a fait un humble salut.

« — N'est-ce pas là, a-t-il dit, la caravane qui a passé dernièrement auprès du palais de la fille de Pharaon ?

« — Oui, c'est elle.

« — Ne s'y trouve-t-il pas des étrangers, des hommes d'Europe ?

« — Oui, il y en a.

« — On en compte trois, n'est-ce pas ?

« — Oui, trois.

« — Ne causent-ils pas d'habitude avec toi ?

« — Oui, puisque nous sommes sur la même file.

« — T'ont-ils parlé, par hasard, d'un des leurs, d'un

jeune homme de France qui a été enlevé à force de ruse et de perfidie sur la felouque d'un pirate de Tunis ?

« — Oui, ils m'ont dit un mot de cette aventure.

« L'inconnu témoignait en même temps d'un grand trouble et d'un grand besoin qu'il avait de s'éloigner.

« — Il est bien fâcheux qu'ils soient absents, répétait-il avec une grande volubilité ; ah ! c'est bien fâcheux !

« — Mais si tu veux te donner la peine d'attendre quelques instants, tu les verras sans doute revenir promptement. Ils sont allés voir ce qu'il y a de curieux au Caire. Avant une heure ils seront de retour.

« — Une heure ! Allah sait tout ce qui peut survenir de larmes ou de joie pendant une heure. Je n'ai pas à demeurer ici plus de temps qu'un lion n'en met à déchirer une gazelle. J'avais pourtant quelque chose d'intéressant à communiquer à ces étrangers.

« — Quoi donc ?

« Il parut réfléchir et hésiter, puis il reprit d'un ton grave :

« — Écoute : tu leur diras que leur jeune ami d'Europe n'est pas loin d'ici. »

— Que le nom de Dieu tout-puissant soit béni ! s'écrièrent les trois chrétiens.

Les trois Français se disposaient à faire encore bien des questions au négociant de Syrie, quand la voix grave du marabout frappa leurs oreilles.

— En marche ! en marche ! Nous rentrons dans le désert !

USE OASIS.

CHAPITRE VI

Rentrée dans le désert. — Un mirage. — Du Caire à Suez. — Une route dans les sables. — L'oasis. — Une estafette du vice-roi d'Égypte. — Le lion et les gazelles. — Suez. — Destinées de ce pays. — La source de Moïse. — Djeddah. — Le tombeau d'Ève. — Une note au crayon. — Les mystères de la Mecque. — Un mendiant. — Voyage à la ville sainte. — La Caabah. — Le puits de Zem-Zem. — Horace Vertpré. — Départ. — Contre-temps.

Une fois le signal donné, on marchait, on s'avançait, on voyait la terre d'Égypte disparaître, et cependant on ne cessait pas de voguer pour ainsi dire au milieu d'un océan de sable.

Le lendemain, un spectacle plein d'enchantement frappait les yeux des trois Européens.

— Voilà une belle nappe d'eau, dit Jacques.

— Voilà tout près de magnifiques palmiers, repartit Robert.

— Voilà des fleurs et du gazon ! s'écriait Claude Marteau.

Les Orientaux souriaient.

En effet, on avait beau marcher, l'oasis n'était jamais

qu'à la même distance ; elle paraissait faire du chemin avec les voyageurs et les fuir toujours.

Bref, c'était un mirage, scène qui charme, mais qui trompe les yeux.

Pour se moquer du mirage, le marabout ordonna qu'on se mît à genoux et qu'on récitât ce verset du Koran :

« Ne poursuivez jamais de propos grossiers ni le chameau ni le vent : le premier est un bonheur pour les hommes et le second est une émanation de l'âme de Dieu. »

Une fois la prière finie, toute la caravane prit une figure sereine. Chacun disait à son voisin :

— Ce n'est encore que le désert pour rire. Notre passage par ici va ressembler à un voyage d'agrément.

Un des écrivains de ce temps qui ont le plus aidé à faire connaître l'Orient, M. Charles Didier, a dit : « Le Caire est séparé de Suez par un désert de cent milles. Redouté jadis, tant à cause de son manque absolu d'eau que parce que les caravanes y étaient détroussées par les Bédouins, ce désert est maintenant fort civilisé ; je dirais même qu'il l'est trop pour mériter le nom de désert. »

Il est juste de rappeler que la main de fer de Méhémet-Ali l'a entièrement purgé des pillards qui l'infestaient, et il est devenu aussi sûr, plus sûr peut-être qu'une rue de Paris. Ensuite l'administration du transit, chargée du transport à travers l'Égypte de la malle et des voyageurs de l'Inde, y a établi une route macadamisée, une diligence, des stations de poste au nombre de quinze, toutes pourvues de l'eau du Nil qu'on y vend cher, mais cependant pas au prix d'un diamant le verre, comme beaucoup d'Européens sont disposés à le croire. Une carafe coûte à peu près soixante-quinze centimes, ce qui est le prix du petit vin de Bordeaux, deuxième qualité. Mais les voyageurs et les caravanes rencontrent à chacune de ces stations de véritables hôtelleries, où l'on mange à la carte. La transformation de ce désert en second tome du pays européen sera complète le jour où le chemin de fer sera achevé et l'isthme de Suez définitivement percé.

En avançant, la caravane se cognait bientôt à la chaîne pierreuse du Mokkatam, dont le désert côtoie le pied dans toute sa longueur, et qui court à sa droite du Nil à la mer Rouge. Vue à la nuit tombante, cette chaîne est noire. Un beau soleil couchant rayonnait à son sommet. Le sable de la route était rose.

On s'arrêta à une sorte d'oasis plantée de quelques palmiers.

Les tentes furent bientôt dressées et le dîner préparé. Il faut voir la gravité que mettent les Arabes dans l'exercice des fonctions domestiques. Rien de plus curieux. Dans la plupart des cas, on s'arrange pour ne pas allumer de feu. Le laitage, les fruits, le pain, l'eau fraîche suffisent pour des musulmans qui vont accomplir le saint pèlerinage.

— Quelle frugalité chez ces hommes ! disait Jacques.

Le repas des animaux ne fut point oublié : les chameaux accroupis autour du camp, et les chevaux debout sur leurs jarrets d'acier, reçurent tous à la fois une ration de fèves ou de doura et quelques gouttes d'eau. Cavaliers et chameliers se couchèrent ensuite pêle-mêle avec leurs bêtes, sans autre abri que le ciel étoilé. Cette première nuit sous la tente se passa pour nos trois voyageurs sans événement. Robert Kergorieu dormit et rêva. Le lendemain, à son réveil, il disait à ses deux amis :

— C'est sans doute ce que nous a rapporté le Syrien qui a mis ma pensée en mouvement, mais j'ai vu Horace Vertpré pendant toute la nuit.

Le lendemain et pendant plusieurs autres journées, il n'y eut non plus rien à noter. On marchait, on priait, on faisait halte, on déjeunait rapidement, on dressait la tente, on dormait, et c'était toujours la même chose.

De temps en temps un léger bruit de roues sur le sable se faisait entendre; on voyait alors apparaître la voiture du transit, boîte oblongue, peinte en blanc, pour repousser les rayons du soleil, et conduite par un postillon en turban.

Parfois, au milieu de la nuit, un bruit étrange, pareil au grondement du tonnerre, venait troubler le sommeil des pèlerins. A ce rugissement terrible succédait quelquefois un sifflement strident et métallique.

— Qu'est-ce que ce bruit-là? demandaient les trois Français à leurs voisins.

— Cela dépend, répondait quelque Arabe d'un air indifférent. Ou c'est le lion qui descend du Mokkattam nu et pelé, pour chercher à égorger une pauvre gazelle qui bondit sur le bord de la montagne, ou c'est le *seigneur à la grosse tête* qui cherche à déchirer quelque grand serpent avec ses griffes impitoyables.

Et le lendemain la caravane passait.

A la huitième journée, on entendit le marabout s'écrier :
— Voilà Suez!

L'heureuse situation de Suez au fond de la mer Rouge en dut faire de bonne heure un entrepôt commercial important. Depuis que la malle des Indes a adopté cette route, ce port a doublé de valeur. Que sera-ce le jour où l'isthme sera définitivement perforé, et où les deux mers se confondront sur ces sables?

Un jour, prochain sans doute, l'Asie et l'Afrique trouveront sur cette plage un trait d'union, et ce grand fait, l'un des événements les plus considérables du dix-neuvième siècle, aura été l'œuvre d'un enfant de l'Europe, d'un Français. Jusqu'à cette heure, Suez ne sera toujours qu'un entrepôt, un port, habité tout au plus par cinq mille Arabes, dont une vingtaine de chrétiens environ.

La caravane, qui n'avait aucun intérêt à s'arrêter à Suez, continua son chemin par le grand désert biblique, dit de l'Égarement, parce que les Hébreux, fuyant l'Égypte, y errèrent quarante années, et où la raison les abandonna pour leur faire rendre un culte au veau d'or.

Il est d'usage que les caravanes s'arrêtent la nuit à Djeddah, d'abord parce que la rosée du soir qui tombe du ciel ne permettrait pas qu'on continuât son chemin; ensuite, parce qu'on dit à ceux qui suivent le cortége sacré : « Prenez garde! Un Européen peut séjourner à Djeddah, mais pas plus loin. Tout infidèle qui serait reconnu posant son pied

CHAPITRE VI.

profane sur la terre de la Mecque ou sur celle de Médine serait puni de mort. »

— Que faire donc à Djeddah, quand on n'est pas un vrai croyant, c'est-à-dire quand on ne peut point aller à la Mecque ni à Médine? demanda Robert au Syrien.

— Visiter les environs en attendant le départ de la caravane.

Cette réponse ne pouvait satisfaire que médiocrement Robert Kergorieu. Le filleul du vaillant corsaire avait entendu parler de merveilles ou pour le moins de monuments curieux qu'il eût été bien aise de voir. Dans les villes saintes, où le prophète est né, où il a fait sa résidence, où il a lutté, où il a été renié, où il a été victorieux, où il a été enterré, il existe toute une série de légendes poétiques qui sont bien faites pour séduire l'imagination.

— Que je voudrais contempler la sainte Caabah! s'écriait Robert.

— Mais qu'est-ce que la sainte Caabah? demandait Claude.

— Une maison plus vieille que le monde, puisqu'elle l'a précédé.

— Robert, quel conte nous faites-vous là?

— Ce n'est pas un conte, mais une tradition sacrée. Ecoutez bien. La sainte Caabah a été bâtie au ciel par la truelle des anges. A la naissance d'Adam, Dieu l'a fait descendre sur la terre; plus tard Abraham en a fait tour à tour son habitation et son temple; Mahomet l'a proclamée sainte entre toutes, et on la recrépit sans cesse.

— Il y a aussi le puits de Zem-Zem, dit le Syrien.

— Est-ce encore une légende sacrée? demanda Claude.

— Sans doute. Quand Ismaël, père du peuple arabe, fils d'Abraham et d'Agar, épuisé de fatigue et de soif dans ces déserts, allait tomber et mourir, un ange du Seigneur lui apparut, et de son doigt fit jaillir une source à l'endroit même où se trouve le puits. Tous les pèlerins l'ont en grande vénération.

En parlant ainsi, les trois Européens se détachèrent de

la caravane, et une espèce de guide les conduisit aux portes de la ville pour leur montrer ce qu'il pouvait y avoir d'intéressant.

A une portée de fusil de la dernière caserne de Djeddah se trouve un cimetière clos de murs et soigneusement fermé par une porte.

— Savez-vous qui dort dans ce champ du repos? dit le guide.

— Non, répondit Jacques. Qui est-ce?

— Ève, la mère du genre humain.

Nos voyageurs purent remarquer que les filles d'Ève ont bien dégénéré de leur aïeule sous le rapport de la taille. Le tombeau de la femme d'Adam n'a pas moins de soixante mètres. Une petite mosquée couverte d'une coupole blanche s'élève sur l'ombilic. Toutes les autres sépultures pâlissent naturellement auprès de celle-là.

Pourquoi ne pas le dire? La mort ne revêt pas chez les mahométans le caractère sombre que nous lui imprimons contrairement à notre dogme fondamental, qui fait de la mort une délivrance et la porte de la gloire éternelle. A certains jours de la semaine, généralement le vendredi, qui est le dimanche des musulmans, les parents et amis des trépassés se rendent dans les cimetières, non pour y gémir ou pour y prier, mais pour y converser avec les absents, comme s'ils étaient présents, et pour prendre sur leurs tombeaux des collations fort peu lugubres.

Robert Kergorieu acheta au prix d'un para, c'est-à-dire à peu près un sou de notre monnaie, une gerbe de fleurs à des Nubiens et s'en alla la poser sur la pierre tumulaire de la mère du genre humain.

Ses deux amis l'avaient suivi et paraissaient examiner le monument avec la plus profonde attention.

Tout à coup Claude Marteau s'écria :

— Qu'y a-t-il donc là, sur cette pierre? Ne sont-ce pas des lettres écrites au charbon?

— Eh! répondit Jacques, les Nubiens, les mendiants et les musiciens ambulants auront fait du feu dans ce cimetière et les enfants se seront amusés à charbonner un peu cette pierre tombale ; voilà toute l'histoire.

— Mais, reprit Claude Marteau, ce crayonnage grossier ressemble à des caractères de l'écriture française.

Ces paroles firent dresser l'oreille à Robert Kergorieu.

— Des caractères de l'écriture française ? Que dis-tu donc là, Claude ?

Il se pencha sur la pierre et regarda à son tour.

Une vive exclamation sortit en même temps de sa poitrine.

— Est-ce un rêve ou l'effet d'un mirage de nouvelle espèce, mes amis ? Regardez donc avec moi ! C'est bien, en effet, du français !

Et, après avoir redoublé d'attention, il reprit, en lisant à haute voix : « *Horace Vertpré a passé par ici !* »

Qu'on juge de l'étonnement et de la joie des trois Européens ! Robert Kergorieu surtout sentait son cœur battre avec violence. Il ne pouvait se décider à quitter des yeux les mots qu'avait écrits la main de son frère d'adoption.

— Horace est venu à Djeddah ! Horace a passé par ici ! s'écriait-il.

Mais au même instant un accès de souveraine tristesse s'emparait de sa pensée.

— Mon cher Horace est venu à l'endroit même où nous sommes, reprit-il ; mais il a nécessairement dû s'éloigner Où est-il à cette heure ? Combien y a-t-il de temps qu'il a écrit ces mots, et quelle direction a-t-il prise en quittant cette première des villes saintes ?

C'était autant de questions, auxquelles il était impossible de répondre.

— Regagnons Djeddah, dit Jacques. Aidés du consul français, nous interrogerons toute la ville, et peut-être serons-nous assez heureux pour rencontrer notre ami.

Ils s'en revenaient effectivement tout pensifs quand, à cent pas du port, ils virent venir à eux un homme qui leur tendait une main suppliante :

— Étrangers ! au nom d'Allah et de son prophète, donnez-moi un para.

— Voilà qui est étrange, dit Claude Marteau ; il me semble que j'ai déjà entendu cette voix et cette prière-là quelque part.

De son côté, Jacques se frotta le front comme pour y réveiller sa mémoire endormie.

— Au nom du prophète, donnez-moi un para, reprit l'homme d'une voix nasillarde.

Jacques se mit à interpeller le mendiant.

— N'est-ce pas déjà toi, lui dit-il, qui nous as abordés sur la jetée du port de Tunis ?

— C'est moi-même, seigneur.

— Le mendiant s'inclina légèrement et reprit :

— Puisque vous me remettez, étrangers, vous devez vous rappeler qu'en vous demandant l'aumône, je vous donnais à demi-voix et par allusion le conseil de ne pas vous fier au pêcheur de corail ?

— Il est vrai, répondit Robert.

— Votre jeune ami m'a donné alors ; reprit le mendiant, et, par le fait de la volonté d'Allah, dont le nom soit béni, c'est lui qui a été victime des ruses du pirate ; mais Allah veille toujours sur les bons cœurs. Votre ami n'a pas dû rester longtemps entre les mains de l'écumeur des mers.

— Comment es-tu si bien instruit de ce qui lui est arrivé ? demanda Robert Kergorieu.

— Parce que telle a été la volonté d'Allah. Moi-même j'ai eu à venir dans ce pays ; je me suis mis à la suite d'une caravane qui venait presque immédiatement après la vôtre. C'est moi qui, au Caire, vous ai demandés à un négociant syrien.

— Quoi ! c'est toi qui as chargé notre voisin de nous apprendre que notre Horace n'était pas loin de nous ?

— Oui, c'est toujours moi.

— Mais où est-il maintenant ?

— A la Mecque, avec une troupe de deux mille vrais croyants qui y sont allés hier soir.

— A la Mecque! Mais il n'y a que les musulmans qui aient le droit d'y aller! Est-ce qu'il s'est fait mahométan?

— Non, mais il passe pour l'être.

Ici les trois amis ne purent retenir un certain frisson d'épouvante.

— Juste ciel! s'il était découvert, il courrait danger de mort!

— J'en conviens, seigneur.

— Comment donc faire pour le tirer le plus tôt possible d'un si grand péril?

Ici le mendiant, craignant sans doute d'être entendu, baissa la voix.

— Le tirer de là vous est facile, si vous le voulez bien.

— Par quel moyen donc?

— En vous servant de la bague que vous portez au doigt.

Ces paroles ouvraient aux trois amis une perspective qu'ils n'avaient pas d'abord entrevue. Ils savaient bien que la bague de Kaddour, anneau d'une longue chaîne d'amis et de protecteurs, pouvait leur être d'un grand secours tout le long de l'Orient; ils comptaient même qu'elle pourrait faciliter leur passage d'un pays à un autre, les faire bien venir auprès de telle ou telle puissance de l'islamisme; mais ils n'auraient jamais osé supposer qu'elle fût douée d'une vertu assez prodigieuse pour que, grâce à elle, on pût opérer la délivrance d'un giaour engagé au milieu des mystères des villes saintes.

Robert Kergorieu interrogea encore son interlocuteur.

— Eh bien! que faudrait-il faire?

— Me suivre.

— Mais où?

— A la Mecque.

— A la Mecque! s'écria Jacques; ce serait se jeter, lui aussi, dans la gueule du loup!

— Il n'a rien à redouter avec la topaze.

— Horace Vertpré, confondu parmi les musulmans, reprit Robert, a pu passer sans être inquiété, parce qu'on ne l'a pas vu ni reconnu ; il n'en serait pas de même de moi, qui ai causé avec un grand nombre de pèlerins.

— La bague vous affranchit de toutes les craintes.

Jacques reprit la parole.

— Combien vous faudra-t-il de temps pour ramener Horace Vertpré où nous sommes ?

— Deux jours.

— Mais, Claude Marteau et moi, que deviendrons-nous pendant ces deux jours ?

— Mon cher Jacques, dit Robert Kergorieu, ce n'est pas ce qui doit t'inquiéter. Il paraît qu'il existe ici des hôtelleries organisées à l'européenne ; rendez-vous dans une de ces maisons-là, tiens, tout près du port : nous viendrons vous y rejoindre dans deux jours.

Jacques paraissait hésiter.

— Je comprends votre inquiétude, lui dit le mendiant ; la scène de Tunis ne doit pas être sortie de votre mémoire. Mais il y a musulman et musulman. Celui qui vous parle mourrait plutôt que de vous trahir. Laissez ce jeune seigneur venir avec moi à la Mecque, et vous verrez que vous n'aurez qu'à vous applaudir de cette preuve de confiance donnée à un inconnu.

— Va donc, Robert, répondit l'ancien matelot tout ému.

Accompagné de Claude, qui ne paraissait pas trop rassuré sur les suites de cet arrangement, Jacques se présenta dans l'hôtellerie qui lui avait été désignée. Pendant ce temps-là, Robert Kergorieu et le mendiant, procédant chez un barbier-baigneur à des détails de toilette usités en pareil cas, se couvraient l'un et l'autre d'un long burnous et se faufilaient dans une des caravanes en route pour la ville du Prophète.

— Faites tout ce que vous me verrez faire, disait au jeune Breton son conducteur inconnu.

Bientôt un marabout annonça qu'on entrait dans la ville.

La Mecque est la réunion des croyants de tous les pays, le Turc d'Erzeroum y coudoie l'Africain, l'Arabe barbaresque. Toutes les races orientales s'y trouvent rassemblées et confondues.

Le jour se levait.

Il n'y a pas de crayon, pas de plume ni de pinceau ; il n'y a pas non plus de langue assez souple pour exprimer ce qui se voyait.

La divine Caabah est entourée d'un immense parvis à colonnades, à arceaux et à galeries. — Tout cet espace était couvert de pèlerins à têtes nues. On y voyait des costumes et des enfants de toutes les parties de l'Orient, et même des noirs de la Nigritie. A un certain moment, toutes les têtes, inclinées vers la terre, frappaient les pavés de leurs fronts, en prononçant le nom d'Allah.

— Faites tout ce que vous me verrez faire, répétait le mendiant en s'adressant à Robert.

Ils allèrent de la maison d'Adam au puits de Zem-Zem ; de là, à la pierre noire, et toujours en gardant la posture de l'extase et en s'inclinant.

Les oiseaux de proie sont nombreux dans cette partie de l'Arabie.

Au moment où ils s'approchaient du puits de Zem-Zem, Robert Kergorieu montra du doigt à son guide un grand aigle à tête blanche qui enlevait un cygne.

— C'est d'un très-bon présage, répondit le mendiant.

— Ne verrons-nous pas bientôt Horace Vertpré ?

— Il faut savoir être aussi patient que résolu, mon jeune seigneur.

Ces cérémonies de la Mecque, cachées avec un soin si jaloux aux yeux des chrétiens, n'ont plus rien de mystérieux depuis des siècles. On sait qu'elles consistent, en général, en prières faites à genoux sur les dalles d'une mosquée, en actes de contrition accomplis avec le front frappant la pierre, en ablutions, en jeûnes, en chapelets égrenés et en stations extatiques faites devant le tombeau de Mahomet.

Pour tenir sa promesse et pour garantir sa propre existence, Robert Kergorieu dut avoir l'air de se livrer à la plupart de ces exercices. Au fond, tout cela n'entraînait de sa part aucune complaisance coupable envers un culte qui n'était pas le sien, ni aucune idée d'aspotasie. Il s'agissait, au contraire, de veiller au salut d'un chrétien, de son frère d'adoption.

— Où donc reverrai-je Horace? se demandait-il à chaque instant.

Par bonheur, le mendiant, qui ne le perdait pas de vue un instant, posait son doigt sur ses lèvres comme pour lui recommander de se taire.

— Continuez à agir en bon pèlerin, lui disait-il quand il lui était permis de parler.

Après les ablutions faites à une piscine, Robert Kergoricu allait à genoux du puits de Zem-Zem à la Caabah, quand un cri étouffé se fit entendre à vingt pas de lui. Il jeta les yeux autour de lui et n'aperçut d'abord que des visages de musulmans qu'il ne connaissait pas.

Le cri plaintif résonna une seconde fois.

Tout près des galeries, appuyé contre le fût d'une co-

CHAPITRE VI.

lonne, Robert aperçut alors un jeune homme en turban de cachemire, enveloppé d'un long burnous blanc. Il n'eut pas besoin de regarder de nouveau pour être fixé sur le personnage.

— Silence! reprit le mendiant. Pas un mot, pas un cri, pas un geste!

Horace Vertpré, car c'était lui, l'avait reconnu le premier; mais, comprenant d'instinct toute la gravité de la situation, il s'était remis à l'attitude contemplative d'un croyant. A la joie qu'il éprouvait de le revoir se mêlait néanmoins un sentiment amer, un vif accès d'inquiétude. — Pourquoi Robert était-il seul, accompagné uniquement d'un pauvre sectateur du Prophète? Qu'étaient devenus Jacques et Claude? Comment avait-il pénétré à la Mecque? Comment s'y prendrait-il pour en sortir? — Ces diverses questions avaient traversé la pensée du jeune homme avec la rapidité de l'éclair.

Le soir, au moment où les pèlerins, leurs dévotions finies, se retiraient dans leurs résidences, Robert remarqua qu'il était suivi. C'était un Bédouin qui cherchait à lui remettre un papier. Sur ce billet, au crayon, il ne trouva que ces seuls mots : « Viens, sans retard, à la porte de l'ouadi Fatma. »

Le mendiant s'offrit de l'accompagner.

Au rendez-vous indiqué, ils trouvèrent Horace Vertpré avec deux chevaux tout sellés.

— J'ai fait un prodige en m'échappant, dit ce dernier à son ami. Tu sauras tout plus tard. En attendant, nous n'avons pas une minute à perdre. Il faut fuir.

— C'est cela, partons; allons à Djeddah rejoindre Jacques et Claude Marteau.

— Soyez prudents, seigneurs, se hasarda à dire le mendiant : tout danger n'est pas évanoui.

Robert Kergorieu lui jeta une bourse de trois sequins d'or pour le remercier.

— Nous aurons autant de prudence que de courage, lui dit-il. Adieu!

— Adieu, seigneurs, et que l'ange des hasards veille sur vous !

Il s'agissait de franchir la porte ; c'était là le point délicat.

On entre difficilement à la Mecque, mais on n'en sort pas à moins de prouver qu'on est un vrai croyant.

Au moment où les deux cavaliers allaient franchir la barrière, un gardien, placé à la tête d'une vingtaine d'Arnautes armés, s'écria :

— Qui êtes-vous ? Où allez-vous ?

— Nous sommes des fils du Prophète. Nous retournons à Djeddah.

— Montrez-nous le laisser-passer du grand chérif, prince de la Mecque.

— Nous n'avons pas de laisser-passer.

— Eh bien, vous ne sortirez pas.

— Le temps presse : il est indispensable que nous partions.

— Si vous faites un pas de plus, je vous fais abattre à tous deux la tête à coups de cimeterre.

Une idée vint à Robert Kergorieu.

Il montra la bague de Kaddour au musulman.

— Connaissez-vous cet anneau ? dit-il.

— Ah ! c'est différent, répondit le gardien ; cette topaze vaut un passe-port. Passez.

Ils partirent au galop, en criant : « Victoire ! »

Mais ici-bas il n'y a que heur et malheur.

Ils arrivaient à Djeddah ventre à terre, afin d'y rejoindre leurs deux amis, lorsqu'en entrant dans l'hôtellerie, ils virent arriver une manière de palefrenier qui leur dit :

— Seigneurs, les deux Européens que vous demandez sont partis avec un Arabe il y a quelques jours.

ADEN.

CHAPITRE VII

Ispahan. — Un jardin. — Collation. — Usbeck. — Le séjour à Aden.— Ce que c'est que ce port. — Le *cicerone*. — A propos de la bague de Kaddour. — Lutte. — Fuite en Perse. — Une lettre. — L'invitation de sir James Primrose. — Seconde lettre. — Jacques et Claude Marteau aux portes de la Chine. — Un moyen de sortir d'embarras. — Jacques et Claude Marteau à Djeddah. — Un conte arabe. — Manière d'avertir. — Les trois voleurs et l'homme à la chèvre. — Un chamelier. — L'oasis. — Taïf. — Tromperie. — On s'embarque. — Tempête. — La Cochinchine. — Une idée de Claude Marteau. — Commerce de confiserie. — Le rajah Brahmine. — Le miel et les mouches. — Un petit trésor. — La factorerie.

Trois mois environ après les scènes que nous venons de décrire, deux jeunes gens étaient assis l'un vis-à-vis de l'autre, dans une des plus belles résidences d'Ispahan. Parés du costume oriental, ils étaient coiffés de ce bonnet en peau de mouton noir qui est surtout porté par les Persans de distinction. Une collation était servie devant eux sous une sorte de charmille tout en fleurs.

Le merveilleux jardin dans lequel ils se reposaient paraissait être un abrégé des merveilles de la Perse.

— Y a-t-il rien de plus délicieux? disait l'un des deux à

l'autre. N'est-ce pas ainsi que les mahométans, sur la foi du Prophète, doivent se représenter leur paradis?

En parlant ainsi, ils se levaient et parcouraient cet incomparable jardin.

L'un des deux, celui qui avait déjà pris la parole, disait à l'autre :

— Vois donc, Robert, vois donc cet arbre des Banians, comme on l'appelle. Ses longues branches s'épanouissent en parasol sur nos têtes, et retombent autour de nous comme autant d'éventails. A la vue de cet arbre incomparable, on comprend que les Hindous aient pour lui une profonde vénération; qu'ils accomplissent sous son ombre leurs mystères, leurs sacrifices, leurs fêtes! Mais pourquoi es-tu toujours soucieux?

— C'est que j'ai toujours la même pensée dans la tête et dans le cœur, Horace.

— Toujours le regret amer de n'avoir retrouvé ni Jacques ni Claude Marteau?

— Sans doute.

— Eh! cher Robert, la même pensée existe en moi, mais je sais la faire taire. Tu sais bien que nos deux amis ne sont point perdus sans retour; nous les reverrons. Ne sais-tu pas par moi-même qu'on ne se perd pas en Orient?

— Jacques commence à être âgé; Claude Marteau n'est encore qu'un enfant. Je crains qu'ils ne tombent entre les mains des Bédouins fanatiques du Hedjaz, qui ne respectent presque jamais la vie des giaours, comme ils disent.

— Défais-toi de ces terreurs-là, Robert. Qui pouvait être plus exposé que moi? Enlevé, moitié par ruse, moitié par force, sur la felouque d'un Barbaresque, ne devais-je pas redouter d'être tué vingt fois le jour par ce maître intraitable? Par bonheur, le bandit était encore plus cupide que cruel. A quelques jours de là, à Beyrouth, où sa coquille de noix venait faire relâche, il me cédait, moyennant vingt sequins d'or, à un riche négociant juif, qui me disait : « Tu n'es pas mon esclave, mais mon confident. » Il mentait par la gorge, car j'étais sa marchandise. Celui-là, m'ayant con-

CHAPITRE VII.

duit à Damas, m'y faisait faire le beau costume arabe que tu m'as vu et me cédait, au prix de quarante sequins, à un ancien pacha, qui demandait un nouveau converti pour faire le pèlerinage de la Mecque. En toute autre circonstance, je me fusse révolté comme un bon diable à l'idée d'entrer dans ces desseins de négoce et de tromperie; mais comme le projet du voyage aux villes saintes me rapprochait de vous, je me prêtai aux combinaisons de l'israélite. Tu sais que j'ai été bien inspiré. Tu m'as donc retrouvé, Robert. Patience, nous retrouverons les deux absents. En attendant, pas de tristesse. La vie est douce en Perse. N'y mêlons pas trop de choses sombres. Sous ce beau soleil il n'existe pas de fleurs noires.

Ils en étaient là de leur conversation lorsqu'un serviteur se présenta à eux et leur dit :

— Seigneurs étrangers, Usbeck, mon maître, fait prévenir Vos Seigneuries qu'il va venir, dans une heure, faire une promenade dans ce jardin, fumer le narguilé avec vous.

— Qu'il soit le bienvenu ! répondit Robert Kergorieu.

Disons en quelques mots ce qu'était ce personnage.

Usbeck était le fils de Rhédi, l'un des hommes les plus sages d'Ispahan.

Dans son enfance, comme il avait été frêle et d'une complexion fort délicate, on l'avait entendu se plaindre à chaque instant de sa faiblesse et maudire même le jour de sa naissance.

On ne l'avait pas vu alors pousser un cerceau sur le sable comme les jeunes Persans de son âge, ni lancer la flèche et le javelot, ni se livrer à aucun des exercices physiques auxquels on habitue de bonne heure les fils de cette terre où fut élevé le grand Cyrus.

Toujours seul, loin du bruit, fuyant l'étude, l'enfant s'habituait à une tristesse énervante.

« Mes bras, disait-il, sont si chétifs que je ne pourrai jamais tenir ni un outil ni un sabre; ainsi je ne serai ni ouvrier ni soldat. Ma voix a si peu de portée, que je ne saurai enseigner à des disciples la loi ni la sagesse; ainsi je ne serai pas non plus professeur. Mes jambes ont si peu de force que je ne puis marcher un instant sans les voir plier de fatigue... »

Ces plaintes, qu'Usbeck renouvelait à chaque moment, affligeaient profondément son père. Néanmoins, il ne se découragea pas, et la pensée lui vint de corriger l'humeur mélancolique de son fils par une fable dont il serait lui-même l'auteur.

Rhédi composa donc à l'intention de son fils le petit conte qui suit, espérant que cette fantaisie serait de nature à empêcher l'enfant d'éprouver de nouveaux dégoûts de la vie.

« Un jour, lui dit-il, une goutte d'eau tomba d'un nuage dans la mer. Aussitôt elle fut confondue dans les vastes abîmes ; mais, s'y voyant si petite, elle se mit à crier : — Hélas ! que je suis peu de chose en cet immense océan, et que mon existence est inutile à l'univers !

« Cependant, tandis qu'elle parlait ainsi, il arriva qu'une huître qui était sur son chemin, et qui ouvrait son écaille aux rayons du soleil, la reçut au milieu de ce beau raisonnement.

« — Viens avec moi, disait l'huître, je vais te tirer de la foule dont l'aspect te déplaît si fort.

« Quelque temps passa.

« Entre les deux écailles, la goutte d'eau se durcit peu à peu, jusqu'à ce qu'elle devînt une perle, qui tomba, au temps de la pêche, entre les mains d'un plongeur. Ce plongeur l'ayant vendue à un joaillier, ce dernier l'embellit en l'entourant d'or et d'argent ciselés. Tout le monde l'envia comme le plus rare des trésors. On venait du fond de l'empire exprès pour l'admirer.

« Enfin, après une longue suite d'aventures, elle est devenue cette fameuse perle qui orne aujourd'hui le diadème du schah de Perse. »

Usbeck lut souvent et médita ce conte du sage Rhédi, son père ; il y puisa assez de force pour travailler avec ardeur et arriver, après de patientes études, à être l'un des plus habiles mécaniciens d'Ispahan. A l'âge de vingt ans, il avait déjà élevé dans la capitale de l'empire un pont en pierre qui existe encore et une fontaine près du palais du prince.

Ces deux monuments, aussi beaux qu'utiles, lui valurent non-seulement d'abondantes richesses, mais encore de grands honneurs. Il venait d'être nommé ministre des travaux publics de la Perse.

Dans sa jeunesse, pour perfectionner son éducation, Usbeck avait consacré deux années à de longs voyages; il avait surtout séjourné en Europe, continent en plein état de civilisation, et il avait conservé au fond du cœur une vive affection pour ses habitants.

Un jour, on était venu lui apprendre que deux jeunes

Français, venant de l'Arabie à travers mille périls, étaient arrivés à Ispahan dénués de tout, harassés de fatigue et mourant de faim.

— Vous prétendez que ces Européens sont pauvres, s'écria-t-il à celui qui apportait la nouvelle. Eh bien, non, car ils possèdent toutes les richesses d'Usbeck.

Après avoir parlé de cette sorte, il donna ordre à son intendant de faire préparer pour les nouveaux venus une fort belle maison de plaisance qu'il avait aux portes de la ville; c'est dans cette résidence que nous venons de voir les deux amis.

En attendant la visite d'Usbeck, Robert et Horace continuaient à se promener à travers ce beau parc, tout planté de bosquets merveilleux.

— Que d'aventures nous avons déjà eues ! disait le filleul de Surcouf. Il n'était pas aisé de sortir de Djeddah. Nos chevaux étaient couverts de sueur. Nous ignorions quels sentiers prendre pour retourner vers la voie de Suez, et d'ailleurs qu'aurions-nous fait, seuls, à travers les sables de ces déserts si peu sûrs? Une péniche italienne allait partir ; nous nous présentâmes, et nous voilà partis. « Où allez-vous, messieurs, nous demanda le patron ; où voulez-vous relâcher? — Partout où il vous plaira, capitaine. » La réponse lui parut bizarre et le fit rire. Cette péniche vogua longtemps sur la mer la plus tourmentée qui soit au monde. A la fin, après vingt coups de vent, qui avaient pensé nous fracasser vingt fois, nous abordâmes sur un rocher pelé, qui ressemblait de loin à une masse de pain grillé. « Voilà Aden! s'écria le patron. — Descendons à Aden ! » fut notre cri à l'un et à l'autre. Nous voilà donc sur ce fragment refroidi d'un ancien volcan.

— Ces souvenirs sont d'hier, reprit Horace ; ils sont encore tout frais dans ma mémoire. Aden, ce rocher nu et brûlant qui n'a ni une goutte d'eau, ni un arbre, ni une fleur pour consoler ou pour réjouir l'œil de celui qui passe; Aden, habité par sept mille Arabes, a cependant excité l'envie d'une grande puissance européenne. L'Angleterre s'est dit: « Ce bloc calciné, étant sur la route des Indes, deviendra une excellente station pour mes navires de commerce et pour mes vaisseaux de guerre. » Là-dessus l'Angleterre, moitié par argent, moitié par ruse, s'est emparée de ce monceau de poussière brûlante et y a bâti des forts, un arsenal, un palais, des hôtels, et appelé toute l'écume de l'Europe et de l'Asie. Il y existe sans cesse un va-et-vient de vapeurs qui ont changé ce désert en colonie enchantée. En regard de ce dénûment de la nature, on y voit des corvettes chargées de perles, d'or, de soie, de dents d'éléphant et de fleurs exotiques, qui passent. A côté du manœuvre arabe, qui y vit péniblement d'un oignon cru ou d'un poisson pêché sur

CHAPITRE VII.

la rive, on y rencontre un nabab opulent comme un roi. Les aigrefins de deux mondes, attirés par l'appât du butin, y arrivent et détroussent prestement le voyageur trop confiant. Robert, c'est justement là ce qui nous est arrivé.

« A peine débarqués sur cette plage si pauvre et si riche, si déserte comme paysage, si animée comme port de relâche, nous voyons venir à nous un quidam qui fait l'empressé.

« — Messieurs, voulez-vous me permettre d'être votre *cicerone?* Je connais ce pays; je vous conduirai partout.

« Et il se confond en politesses. En général, il faut se méfier des inconnus qui se jettent trop à notre tête ; c'est qu'ils ont quelque intérêt caché à agir ainsi ou un mauvais dessein à poursuivre. L'homme, qui se donnait pour un Espagnol, et qui, au fond, n'est sans doute d'aucun pays, c'est-à-dire un aventurier, nous invita, chemin faisant, à partager son repas dans une sorte de taverne située à la pointe de l'île, dans un lieu écarté. Je ne voulais pas accepter. Toi, Horace, toujours trop confiant, tu ne fis pas les mêmes difficultés de te mettre à table avec l'inconnu. Je dus donc faire comme toi. Durant le dîner, quels romans étranges ne nous faisait-il pas! Il disait qu'il avait habité Golconde vingt ans et qu'il en rapportait les plus beaux diamants du monde. Au dessert j'eus l'imprudence de montrer ma main droite et la bague de Kaddour, qui nous avait déjà rendu plus d'un service signalé. A la vue de la topaze, l'œil de notre homme s'alluma du feu de tous les mauvais désirs.

« — Mon petit monsieur, me dit-il, vous avez là une assez belle bague.

« — Il y en a beaucoup de pareilles, répondis-je en affectant l'indifférence.

« — Voulez-vous me la céder en échange d'un diamant gros comme un œuf de pigeon?

« — Je ne la changerais pas pour tous les trésors du Mongol, monsieur.

« — Elle n'a pourtant qu'une mince valeur.

« — C'est un présent d'un Touareg que j'ai vu au Caire, et je ne m'en dessaisirai qu'avec la vie.

« — Eh bien, n'en parlons plus.

« Au bout d'une heure, c'est-à-dire au moment où nous nous retirions pour regagner la ville et l'une de ses hôtelleries, il revenait à la charge et en parlait encore.

« — Voulez-vous deux diamants pour la topaze?

« — Vous m'en offririez cent que je refuserais.

« En ce moment, deux hommes passaient à quelques pas de nous. Il me sembla voir que notre *cicerone* si désintéressé échangeait avec eux un regard d'intelligence. Je cherchai des armes, mais je n'en avais plus. En quittant Djeddah précipitamment, je n'avais pas eu le loisir de me charger de mes moyens habituels de défense.

« Nous fîmes encore une cinquantaine de pas.

« La nuit tombait.

« Ce chemin que nous parcourions pour rentrer dans Aden était étranglé entre deux rocs. Je n'eus pas peur, parce que, Dieu merci, je ne suis pas poltron, mais je commençai à avoir quelque méfiance. Il était déjà trop tard.

« L'homme, dont l'œil s'illuminait d'une lueur étrange, fit entendre tout à coup comme un sifflement de serpent. Au même instant les deux rôdeurs accourent.

« — Il me faut ta bague! s'écria-t-il alors en se jetant sur moi.

« Les deux autres se mettaient en devoir de prendre part à l'agression, quand je te vis, mon brave Horace, tirer du fourreau la lame d'un yatagan, que tu avais eu la prudence de garder.

« — Trois contre un! c'est trop de lâcheté et d'infamie! disais-tu, et tu venais courageusement à mon aide.

« La mêlée dura cinq minutes. Outré d'indignation, tu frappas le traître à la main, et il tomba en répandant son sang et en poussant des cris. Dès ce moment l'affaire pouvait devenir sérieuse. N'ayant ni témoins ni amis sur cette terre, nous avions tout à redouter d'ennemis tels que ceux qui venaient de nous attaquer. Qui sait si devant les magistrats de ce pays, unissant le mensonge à la trahison, ils ne viendraient pas dire que nous étions les assassins et eux les victimes? Ce qu'il y avait de plus simple était de prendre la fuite. C'est ce que nous fîmes. Au port, nous trouvâmes, par bonheur, un bateau persan qui voulut bien nous recevoir à son bord. Nous voguâmes. Le bateau nous déposa sur les côtes du grand royaume. Là, une triste découverte, que l'émotion m'avait dissimulée, me fut révélée : je vis que la précieuse topaze de Kaddour m'avait été enlevée pendant la lutte.

— Je conviens, Robert, que ça été pour toi la cause d'un grand chagrin.

— J'aurais mieux aimé perdre un doigt de la main droite.

Puis il ajouta :

— Où est la bague du Touareg au moment où nous parlons? Quel usage pourra faire ce coquin du joyau protecteur?

Horace essaya encore une fois de calmer son ami.

— Tout n'a pas été amer dans notre aventure, ajouta-t-il. Ici nous avons été accueillis par Usbeck comme des fils par leur père, et cette effusion d'une vive amitié n'était pas une jonglerie trompeuse. Sans doute il est cruel de n'avoir plus ta bague, mais la bonté d'Usbeck adoucira pour nous les aspérités du sort.

Ici un bruit de voix mit fin à leur dialogue.

— C'est Usbeck qui vient nous voir, dit Robert.

Le Persan, accompagné de deux personnages, s'avançait sous les charmilles.

Du plus loin qu'il aperçut les deux jeunes Français, il leur cria :

—Venez donc! venez donc vite, messieurs! J'ai une bonne nouvelle à vous apprendre.

Ces paroles ne pouvaient manquer d'intriguer fort les deux amis.

— Une bonne nouvelle! pensait Robert Kergorieu; qu'est-ce que ce peut être? Est-ce que l'on serait sur la trace de Jacques et de Claude Marteau?

— Est-ce qu'on aurait remis la main sur la bague de Kaddour? se demandait Horace Vertpré.

Quand les trois Persans furent à portée de causer avec les jeunes gens, Usbeck reprit :

— Voilà deux négociants de Lahore que j'ai rencontrés sous le portique de la mosquée branlante. Tous deux arrivent de l'Inde. Ce qu'il y a de bizarre et d'intéressant, c'est qu'ils sont chargés d'une lettre pour vous, Robert.

Ici les conjectures de tout à l'heure se remirent à trotter à travers la tête du jeune homme.

— Qui a pu écrire à un pauvre voyageur inconnu à ces contrées?

Un des deux négociants tira alors d'un petit sac de cuir une missive grande au plus comme la main. Après y avoir jeté les yeux, Robert lut à haute voix l'adresse, qui était rédigée en ces termes :

A Monsieur,
Monsieur Robert Kergorieu,
voyageur français à destination pour Bombay,
En Arabie, en Perse ou à Aden.
(Faire suivre.)

— Il me semble que j'ai déjà lu quelque chose de cette écriture-là, se dit-il.

Puis, mentalement, il reprit :

— Hélas! ce n'est pas de la main de mon bon et fidèle Jacques!

Il fit sauter l'enveloppe, et, après avoir jeté un coup d'œil sur la signature, il s'écria :

— C'est une lettre de sir James Primrose! A la manière dont les mots sont liés entre eux, j'aurais dû deviner que ce ne pouvait être que l'écriture d'un Anglais.

Et il lut de nouveau.

« Me voilà loin du Nil près duquel je vous ai laissé, au moment où vous faisiez votre entrée dans la caravane en compagnie de vos deux amis. Tout me fait espérer que vous aurez fait bon voyage jusqu'à la porte de la Mecque. Où cette lettre vous rencontrera-t-elle? A tout hasard je l'envoie à Aden, en Perse et sur les confins du golfe Arabique. Elle est ainsi écrite à trois exemplaires et portée par six messagers, suivant des routes diverses.

« Grâce à cet expédient, je finirai, j'en suis sûr, par faire qu'elle vous soit remise en main propre.

« Si bien reçu que vous soyez en Égypte, à Ispahan ou dans un hôtel d'Aden, je vous prie de ne pas différer le plaisir que j'ai de vous voir. Songez que je vous attends, vous et vos amis, avec la plus vive impatience. L'Inde anglaise vous réserve comme spectacle encore plus de prodiges que vous n'en avez vus dans le vieil Orient de la Bible et du Koran. Indépendamment d'une nature dont la richesse ne saurait être comparée à aucune autre, nous avons bien des surprises à vous ménager. Il vous sera facile de satisfaire vos goûts de chasseur. A quelques milles de Lahore, vous aurez, quand vous le voudrez, au bout de votre carabine, des éléphants insoumis, des tigres, des serpents gigantesques, c'est-à-dire mille fois plus d'émotions que la chasse au crocodile a pu vous en faire éprouver lors de votre rencontre avec le marchand d'eaux.

« Je n'ai pas besoin d'ajouter, cher monsieur, qu'un des plus confortables bengalous du pays sera à votre disposition; ce que vous y trouverez surtout, ce sera une très-amicale et très-franche hospitalité.   « JAMES PRIMROSE.

« *P. S.* — Vous pourrez suivre en toute assurance les porteurs de la présente missive. »

Usbeck prit tout à coup la parole.

— Mes jeunes amis, dit-il en s'adressant à ses hôtes, quelque déplaisir que j'éprouve en vous voyant vous éloigner d'ici, je ne dois cependant pas vous retenir plus longtemps. Des liens d'une amitié plus ancienne vous attachent à sir James Primrose. Je ne puis donc que vous engager à accepter son invitation.

Robert et Horace remercièrent avec effusion le noble Persan qui avait eu tant de bontés pour eux.

En ce moment même, un nouveau bruit se fit entendre du côté de l'habitation.

— Qu'est-ce? demanda Usbeck. Que nous veut-on?

— Voici un nouveau message, répondit un coureur en s'approchant de son maître.

Le serviteur tenait un petit paquet à la main.

— Eh bien, c'est encore pour vous, Robert, dit le ministre du schah après avoir jeté un coup d'œil sur la suscription de la lettre, pour voir si c'était à lui ou à tout autre qu'elle était adressée.

Robert lut encore sur la suscription ces mots:

A Monsieur,

Monsieur Robert Kergorieu et en son absence à monsieur Horace Vertpré, tous deux voyageurs français étant allés à la Mecque et se trouvant sans doute sur les bords du golfe Persique, vulgairement dit mer Rouge.

— Ah! pour le coup, s'écria-t-il, je reconnais l'écriture de mon pauvre Jacques!

Il ouvrit la lettre précipitamment et lut:

« Mon cher ou mes chers enfants, car j'ignore si vous êtes un ou deux, je vous envoie à la hâte ces pattes de mouches pour vous apprendre que toutes sortes d'incidents, d'accidents, d'épisodes et d'aventures de tout genre nous ont

CHAPITRE VII.

poussés, Claude Marteau et moi, de Djeddah à Macao, où je vous attends. Vous ne pouvez pas vous figurer notre tristesse et notre joie, l'une et l'autre à cause de vous que nous craignions de ne plus revoir jamais. Mais enfin, comme nous avons à présent une résidence fixe, c'est le moment de vous en avertir et de vous envoyer chercher.

« Le commerce du thé auquel nous nous sommes livrés en vous attendant nous a presque enrichis. Ce que j'y ai gagné me permet de faire mettre à la mer une petite goëlette qui explorera toutes les côtes et qui vous amènera à Macao aussitôt que la présente vous aura recommandé de vous arrêter.

« Suivez-donc le porteur de cette missive et voguez sans retard jusqu'à la ville chinoise, quartier des Bambous, n. 4,357, où je vous attends en buvant du vin de riz et en mangeant du pain d'oranges.

« JACQUES MORAND,
« Ancien matelot de la *Foudroyante*.

« *P. S.* — Claude Marteau n'est pas reconnaissable en costume chinois, et il parle de se faire recevoir mandarin de troisième classe. »

Robert Kergorieu était tout souriant de bonheur et tout rayonnant de plaisir.

— Enfin les voilà retrouvés! disait-il.

Mais, en même temps, un soudain accès d'anxiété et d'ennui pesa sur sa pensée.

— Sir James Primrose m'appelle à Lahore et Jacques à Macao; comment donc faire?

— Une chose bien simple, répondit Horace. Nous sommes deux, toi et moi, et cependant nous ne faisons qu'un. Chacun de nous va prendre sa part des devoirs qu'impose la circonstance. Va chez sir James Primrose, que je ne connais pas, et, quant à moi, je cours à Macao, pour y rejoindre nos amis.

— Bien parlé, mon enfant, dit Usbeck.

Retournons un moment sur nos pas afin de savoir comment Jacques et Claude Marteau sortirent de Djeddah avant d'y avoir été rejoints par leurs amis.

Tous ceux qui ont fait le pèlerinage de la Mecque disent que si Djeddah est le seuil des villes saintes, c'est aussi la capitale des larrons. Le vol y prend le masque de la ruse. On y dépouille surtout les étrangers avec une habileté sans pareille. Plus un Arabe s'y montre poli, plus il y est à craindre.

On sait que les deux Français étaient descendus dans une hôtellerie quasi-européenne, pour y attendre le retour de Robert et la réapparition d'Horace. Comme ce double événement ne se révélait pas, l'ex-matelot et son jeune compagnon paraissaient fort décontenancés. Jacques se jetait dans tous les moyens propres à tromper son impatience. Il remettait en ordre le bagage de sa petite caravane; il montait et fourbissait les belles armes des trois jeunes gens; il se mettait même à compter et à recompter les pièces d'or qui formaient le fonds de réserve consacré aux frais du voyage.

A un certain moment, l'hôtelier vint à lui pour lui faire mesurer des yeux toute l'étendue de son imprudence. Les Orientaux sont discrets. On ne les voit jamais brusquer ni blesser l'amour-propre de personne. S'ils ont des conseils à donner ou des reproches à faire, ils ne le font guère que par voie d'allégorie ou d'allusion. Au lieu de dire à Jacques : « Eh ! monsieur, ne montrez pas ainsi vos armes et votre argent, » le maître de l'hôtellerie raconta aux deux amis l'histoire suivante :

« Un jour, dit-il, un paysan menait à une grande ville, à Bagdad ou à Delhi, une chèvre qu'il venait d'acheter; il était monté sur son âne et la chèvre le suivait ayant une clochette au cou. Trois voleurs virent passer ce petit groupe et ne tardèrent pas à le convoiter.

« — Je gage, dit le premier, que je ravirai la chèvre de cet homme, sans qu'il s'avise jamais de me la redemander.

« — Quant à moi, dit le second, je lui enlèverai l'âne sur lequel il est monté.

« — Voilà qui est bien difficile, dit le dernier, moi je veux lui ôter tous ses habits et qu'il en soit bien aise.

« Le premier larron, suivant le paysan à pas comptés, délie adroitement la clochette du cou de la chèvre, l'attache à la queue de l'âne et se retire avec sa proie. L'homme, monté sur son âne, et qui entendait toujours le son de la clochette, croyait fermement être suivi par la biquette. Au bout de quelque temps, il tourne la tête et est bien étonné de ne plus trouver cet animal qu'il conduisait chez lui. Il en demanda des nouvelles à tous les passants; alors le second filou s'avance et lui dit :

« — Brave homme, je viens d'apercevoir, du coin de cette ruelle, un homme qui fuyait en traînant une chèvre par une corde.

« Sur cette indication, le paysan descend avec précipitation de sa monture et prie le voleur de vouloir bien la lui garder. En même temps il se met à courir de toutes ses forces après le ravisseur. Après avoir parcouru bien du terrain, il revient accablé de fatigue, et, pour comble de malheur, il ne trouve plus ni son âne ni son gardien.

« Nos deux coquins se rejoignaient, chacun très-content de sa proie. Cependant le troisième attendait son homme au bord d'un puits par où il devait nécessairement passer. A son aspect, voilà notre bandit qui se met à feindre un grand désespoir et à pousser des cris douloureux. Il se plaint si amèrement, que l'homme qui avait perdu sa chèvre et son âne est tenté d'accoster un infortuné qui lui paraissait si affligé.

« — Qu'avez-vous donc à vous désespérer, lui dit-il; vous n'êtes seulement pas aussi malheureux que moi? J'ai perdu deux animaux dont le prix devait faire ma fortune; mon âne et ma chèvre m'auraient rendu riche un jour.

« — Voilà une belle perte! répondit le rusé compère. Avez-vous, comme moi, laissé tomber dans ce puits une cassette de diamants que j'étais chargé de porter au calife? Peut-être serai-je pendu comme ravisseur!

« — Que n'allez-vous au fond du puits, dit le paysan,

chercher cette proie si riche? le puits n'est pas profond.

« — Hélas! je ne suis pas adroit, repartit le filou; j'aime mieux courir le risque d'être pendu que de me noyer infailliblement; mais si quelqu'un voulait me rendre ce service, je lui donnerais volontiers dix pièces d'or.

« La pauvre dupe remercia le Prophète, qui lui présentait une occasion si favorable de réparer la perte de son âne et de sa chèvre.

« — Promettez-moi les dix sequins d'or, et je vous rapporterai votre cassette.

« Aussitôt dit, aussitôt fait. Il ôte ses habits et descend dans le puits avec tant de légèreté, que le filou vit bien qu'il n'aurait que le temps d'enlever cette dépouille.

« Le paysan, arrivé au fond du puits, n'y trouva point de cassette; et, quand il fut remonté, il ne put douter de son malheur: les habits, l'âne et la chèvre avaient donc disparu, et leur malheureux maître regagna, avec bien de la peine, un lieu où l'on voulût couvrir sa nudité. »

L'hôtelier termina là son récit; Jacques et Claude Marteau, que cette histoire avait un moment captivés, prirent l'aventure bien plus pour un conte que pour une leçon. Ils remercièrent donc l'aubergiste de les avoir ainsi mis à même de passer sans ennui quelques instants.

— Ils ne comprennent pas, pensa l'Arabe, que je leur recommande de se méfier des fripons qui guettent toujours les voyageurs. N'importe, je les ai avertis. J'ai fait mon devoir. L'ange du jugement n'aura aucun reproche à me faire au grand jour en ce qui les concerne.

Et il retourna à ses affaires.

La nuit s'écoula.

Dans la matinée, les deux Français étaient aux écoutes. Ils attendaient avec impatience quelque bruit de cheval arrivant au galop de la Mecque. Les heures s'accumulaient sur les heures, et rien ne paraissait. Aussi l'anxiété de Jacques redoublait-elle de moment en moment.

— N'ai-je pas eu tort de confier Robert à ce mendiant? pensait-il. Qui me répond que cet homme n'est pas le second du pêcheur de corail? Qui me dit qu'il n'est pas l'artisan de quelque piége indigne?

Vers le milieu du jour, il recommençait à donner cours à ses doléances, quand on frappa à la porte de sa chambre.

L'ex-matelot s'empressa d'aller ouvrir.

Un homme, très-simplement mais très-proprement vêtu, inclinait sa tête devant lui et lui disait :

— Gloire à Dieu! N'est-ce pas toi qui conduis plusieurs jeunes Français à travers l'Orient?

— C'est moi.

— N'attends-tu pas un jeune homme imberbe, qui est allé à la Mecque avec les pèlerins?

— Je l'attends.

— Eh bien, prends tout ton bagage avec toi, et suis-moi jusqu'à Taïf, près de l'oasis de Fatmé.

— Pourquoi te suivre? demanda Jacques.

— Parce que le jeune étranger t'en fait la recommandation expresse.

Jacques crut devoir manifester quelque méfiance.

— Tu hésites, à ce que je vois, reprit l'Arabe; c'est trop

juste. Il faut que tu saches comment j'ai été chargé de venir te trouver. Tiens, reconnais-tu cet objet ?

En prononçant ces paroles, le musulman montrait à Jacques un petit rond en cuivre, orné d'arabesques.

— C'est un bouton de l'habit de Robert, dit-il.

— Voilà quatre heures que, près de l'oasis, le jeune Français que tu viens de nommer m'appela au moment où je passais : « — Tu es chamelier ? me demanda-t-il. — Oui, seigneur. — Tiens, va-t'en de ma part à l'hôtellerie du port de Djeddah chercher deux Français qui s'y trouvent et amène-les ici. » — Puis, réfléchissant : « Je n'ai pas de quoi écrire un billet qui prouve que telle est bien ma volonté ; mais voici quelque chose qui tiendra lieu d'indice et de passe-port. » Et il arracha de son habit ce bouton, destiné à t'éclairer et à te convaincre. Doutes-tu encore ?

— Non, répondit Jacques qui avait toujours les yeux sur le bouton.

Il n'y avait pas de préparatifs de voyage à faire, puisque tout était prêt pour le départ. On paya les frais du séjour, et le chamelier, prenant un peu les devants, Jacques et Claude le suivirent.

Ce chamelier, qui n'avait d'ailleurs pas plus mauvaise mine qu'un autre habitant de la contrée, conduisait trois dromadaires mahari et était accompagné de deux manières d'esclaves.

Tous les trois se confondaient en politesse vis-à-vis des deux Européens.

Taïf, qu'on allait joindre, est un petit port de la mer Rouge qui sert aux pèlerins à s'embarquer pour l'Inde. Des sentiers qui se trouvent dans ce rayon permettent aussi de rebrousser chemin et de revenir dans le désert du Sinaï.

Chemin faisant, le conducteur de chameaux fit monter les deux voyageurs sur ses bêtes.

— Nous allons marcher d'un bon pas, dit-il, et nous aurons bientôt atteint le jeune homme. L'oasis de Fatmé n'est plus qu'à une petite distance.

On ne tarda pas, en effet, à apercevoir les minarets des

kiosques et de beaux arbres qui se balançaient au vent.

Jacques se réjouissait déjà du plaisir de revoir les deux jeunes gens qu'il attendait.

— Un moment! un moment! dit le chamelier, il est indispensable de faire rafraîchir ici mes bêtes altérées.

Il venait de s'arrêter près de la marge d'une citerne où la tradition dit que Mahomet a jadis écrasé un scorpion.

— Mais, reprit le chamelier en s'adressant à Jacques, comme tu es pressé de revoir le jeune Européen, je ne veux pas retarder ton plaisir d'un seul instant. Un de mes esclaves va te conduire jusqu'à l'endroit de l'oasis où il doit nous attendre. Pendant ce temps-là, nos dromadaires boiront à la citerne et nous vous rejoindrons ensuite pas à pas avec ton jeune compagnon et tes bagages.

— Soit, répliqua Jacques.

Et il prit les devants en compagnie de l'escorte, comme la chose venait d'être convenue.

En Orient, il faut du temps pour puiser de l'eau dans un puits creusé au milieu du sable. Ce travail ne demanda pas moins de dix minutes. Les dromadaires burent.

— Eh bien, partons-nous? demanda Claude Marteau.

Il n'avait pas fini de parler, qu'un coup de fusil se faisait entendre du côté de l'oasis.

— Qu'est-ce que c'est que cela? dit-il.

— Je ne saurais te le dire, répondit le chamelier. Cependant le son qui vient par ici et une petite fumée blanche que j'aperçois dans l'espace me donneraient à croire que c'est près de l'oasis, à côté de l'endroit où sont tes amis.

Claude Marteau parut se réveiller comme en sursaut.

— Mes amis! dit-il, s'ils étaient attaqués, s'ils couraient des dangers!

— Prends un des mahari et vas-y voir.

Le jeune homme ne se le fit pas répéter. Il se mit en selle sur une des montures rafraîchies et courut sur le sentier par où il avait vu disparaître Jacques.

Au bout d'un quart d'heure, il revenait en compagnie de ce dernier et de l'esclave. Le coup de fusil était parti d'un massif, et l'on n'avait pu découvrir l'homme qui l'avait tiré. Seulement on avait supposé que cela pouvait bien être un signal, quelque chose comme un jeu convenu. Ce qui acheva de confirmer les deux voyageurs dans cette opinion, c'est que, lorsqu'ils revinrent près de la citerne du scorpion, ils ne trouvèrent plus ni le chamelier, ni les mahari ni les bagages.

— Seigneurs étrangers, dit alors l'esclave d'un ton contrit, vous me voyez profondément affligé de ce qui vous arrive. Je ne suis au service de l'homme qui nous a trompé que depuis ce matin. Non-seulement il vous emporte vos bagages, mais il m'enlève les huit jours de gages qu'il me devait d'avance et un burnous dont je lui avais confié la garde.

Jacques était atterré. Au chagrin d'avoir été pris pour dupe, d'avoir vu passer dans les mains d'un intrigant sans foi les hardes, l'argent et les armes de l'expédition, se joignait l'amère tristesse d'avoir abandonné le lieu du rendez-vous où Robert et Horace viendraient les chercher, Claude et lui, sans les trouver.

— Seigneur, reprit l'esclave, vous pourriez courir après

le ravisseur. Point de doute qu'il n'ait pris un chemin que je connais et qui conduit dans le Hedjaz.

En ce moment seulement l'ex-matelot de la *Foudroyante*, en examinant la figure sournoise de l'esclave nubien, se rappela le récit que son hôte leur avait fait, la veille, à son jeune compagnon et à lui. Il comprit que c'était assez d'avoir été dupe d'un premier larron.

— Écoute, dit-il en s'adressant à l'esclave, tu ne me parais pas meilleur que ton prétendu maître. Tout me porte à croire que vous êtes tous les deux de la même bande. Aussi je ne suivrai pas ton conseil, je ne courrai pas après le voleur. Le plus sage est de me contenter de ce que j'ai sous la main, c'est-à-dire de ce dromadaire et de toi-même. Quant à la bête, je la garde ; pour toi, je te romps les os si tu ne me donnes, comme un commencement de restitution, tout ce que tu as sur toi.

L'homme protesta qu'étant un pauvre esclave, il ne possédait pas un para.

— C'est bon ! c'est bon ! s'écria Jacques ; nous allons voir.

En dépit de ses cris et de ses menaces, le prétendu esclave fut fouillé et l'on trouva sur lui cinq sequins d'or.

— Je te les prends, dit Jacques, en te chargeant de te les faire rendre par le chamelier sur la forte somme qu'il nous a dérobée.

Et comme l'esclave criait toujours.

— Si tu dis un mot de plus, reprit le Français, je te mène par l'oreille chez le cadi en lui racontant toute l'affaire.

Il est à croire que ces dernières paroles produisirent un certain effet sur l'Arabe, car il gagna du pied et se sauva à travers champs, sans demander son reste.

— Qu'allons-nous devenir maintenant ? dit Claude Marteau.

— Ce qu'il plaira à Dieu, mon enfant.

Ils réfléchirent.

Retourner à Djeddah ne servirait à rien ; il était supposable que les deux amis à la recherche desquels ils marchaient y étaient revenus eux-mêmes, et qu'apprenant leur départ, ils avaient pris la route de la Perse ou de l'Inde.

— Il n'y a plus que cela à faire, en effet, Claude.

— En ce cas, n'attendons plus; allons au port de Taïf, et de là à Aden, à Ispahan, à Delhi, au diable vert, partout où nous aurons chance de retrouver nos amis.

Ils montèrent sur le mahari et partirent.

Arrivés au port, ils se défirent du mahari qu'on leur acheta à vil prix et demandèrent à s'embarquer.

— Où voulez-vous aller? leur dit le patron d'un navire.
— En Perse.

CHAPITRE VII.

— Je vous y conduirai, si Allah le permet.

Comme ils ne comprenaient pas du premier coup le sens de ces paroles, l'homme du vaisseau leur expliqua en deux mots que sur la mer Rouge, toujours soulevée par les vents et par les orages, la volonté du pilote le plus habile est souvent mise en défaut.

On mit à la voile.

A quelques heures de là, le navire sur lequel ils voguaient était emporté comme une plume par le souffle de la tempête, et allait se cogner contre un rocher tout hérissé de pointes aiguës.

— Où sommes-nous? demanda Jacques.

Ils se trouvaient à Périm, relâche des Anglais, qui mène à l'Inde. De là, une singulière embarcation à balancier, d'où les deux matelots dirigeaient la voile, les jeta sur les côtes de la Cochinchine. L'esquif allait sombrer, quand il fut par bonheur remorqué et amarré par des pêcheurs du pays.

En abordant à terre, sur une plage inconnue, ils se demandèrent à quelles ressources ils pourraient demander leur existence. Pour la première fois ils virent jusqu'à quel point est à plaindre l'homme qui n'a pas de métier manuel. Dans l'ancienne société française, il était de mode, chez les hommes du monde, de s'occuper d'une profession mécanique; c'était d'abord un délassement, un moyen de distraction, et, à un jour donné, cela pouvait devenir un gagne-pain. On s'est trop écarté de cette habitude, non-seulement chez les gens riches, mais aussi parmi les classes populaires. En général, un Français ne s'adonne qu'à une spécialité, ce qui l'expose à toute une série d'infortunes quand le hasard et la volonté du sort le poussent dans des contrées lointaines.

En tout pays, il est vrai, on a la facilité de travailler à la terre. Jacques et Claude Marteau, introduits dans une habitation cochinchinoise, aux environs de Saïgon, vécurent de la vie frugale des cultivateurs de l'endroit. Il s'agissait tour à tour de soigner le riz et d'aller puiser de l'eau. Cette vie était nécessairement des plus rudes.

— Si nous nous livrions au commerce? dit un jour Claude Marteau à Jacques.

— Voilà bien ma tête folle! répondit l'ancien matelot. Avec quoi voudrais-tu donc faire du commerce? Il ne nous reste pas, en fait d'argent, ce qu'il en tiendrait entre les pattes d'une fourmi. Comment acheter et revendre un centigramme de n'importe quoi, quand on ne possède point la valeur d'un centime?

— Nous avons nos doigts et notre industrie, Jacques: Claude Marteau avait remarqué que les oiseaux du pays, très-nombreux et très-variés, étaient ornés des plumages les plus chatoyants. De cette observation il était allé jusqu'à en faire une autre. Quelques-uns de ces oiseaux, pris vivants, enfermés dans des cages, seraient assurément fort recherchés des trafiquants ambulants qui les enverraient en Europe. L'idée prit bientôt la forme d'une entreprise ; Claude Marteau et Jacques coupèrent de l'osier, des lianes flexibles et du jonc ; ils firent des cages ; et, lorsqu'ils en eurent une certaine quantité, ils se mirent en devoir de grimper aux arbres pour avoir des nids, et, en un mot, d'attraper des oiseaux vivants. Le point essentiel était de ne pas faire souffrir les pauvres animaux. D'abord les deux nouveaux oiseleurs avaient le cœur plein de compassion pour les loriots dorés et les linots aux ailes d'azur qu'ils attrapaient, et ensuite, sur cette lisière de l'Inde, la religion et la douceur des mœurs s'opposent à l'effusion du sang de tout être créé.

Au bout de quelque temps, ils avaient cent oiseaux rares et cent cages ; le tout, vendu à la ville prochaine à des marchands européens, leur rapporta quelque argent.

— Le besoin rend industrieux, dit Claude Marteau ; nous voilà riches.

— Pas tout à fait, répondit Jacques.

Au fond, dénicher et vendre les oiseaux, ces douces créatures de Dieu, leur répugnait ; ils renoncèrent bientôt à ce métier pour en adopter un autre.

Ils quittèrent l'habitation rurale, vinrent dans la ville de Waïroun, sur les côtes, et, y mettant à profit l'argent qu'ils avaient gagné, ouvrirent une boutique.

— Mais que veux-tu être ? demanda Jacques à Claude.

— Confiseur.

En effet, il se mit en correspondance directe avec tout ce qui s'occupait de pâtisserie, de sucre, de miel et de friandises de toute sorte. Ses magasins furent bientôt fort achalandés.

Une quinzaine de jours environ après son installation, un homme considérable, venu de l'Inde dans le pays, un personnage moitié rajah, moitié brahmine, un riche qui se plaisait à vivre en pauvre, entra dans sa boutique ; Claude s'empressa de régaler l'homme saint et lui présenta un vase plein de miel ; mais à peine l'eut-il découvert qu'une légion de mouches fondit dessus. Alors le confiseur prit un éventail pour les mettre en fuite. Les mouches qui se trouvaient sur le bord du vase se sauvèrent aisément ; mais celles qui, plus avides, s'étaient jetées dans le milieu, retenues par le miel, ne purent s'envoler.

Le rajah brahmine, plongé dans une profonde rêverie, examinait ce spectacle d'un œil attentif. Revenu à lui-même, il laissa échapper un soupir. Claude Marteau lui en demanda le sujet.

— Ce vase, dit le saint homme, est le monde, et ces mouches sont ses habitants. Celles qui se sont arrêtées sur le bord du vase ressemblent aux sages qui, mettant des bornes à leurs désirs, ne courent pas comme des insensés après leurs plaisirs, et se contentent seulement de les effleurer. Les mouches qui se sont précipitées au milieu du vase représentent ceux qui, lâchant la bride à leurs penchants déréglés, s'abandonnent sans aucune retenue à toute sorte de voluptés.

Claude Marteau et Jacques écoutaient ce discours d'un air d'admiration.

— Ainsi, reprit l'Hindou, lorsque l'ange de la mort, parcourant d'un vol rapide la surface de la terre, agitera ses ailes, les hommes qui ne se seront arrêtés que sur les bords du vase de ce monde prendront librement leur essor, et voleront d'une aile légère vers la patrie céleste ; mais ceux qui, esclaves de leurs passions, se seront plongés dans le vase des plaisirs, s'y enfonceront de plus en plus, et seront précipités dans les abîmes.

En même temps, le rajah brahmine, se tournant du côté de Claude Marteau, lui tendait une bourse pleine d'or, en lui disant :

— Comme tu m'as mis à même de me rendre ces grandes vérités plus sensibles, je te laisse un souvenir de mon passage dans ta boutique.

CHAPITRE VII.

Ayant dit, il sortit et disparut.

Cette bourse contenait un petit trésor. En comptant les pièces qu'elle renfermait, Jacques ne pouvait modérer l'élan de sa joie.

— Voilà enfin, disait-il, une somme qui va nous permettre de nous remettre à la recherche de nos amis.

Le souvenir de Robert et d'Horace était, comme on le pense bien, l'objet de ses constantes préoccupations. Où étaient-ils en ce moment? Suivant toutes les probabilités, ils avaient quitté l'Arabie pour entrer dans l'Asie intérieure, qu'on appelle aussi l'extrême Orient. Le projet de la petite expédition était d'aller de la Perse dans l'Inde et de l'Inde en Chine. Avaient-ils suivi cet itinéraire? En se rendant au but indiqué, en Chine, on était à peu près sûr de les rencontrer.

— Eh bien! disait Claude Marteau, dont les voyages et les épreuves formaient peu à peu l'esprit, eh bien! mon vieil ami, prenons nos mesures pour aller en Chine.

Dans les huit jours d'après, la boutique de confiseur fut vendue, et l'on s'arrangea de manière à se mettre en mer pour aborder sur les côtes du Céleste-Empire. Ces parages, aujourd'hui fréquentés par des croisières européennes, étaient alors fort dangereux, en ce qu'ils étaient infestés par les pirates de la Malaisie. La coquille de noix sur laquelle naviguaient les deux amis excita naturellement la convoitise des forbans. Un parti de ces écumeurs de mer s'empara du navire et de tous les passagers.

— Allons! nous n'avons pas de chance, dit Jacques. Si ceux-là ne nous mettent pas à mort, à coup sûr ils nous dépouilleront du peu que nous avons eu tant de peine à acquérir.

— Que faire à cela? ripostait Claude Marteau. Je vois que les petits bonheurs de la vie ressemblent à un de ces châteaux de cartes avec lesquels jouent les enfants de notre patrie. Au moment où l'édifice va être couronné, tout s'écroule. Il faut savoir prendre le temps comme il vient.

Un moment captifs, un jour séparés, puis réunis, mis

dans une sorte de prison de bois pour être fouillés et peut-être fusillés, les deux Européens eurent un jour la bonne fortune de s'échapper et de héler un petit navire qui passait. C'était un vaisseau marchand de Lisbonne qui faisait voile pour Macao. Il envoya un canot à terre et recueillit les deux amis

A trois jours de cette délivrance, ils arrivaient sur la frontière du grand empire du Milieu, et, comme ils avaient pu sauver leur petit pécule, ils parvenaient, à force de patience, d'économie, de volonté et de soins, à fonder une factorerie à Macao.

Une factorerie est le commencement d'une grande fortune.

C'est alors que Jacques, ayant appris par un colporteur de Maskate que Robert et Horace se trouvaient à Ispahan, chez un ministre persan, leur écrivait la lettre qu'on connaît et qui peut se résumer par ce mot :

« Revenez vite ; nous vous attendons à Macao. »

LA PERSE ET LES PERSANS.

CHAPITRE VIII

Départ de la Perse. — Premier regard jeté sur l'Inde. — Les grandes villes. Un éléphant. — Les divers enfants de Brahma. — Une forêt. — Rencontre sous les arbres. — Un convoi. — La chasse au tigre. — Le brahmine médecin. — Histoire du Canadien. — Arrivée au bengalow. — Invitation d'un rajah. — Un courrier. — Une lettre datée de Macao. — Jacques à Robert Kergorieu et à Horace Vertpré. — La factorerie de Macao. — Les deux négociants arrêtés. — Un escogriffe. — Hauts dignitaires. — Une bouteille de rhum. — Commerce. — Jacques invite ses amis à venir près de lui pour faire un voyage en Chine.

Horace Vertpré avait entrepris de donner suite à son projet. Il s'agissait pour lui, comme on se le rappelle, de répondre par un prompt départ à la lettre de Jacques et de se mettre en route pour la Chine. Un oracle des temps modernes conseille de se défier du premier mouvement; Horace Vertpré devait comprendre bien vite, en effet, que le sien avait été trop irréfléchi. Pour aller d'Ispahan à Macao, quand on est à peine un homme, seul, sans carte ni boussole, il faut s'attendre à mille déconvenues, à la rencontre de mille obstacles imprévus, à des contre-temps sans nombre et a des impossibilités sans cesse renaissantes. Aussi Horace Vertpré revenait-il sur ses pas quelques heures après s'être mis en route.

— Tu as raison, lui dit Robert Kergorieu en le serrant dans ses bras; ce serait une folie que de nous séparer. Nous irons rejoindre nos amis à Macao un jour ou l'autre, mais nous irons ensemble; cependant, pour calmer leur inquiétude et les informer de nos dispositions, écrivons-leur que nous nous rendons d'abord au bengalow de sir James Primrose, près de Lahore, et qu'ensuite nous irons les rejoindre.

Leur dépêche une fois faite ils s'embarquèrent pour aller à Lahore.

Ainsi la scène de notre récit change brusquement. Nous ne sommes plus à Macao avec Claude Marteau et Jacques, qui sont en train de fonder un de ces comptoirs de commerce auxquels on a donné le nom de factorerie ; nous arrivons en vue de l'Inde anglaise, dans l'un des ports de la Compagnie.

Au sortir de la Perse, pendant la traversée qui les menait de la mer Rouge dans les eaux qui mouillent la presqu'île du Gange, Robert Kergorieu et Horace Vertpré changèrent de costume. On avait mis à leur disposition un coffre tout plein de ces vêtements légers dont le style est européen et l'étoffe asiatique. C'étaient des chemises de lin, des pantalons de nankin, des habits de soie et des chapeaux en paille de riz. Quand on aborde la haute Asie, l'intolérance mahométane ne vous fait plus une loi impérieuse du turban, du burnous, du cafetan et des sandales. Cette partie du vieux monde, tour à tour française et anglaise, admet plus de liberté. Les sectateurs de Brahma et de Bouddha se rapprochent d'ailleurs plus, par les sentiments, de la mansuétude chrétienne. Ceux qui arrivent de l'Occident reçoivent un accueil bienveillant.

Ce pays étale tant de genres de beautés, que l'étranger qui le parcourt ne peut retenir à chaque pas un cri d'admiration.

— Robert, disait Horace à son ami, te rappelles-tu l'empressement que Claude Marteau mettait à voir un chameau quand nous sommes entrés en Orient? J'ai comme lui un désir; c'est de contempler un éléphant sur la terre même où les éléphants viennent au monde.

A cent pas de là, au milieu d'une nature luxuriante, leurs guides leur montraient le superbe animal, détaché momentanément d'un groupe de voyageurs et ayant l'air de paître en liberté.

Un peu plus loin, en avançant, ils se mêlaient à une civilisation toute nouvelle pour eux. Aux planteurs anglais s'unissaient des groupes d'esclaves et de serviteurs au teint bronzé. Des femmes, nées de sang européen et éblouissantes de blancheur, passaient, portées dans ces espèces de litières qu'on appelle palanquins. Le dromadaire des déserts arabes se retrouvait sur les places publiques, près du cheval. Des pèlerins s'en allaient à Bénarès pour faire des ablutions dans le Gange, le fleuve sacré, comme ils avaient vu les pieux musulmans se diriger vers la Mecque. En passant, ils entendaient prononcer des noms que la géographie leur avait déjà fait connaître : Agra, Bombay, Calcutta, Delhi, Singapour ! — Quel magique coup d'œil pour l'Européen que ces villes, qu'on dirait bâties par des géants, tant elles sont immenses ! Un ciel toujours bleu et un soleil d'or servent d'encadrement à ces cités pleines de merveilles. Delhi a des palais aussi vieux, dit-on, que la terre qui les porte; Bombay voit affluer dans ses magasins tout l'or de l'Asie; Calcutta sert d'entrepôt à tous les objets de commerce que l'Europe envoie à l'Inde, aux Birmans, au Thibet et à la Chine; Agra, cette ancienne capitale de l'empire mogol, si remarquable par sa forteresse et le palais des empereurs, Agra étonne toujours celui qui passe. Où y a-t-il plus de mosquées? où voit-on plus de pagodes en marbre ou en porcelaine? Où la truelle des hommes a-t-elle lancé un plus grand nombre de tours dans les airs?

— Salut à l'Inde ! Salut au berceau du genre humain !

Ce cri partait à tout moment des deux jeunes poitrines françaises. Robert Kergorieu était surtout sous le charme d'une irrésistible émotion. Par les récits que Jacques lui avait faits autrefois dans la petite maison de Saint-Malo, il savait que son intrépide et glorieux parrain avait visité ce pays et que, durant la guerre, il s'y était fait plus d'une fois redouter des Anglais. Il semblait au jeune homme que quelques-unes des traces du capitaine Surcouf fussent demeurées imprimées sur ce sol.

Aux environs de Lahore, ainsi que nous l'avons déjà dit, sir James Primrose habitait un bengalow, sorte de résidence moitié asiatique, moitié anglaise. C'était là que nos deux voyageurs étaient attendus.

— Comment voulez-vous faire la route? demandèrent les guides. En palanquin? voilà huit laskars qui vont s'atteler à une litière pour vous emporter. A dos de chameau? Nous avons ici aussi l'animal appelé le *navire du désert*. A cheval ou sur une tour portée par un éléphant? Sir James Primrose vous laisse le choix.

— Nous aimons mieux aller à pied, répondirent Robert et Horace.

Ils marchèrent donc, accompagnés d'un petit cortége de gens armés; c'étaient des serviteurs des diverses zones de l'Inde, des Cipayes, des Sicks, des Mahrattes et deux ou trois Européens, ayant assez d'autorité pour se faire obéir aveuglément de toute la troupe.

Nos deux jeunes gens ne manquaient pas de se montrer étonnés à la vue d'une telle soumission.

Encore si peu expérimentés, ils ignoraient que cette terre de l'Inde est la plus vieille patrie des poëtes et des sages. C'est une vaste et riche contrée, située entre deux chaînes de montagnes, baignée par la mer, arrosée par de grands fleuves et couverte de villes, il faudrait dire de capitales éblouissantes. Un grand calme règne en tout temps sur cette terre bénie du ciel. Là, point d'ambition, point de frivoles rivalités, comme chez les autres peuples du monde.

Robert et Horace comprirent vite que les idées religieuses avaient un souverain ascendant sur l'esprit de tous ceux qui les entouraient. Chaque Hindou appartient irrévocablement à la caste dans laquelle il est né; il n'en peut sortir que par la mort. Chaque caste a son devoir irrévocablement tracé sur cette terre. Ainsi le brahmane instruit la jeunesse et dirige les sacrifices ; le Kchatrya rend la justice au peuple et le défend les armes à la main ; le Vésya cultive la terre et fait le commerce ; le Paria est l'esclave de ses frères aînés : il est né pour les servir, pour leur obéir avec respect. Personne, dans aucune de ces castes, ne cherche à enfreindre la volonté de Brahma, le dieu de l'Inde. Car prêtres et juges, soldats, laboureurs et parias, tous sont les fils de Brahma ; seulement le Brahmane est né de la tête de Brahma ; le guerrier est sorti de son bras, le laboureur de sa cuisse, le Paria est issu de ses pieds.

Chemin faisant, nos deux amis se faisaient expliquer les divers échelons de cette hiérarchie sociale. Ils apprenaient donc que la soumission est le premier devoir de l'Hindou, et que, s'il a obéi toute sa vie, quand il est mort, il quitte sa caste pour passer dans une caste meilleure. Les Hindous de la première caste ne sont pas soumis aux travaux de la vie civile. Enfants, ils suivent la leçon d'un prêtre ; puis ils deviennent ou chefs de maison ou anachorètes.

La vie contemplative est fort en honneur chez les Brahmes.

— Souvent, disait un des guides aux jeunes voyageurs, très-souvent, au milieu des vieilles et magnifiques forêts qui couvrent cette terre de repos, vous rencontrez ces vénérables vieillards dégagés du monde, qui ne songent qu'à veiller sur leur âme. Les uns vivent tout seuls sous quelque roche reculée au bord d'un ruisseau, et leur vie se passe dans les médications et le recueillement ; les autres réunissent en commun leurs vertus et leurs prières, et tel est l'ascendant de leurs vertus, que même les bêtes féroces de la forêt se courbent devant eux et les saluent avec respect.

Toute médaille a son revers.

Dans les excursions à travers les bois, les jungles et les grands paysages de la contrée, on rencontre parfois le tigre emportant un morceau de chair vive aux dents.

On marchait toujours.

Deux heures environ avant d'arriver au bengalow de sir James Primrose, on avait à traverser une forêt, et en sortant d'une clairière pour entrer dans des massifs d'une certaine profondeur, le chef de l'escorte ordonna de charger les armes.

— Messieurs, ajouta-t-il en s'adressant aux deux jeunes Français, je sais que vous êtes des hommes braves; vous ne vous effrayerez donc pas de me voir prendre cette précaution. A la vérité, ce sera, je le crois, une mesure absolument inutile, car il est très-rare que les tigres se permettent de se montrer en plein jour. La présence de l'homme suffit pour les faire fuir. Cependant on ne sait pas ce qui peut arriver.

On marchait toujours; on fit ainsi, toujours en causant, plusieurs centaines de pas.

Robert et Horace s'arrêtaient de temps en temps pour admirer la puissance de cette végétation qui dépassait tout ce qu'ils avaient vu jusqu'à ce jour. Les chênes druidiques de leur Bretagne leur faisaient l'effet de rosiers-nains en regard de ces arbres gigantesques. Parfois un mamelon de montagne crevassée les forçait à faire halte.

— Messieurs, la montagne que vous voyez, leur disait le guide, est le cratère éteint d'un volcan.

Une fois, en longeant une de ces collines toutes sillonnées de ravins, ils entendirent comme un bruit de pas précipités sur les branches de bois mort et sur les feuilles sèches. Bientôt le son de plusieurs voix humaines vint frapper leurs oreilles.

Un vent léger, qui soufflait du sud, apportait jusqu'à la petite troupe des lambeaux d'un dialogue animé.

— Il me semble reconnaître ces voix-là, dit le guide.

Puis, prenant à sa ceinture une petite trompe de corne, il ajouta :

— Au fait, nous allons bien voir si ce que je suppose est vrai.

En même temps il tira quelques sons de son instrument.

Au bout d'une minute un son exactement semblable lui répondait.

— Allons, j'avais deviné juste, dit-il encore; c'est sir

CHAPITRE VIII.

James Primrose et ses gens qui viennent au-devant de nous.

Peu d'instants après, effectivement, le bruit des pas se rapprochait d'une manière sensible, et la tête d'une espèce de convoi commençait à se montrer à travers les troncs et les branches des arbres.

— Monsieur Robert Kergorieu, soyez le bienvenu !

Ces paroles furent tout à coup prononcées en très-bon français par un homme qui avait le costume et l'allure d'un chasseur.

Sir James Primrose (car c'était bien lui) était coiffé d'un chapeau à larges bords, tressé en bois de lianes ; il avait les habits légers qu'on porte en toute saison dans le pays, des guêtres, un couteau de chasse au côté, une poire à poudre et une très-forte carabine.

Il sauta au cou du filleul de Robert Surcouf et l'embrassa avec la plus tendre effusion.

— Oui, continua-t-il, soyez le bienvenu, vous et votre ami, quoique en vérité le hasard vous amène dans un mauvais moment.

— Que voulez-vous dire, mon cher hôte ?

L'Anglais montra du doigt le restant de son convoi qui arrivait à petits pas.

Quatre Hindous portaient sur une sorte de brancard, formé avec des branches coupées, un homme sur le visage duquel paraissaient déjà s'étendre les pâles atteintes de la mort. Une large et profonde blessure, ouverte sur le haut de la poitrine, laissait par moments s'échapper des larges gouttes de sang de ce corps à peu près inanimé.

A la suite de ce premier brancard en venait un autre, aussi porté à bras par quatre Hindous ; celui-là soutenait, non un homme, mais un animal d'une grandeur démesurée, dont la tête était fracassée d'un coup de feu, et qu'on reconnaissait bientôt pour être un tigre.

Enfin d'autres esclaves apportaient dans des espèces de corbeilles deux animaux vivants, mais gros au plus comme des chats et qui paraissaient être de la famille du monstre tué.

Sir James Primrose frappa deux coups dans ses mains, et tout le monde fit halte.

— Sommes-nous loin du lieu où se tient le brahmine Soepoo-Zaï, surnommé le médecin de l'âme et du corps?

— Non, sir, l'anachorète ne peut être à plus de deux cents pas d'ici.

— Dans ce cas-là, faites comme moi; appelez-le.

Sir James Primrose et le guide mirent de concert leurs trompes en mouvement; ils en tirèrent un son particulier qui ressemblait à une mélopée plaintive et convenue.

— Si le saint homme est dans le voisinage, il ne tardera pas à venir.

L'Anglais ne se trompait pas.

Un grand vieillard, à la figure pâle et amaigrie, se montra sans retard; il portait, en guise de vêtement, un sarrau de cotonnade bleue qui tombait en haillons; mais, sur son front lisse et sur sa figure empreinte d'un calme surhumain, on voyait que les petites choses de ce monde ne le préoccupaient que médiocrement.

Il s'avança vers sir James Primrose.

— Mon fils, dit-il, qui m'a appelé?

— C'est moi.

— En quoi un pauvre solitaire peut-il être bon à un riche gentilhomme anglais?

— Saint homme, voici sur ce brancard Waï-ta-hu, un de mes meilleurs serviteurs, un fils du Canada que j'ai amené avec moi de l'Amérique du Nord. Tout à l'heure à la chasse, il a eu la poitrine ouverte par les ongles d'un tigre. Je crains qu'il ne soit en danger de mort. Par bonheur, tu connais la vertu des plantes de ce bois; tu possèdes le secret des baumes souverains. Je viens donc te prier de guérir la blessure de Waï-ta-hu.

— Ce que tu me demandes là, gentleman, m'est ordonné par Celui qui a fait toute chose; ainsi j'obéis.

En parlant ainsi, il fit quelques pas dans l'intérieur du bois, arracha çà et là quelques herbes, en exprima le jus dans une fiole de cristal qu'il portait à son cou, y mêla le suc d'une ecorce de citron; puis, après s'être approché du brancard, il ondoya la plaie béante du Canadien.

— Ne faut-il pas la coudre avec du fil de lin? demanda l'Anglais.

Au lieu de répondre, le brahmine posa sa fiole sur les lèvres du moribond, effeuilla un lotus, fleur sacrée, sur son front et dit :

— Qu'on le place maintenant au pied d'un arbre sur un lit de fougère; il y dormira une heure environ. A son réveil, on lui fera boire un verre de vin de riz, et il guérira peu à peu.

— Mille grâces, saint homme! s'écria alors sir James Primrose. Quelle récompense demandes-tu pour un pareil bienfait?

— Une très-grande.

— Mais laquelle?

— Celle-ci : promets-moi de ne jamais répandre le sang, même le sang des tigres.

L'Anglais voulait le rappeler et le retenir; mais il s'était enfui sous les arbres et avait disparu.

Cette scène avait déjà causé de vives émotions aux assistants. Pendant qu'on se mettait en devoir d'obéir aux prescriptions du brahmine, sir James Primrose, faisant servir une collation sur l'herbe, racontait à ses nouveaux hôtes ce qui venait de lui arriver.

« Sachant que vous deviez arriver aujourd'hui au bengalow, dit-il, je m'étais mis en marche pour vous joindre plus vite. Waï-ta-hu, un homme du Canada primitif, le compagnon de presque tous mes voyages, m'accompagnait, ainsi que tous ceux que vous voyez autour de moi. En prenant par le bois, nous n'avions aucunement l'intention de chasser ; mais, dans ce pays, il faut, quand on s'écarte de chez soi, se tenir en garde contre toute mauvaise rencontre.

« Après trois heures de marche, Waï-ta-hu et moi, un peu fatigués, car nous marchions à deux cents pas en tête de l'escorte, nous nous arrêtons à un des carrefours de la forêt, près d'une excavation de la montagne, une petite caverne, si vous voulez. Tandis que j'étais occupé à fourbir ma carabine, le Canadien, furetant autour de lui, suivant l'habitude de ceux de sa race, se mit à pousser une exclamation de surprise. Bientôt il reparut auprès de moi, portant sous chaque bras un animal singulièrement tacheté, qui avait la taille d'un petit chat d'Europe et dont la mâchoire était armée de dents incisives formidables. Les yeux de ces animaux étaient d'un ton verdâtre; ils avaient de longues griffes à leurs pieds; leurs langues, d'un rouge de sang, pendaient hors de leur gueule. A peine eus-je vu mon Américain revenir avec cette double proie que je m'écriai :

« — Juste ciel! mon pauvre Waï-ta-hu, nous sommes tout près de la caverne d'un tigre!

« Mais je fus presque interrompu par l'arrivée soudaine d'un survenant que nous n'attendions assurément ni l'un ni l'autre.

CHAPITRE VIII.

« A trente pas de nous, une tête de tigresse, où étincelaient des yeux qui lançaient sur nous des regards furieux, se dressait menaçante comme la Vengeance.

« — Waï-ta-hu, lâche tes deux bêtes et défends-toi !

« Je n'eus que le temps de lui donner cet ordre, qu'il exécuta, du reste, avec une extrême précipitation. D'un bond la mère furibonde s'élançait sur lui. Le Canadien, en possession d'un sang-froid héroïque, saisissant alors un long couteau de chasse qu'il portait à sa ceinture, l'attendit à portée de son bras, et lui fit dans le ventre une entaille profonde. Un rugissement terrible et plaintif répondait à cette agression. En ce moment je m'approchais pour aider à la délivrance du combattant, lorsque d'autres cris et des rugissements plus formidables résonnèrent sous les feuilles. C'était le tigre qui accourait au secours de sa femelle. Me voyant armé d'un fusil, il grimpa à un arbre, ou pour éviter d'être visé ou pour s'élancer plus facilement sur moi. Pendant ce temps-là, le pauvre Waï-ta-hu combattait seul contre sa puissante ennemie ; je blessai le tigre à la cuisse ; il tomba à terre et prit la fuite, en poussant des hurlements effroyables.

« — A l'autre maintenant ! m'écriai-je. Je rechargeai mon arme et m'approchai pour fracasser la tête du monstre ; la chose arriva comme je l'avais espéré, mais pas assez rapidement pour empêcher la tigresse d'effondrer la poitrine de mon serviteur. Elle gisait mourante sur l'herbe, mais le Canadien était étendu à ses côtés, presque sans mouvement et sans vie.

« J'appelai ma troupe pour le relever.

« Une particularité curieuse, c'est que les deux petits, tout en poussant des miaulements pleins de furie, se préparaient à se jeter sur mon ami. Il m'eût été facile de les assommer, à coups de crosse. Je n'ai pas voulu en venir à cette extrémité, et je les ai fait recueillir dans cette corbeille, où vous les voyez.

« Telle est mon histoire de tout à l'heure, dit le gentleman.

— Ah! sir James, que n'étais-je là pour vous prêter main-forte! s'écria Robert Kergorieu. Je vous prie de croire que le tigre n'aurait pas eu le temps de s'enfuir.

— Mon jeune ami, reprit l'Anglais, je sais par expérience que vous êtes déjà un habile tireur, mais sachez bien que le chasseur d'Europe le plus habile échouerait dans des expéditions de la nature de celle dont je viens de vous parler. D'ordinaire dans l'Inde, on pratique près du repaire des tigres une longue cage à claire-voie, dans laquelle se mettent les chasseurs. Ceux-ci posent ensuite le canon de leurs fusils sur l'appui des claires-voies, et, quand le terrible gibier se présente en rugissant, on l'abat avec ces balles aiguës qu'on fabrique maintenant en France.

Il s'était écoulé une heure depuis que le brahmine avait pansé la plaie du Canadien. Ce dernier ouvrit un peu les yeux et prononça quelques mots sans suite.

— Mon maître! les tigres! prenez garde!

Sir James Primrose rassura son courageux serviteur et lui fit voir les deux petits tigres captifs dans la corbeille.

— Waï-ta-hu, ajouta-t-il, nous nous remettons en route et nous retournons au bengalow, où nous ne négligerons rien pour te rendre la santé.

Cependant la nuit tomba presque tout à coup. Nos deux amis ne pouvaient se lasser d'admirer le spectacle d'une nuit de l'Inde, étendant sur la forêt sa mantille de dentelle noire, toute brillante d'étoiles d'or. Le ciel de l'Asie ne les avait pas encore frappés à ce point de ses splendeurs et de sa sublime majesté.

Au moment où l'on arriva à la résidence, trois personnages portant le costume des soldats du pays se tenaient au milieu d'une sorte de cour d'honneur. Aussitôt que sir James Primrose se fut montré, un d'eux, tirant de son sein une espèce de dépêche, s'approcha de lui, et après s'être incliné respectueusement, lui dit :

— Mon maître nous a chargés de t'apporter ce paquet.

L'Anglais fit sauter l'enveloppe en un instant, et, après avoir lu :

— Messieurs, dit-il en se tournant du côté des deux Français, un prince de mes voisins, le rajah de Mon-opoore m'invite, pour dans cinq jours d'ici, à une chasse aux éléphants; voulez-vous y prendre part?

Une double exclamation de joie se fit entendre au même instant.

Horace Vertpré regardait l'événement comme une fête.

Sir Jame Primrose fit ensuite conduire ses deux hôtes aux appartements qui leur étaient destinés; on s'empressa aussi d'entourer le Canadien des plus grands soins.

Un courrier laskar, tout essoufflé, ruisselant de sueur, venait d'arriver au bengalow.

L'homme tenait à la main un petit paquet cacheté dont l'adresse était conçue comme il suit :

A Messieurs,
Messieurs Robert Kergorieu et Horace Vertpré,
Voyageurs français,
Au bengalow de sir James Primrose, résident anglais
près de Lahore.
(Remettre la lettre en mains propres, ou, si les destinataires sont absents ou partis, la faire suivre dans les différents districts de l'Inde anglaise.)

Robert n'avait pas besoin d'ouvrir la lettre pour deviner qu'elle venait de Jacques.

— Viens donc vite, Horace ! s'écria-t-il; voici des nouvelles de nos amis, et il lui donna lecture de la lettre dont voici le texte.

« Macao, 15 avril.

« Jugez de ma joie, mes chers enfants : je sais où vous êtes, et je puis vous apprendre où nous sommes, Claude Marteau et moi. Avant d'avoir reçu votre lettre, un négociant d'Ispahan, qui fait le commerce de cabotage dans la presqu'île du Gange et jusque sur les côtes de la Chine, vous a rencontrés à plusieurs reprises, tantôt en Perse, tantôt dans l'Inde, et m'avait informé que vous vous rendiez au bengalow de sir James Primrose, notre convive des bords du Nil. Vous pensez bien qu'il ne m'est pas possible de résister au désir que j'éprouve de vous écrire sans retard. Il faut bien que j'essaye de vous apprendre où nous en sommes, le bon Claude et moi.

« Depuis le jour à jamais maudit où j'ai commis l'imprudence de m'éloigner de Djeddah sans vous avoir vus, nous avons eu des aventures de toutes couleurs. Un jour, qui sera très-prochain, je l'espère, nous égrènerons devant vous, à table ou au coin du feu de la petite maison de Saint-Malo, le long chapelet de nos histoires. Pour le moment, je dois me contenter de vous dire deux mots de notre situation actuelle.

« Voilà déjà deux mois que nous sommes installés à Macao, ville bizarre, peuplée d'Asiatiques, mais plus européenne que chinoise. Les bazars et les factoreries comptent ici beaucoup de marchands anglais, hollandais et portugais. Nos compatriotes, les Français, qui sont toujours les derniers à se *dénationaliser*, arrivent peu à peu et prennent aussi des comptoirs pour se livrer au trafic du thé, des dents d'éléphant et de la soie. Pour ne pas brusquer les naturels du pays ni les acheteurs de l'Asie, tous nos négociants s'affublent du costume traditionnel de la Chine. Je vous vois d'ici rire à gorge déployée en vous figurant vos deux amis déguisés en habitants du Céleste-Empire. Le fait est que la chose ne manque pas d'avoir un côté comique assez prononcé. Claude Marteau surtout est curieux à contempler dans ce nouvel accoutrement : une toque de soie, la tête rasée avec une queue postiche enrubannée qui descend jusque sur les talons, une robe de soie brune, des sandales à grosses semelles, un parasol et un éventail à la main. N'est-ce pas à exciter la jovialité d'une mouche?

« Parlons un peu sérieusement. Si nous ne sommes pas tout à fait riches, au moins sommes-nous en voie de le devenir. L'idée, au reste, est venue de moi, j'ose vous le dire. Jusqu'à ce jour, j'avais fait fi de l'or : je me disais volontiers que l'argent n'ajoute rien au bonheur et même qu'il le dépare assez souvent. Mais, en voyage, nous nous sommes trouvés dans une situation qui a dû faire varier mes sentiments à cet égard. Séparés de vous par des mers immenses, jetés sur les côtes de la Chine à cinq cents lieues de vous, j'ai compris qu'il ne me serait facile et même possible de vous revoir qu'à la condition de pouvoir faire des sacrifices d'argent, d'abord pour apprendre où vous êtes, ensuite pour vous faire venir à nous ou bien pour vous rejoindre.

« C'est en roulant cette pensée dans ma tête et en la communiquant à mon compagnon de voyage, que j'ai eu, comme conséquence, le dessein de faire du commerce. Il a fallu avoir du courage. Il a fallu s'ingénier ; il a fallu vendre des confitures. Cela a été sublime et grotesque, ainsi que vous l'apprendrez en temps et lieu.

« Pour le quart d'heure, mes chers enfants, nous sommes sur la lisière de l'empire chinois, où nous avons fondé un établissement d'une certaine importance ; c'est une espèce de grand bazar ou plutôt une factorerie, ainsi que cela s'appelle ici, établi sur le bord d'une des rivières de la ville ; nous y vendons toutes sortes de marchandises. Grâce à cette industrie, nous avons des domestiques, un train de maison et une bonne table à la chinoise, qui vous attend tous les deux avec la plus vive impatience.

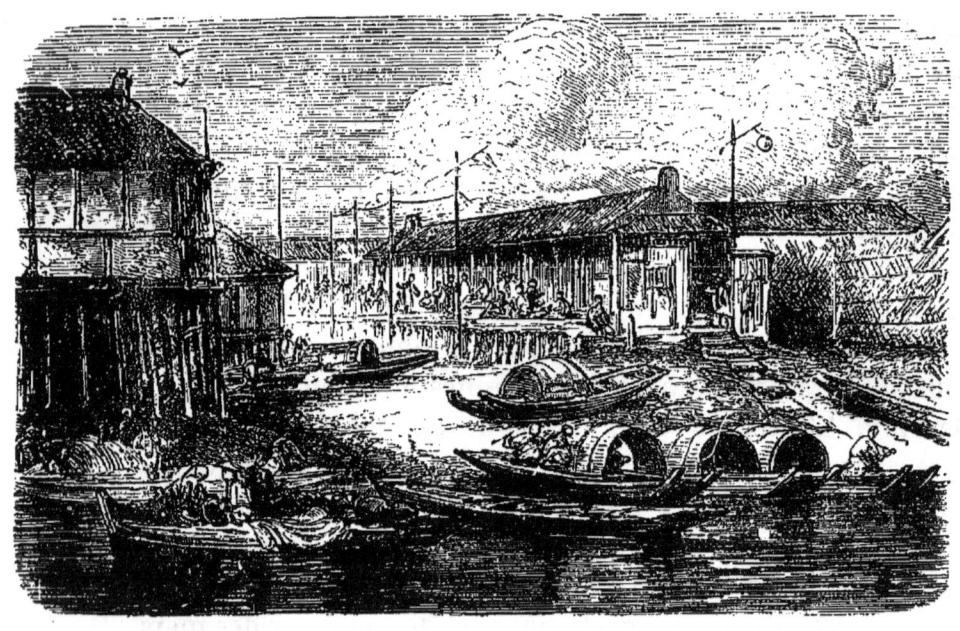

« Il n'est pas de roses sans épines, ainsi que le dit un proverbe de notre pays. Pour donner quelque extension à notre commerce, nous avons eu l'idée de nous écarter un peu de Macao. Sur le conseil de plusieurs négociants, nous avions de très-belles chances en parcourant l'archipel malais pour y échanger des fusils et autres armes à feu contre de la poudre d'or. Nous nous sommes donc décidés un jour à organiser une petite cargaison et à nous aventurer dans ces parages. Claude Marteau était fort résolu.

« — Mais, malheureux enfant, lui disais-je, tu sais bien que nous avons déjà eu beaucoup de peine à échapper aux embûches et à la férocité des naturels de cette contrée. Y aller maintenant, n'est-ce pas s'exposer à n'en plus revenir?

« — Jacques, me répondait-il, ces raisons-là ne valent pas un centime. Qui ne hasarde rien n'a rien. Voulons-nous, oui ou non, devenir riches afin de retrouver plus sûrement nos amis? Si c'est oui, il n'y a pas à balancer. Il ne faut pas nous immobiliser à Macao, où nous prospérerons sans doute, mais avec une extrême lenteur. Ces îles qu'on nous recommande de visiter sont encore vierges, ou à peu près, des atteintes de la civilisation européenne. Il est à croire que le diable sera bien fin s'il nous empêche d'y faire de bonnes affaires.

« Notre drôle sait bien qu'avec cet argument-là : *Voulons-nous revoir nos amis?* il me ferait aller au bout du monde. Ainsi mes objections tombaient comme un vent léger que la pluie abat vite. Voilà nos économies consacrées à acheter des armes à feu, de la poudre, des miroirs, quelques friandises, une caisse de tafia, et nous voilà partis.

« A huit jours de là, au moment où nous côtoyions une espèce de promontoire dont je ne sais point le nom, attendu qu'il n'en a peut-être pas encore; quinze canots, sculptés d'une étrange manière dans un seul tronc d'arbre, nous environnent tout à coup. On monte sur notre yacht, qui n'avait pour le protéger que trois matelots, Claude et moi ; un grand escogriffe malais à figure basanée et singulièrement tatouée nous déclare que nous sommes prisonniers du grand roi Tonnee-bee, dont le palais est situé un peu par delà le promontoire, dans l'intérieur des terres.

« — Eh bien, dis-je, qu'on nous conduise devant le grand roi Tonnee-bee.

« La situation n'était pas des plus agréables, mais, à dire vrai, nous n'étions pourtant pas fort effrayé. Déjà, dans nos relations commerciales à Macao, où l'on voit sans cesse un échantillon de l'univers vivant, nous avions eu l'occasion de contempler souvent de près un grand nombre de têtes couronnées des îles voisines et des environs. En général, ces souverains de quelques kilomètres carrés sont peu enclins à la mansuétude, très-avides, très-curieux ; mais un Européen qui sait conserver son sang-froid en leur présence ne manque pas de trouver mille moyens d'atténuer la force de leurs mauvais penchants. Ivrognes, ignorants, crédules, ils ressemblent à l'enfant qu'une volonté énergique et éclairée séduit, soumet ou comprime. Il existe d'ailleurs chez chacun d'eux une corde éternellement sensible et dont on obtient tout ce qu'on veut quand on a assez d'habileté pour la faire vibrer : c'est la vanité, cette sœur cadette de l'orgueil, sœur qui date, comme son aîné, du commencement du monde.

« — Oui, répétai-je à dessein, d'un ton résolu ; oui, qu'on nous conduise au plus vite auprès du grand roi Tonnee-bee !

« Les Malais qui s'étaient emparés de notre yacht ne revenaient pas de notre assurance. Croyant nous intimider, le grand escogriffe dont j'ai déjà parlé nous dit :

« — Mais le grand roi Tonnee-bee n'aime pas les figures pâles, les blancs ; il nous donnera à chacun un de ces beaux fusils pour vous tuer.

« — C'est ce qu'il faudra voir, répliquai-je, mais je n'en

crois rien. Le grand Tonnee-bee, dont le nom remplit toute la terre, nous écoutera, ces hommes et moi; il saura que nous abordons dans cette île pour lui rendre hommage, et il punira du dernier supplice quiconque aurait l'audace d'arracher un seul cheveu de notre tête.

« Pour le coup, l'insulaire ne savait trop que penser. Il voyait que je lui rivais assez bien son clou, comme on dit en France. Cependant nos fusils, notre poudre et toute notre cargaison excitant sa convoitise et celle de ses compagnons, il fit amarrer le petit navire au rivage à un tronc d'arbre, et nous descendîmes à terre.

« Avant d'opérer cette descente, j'avais dit à demi voix à Claude Marteau de ne pas oublier de prendre avec lui une bouteille de rhum, des conserves de cerises et quelques menus objets de bimbeloterie. Il y joignit aussi un revolver d'un assez bon calibre.

« Ces préparatifs terminés, nous marchâmes environ trois quarts d'heure sur une terre assez rocailleuse, escortés d'une vingtaine d'hommes noirs dont les yeux et les longues dents aiguisées ne nous pronostiquaient rien de bon.

« — Jacques, me disait Claude Marteau en français, je prends Dieu à témoin que je n'ai pas précisément peur de toute cette canaille, mais je crois bien qu'il aurait mieux valu rester en bons négociants dans notre factorerie de Macao, où je faisais de si beaux songes toutes les nuits. Je suppose que nous viendrons aisément à bout du monarque dépenaillé devant lequel ils nous conduisent, mais le contraire aussi serait possible, et, dans ce cas-là, Jacques, je serais désolé d'avoir causé le malheur du meilleur de mes amis.

« — Allons, rassure-toi, Claude; ce ne sera rien.

« — Voilà le palais du roi! s'écria ici l'escogriffe d'un air de triomphe.

« Claude Marteau et moi nous eûmes toutes les peines du monde à nous empêcher de partir d'un éclat de rire en l'entendant prononcer ces paroles. Le palais du roi! Figurez-vous une agglomération de quatre ou cinq huttes, dont nos petits porchers de la Basse-Bretagne ne voudraient pas pour loger eux et leurs pensionnaires. C'était cependant dans une de ces cabanes, ne s'élevant pas à hauteur d'homme, que trônait le puissant monarque devant lequel on nous amenait dans l'attitude de suppliants !

« — Voici le palais du grand roi Tonnee-bee, reprit l'escogriffe dont il a déjà été plusieurs fois question. Suivez-moi.

« Il nous introduisait ainsi sans plus de cérémonie chez le brillant potentat.

« Ce dernier était pour le moment couché plutôt qu'assis sur une longue natte en paille de riz. Pour charmer ses loisirs, Sa Majesté était occupée à manger, je devrais dire à sucer une branche de pomme-cannelle, originaire du Congo. En voyant arriver une bande entière sans avoir été prévenu, le roi manifesta bien quelque léger étonnement, mais comme l'incident avait l'air d'être un événement familier et souvent renouvelé pour lui, il ne se dérangea pas d'abord. Ce ne fut que lorsqu'il aperçut la bouteille de rhum que je tenais à la main qu'il se décida à laisser là sa pomme-cannelle et à se lever sur ses jambes.

« Il nous fut alors loisible de contempler ce puissant souverain dans tout l'éclat de sa grandeur.

« Tonnee-bee était d'une taille assez élevée, que rehaussait encore une énorme chevelure. Un peu moins bistré que les naturels de son île, il était pourtant d'une race malaise bien accentuée. Des moustaches noires et de légers tatouages rayaient le cuivre de son visage. Ce qu'il avait de particulier, c'était sur la tête une abondante profusion de boucles de cheveux blancs qui paraissaient avoir frisé naturellement. Cette cascade bizarre était surmontée d'une manière de plumet terminé par une houppe en plumes de héron. Il paraît que cet ornement était le signe de sa dignité, quelque chose comme un diadème ou comme une couronne.

« Bien d'autres choses attiraient en lui l'attention : par exemple, de grands et lourds anneaux de cuivre étaient

CHAPITRE VIII.

attachés à ses oreilles; une sorte de chaîne, en dents de requin, tombait des ondes de sa chevelure sur sa poitrine, nue et tatouée.

« — Très-puissant roi, m'écriai-je, ô toi dont le nom remplit l'univers, tu vois devant ta natte cinq hommes pâles qui naviguaient sur les mers de tes États, non pour dévaster ton empire, comme on essayera peut-être de le dire faussement, mais, au contraire, afin d'avoir occasion de te rendre un hommage public.

« — Comment ça? demanda Tonnee-bee.

« — Rien de plus simple, repris-je en montrant la bouteille. Si nous avions voulu nous présenter ici en pillards et en incendiaires, qu'eussions-nous fait? Nous fussions venus vingt ou trente, armés de sabres, de pistolets, de javelines, de fusils et même de canons. Au lieu de cette attirail, nous n'avons apporté que des rafraîchissements pour la bouche de Sa Majesté, et nous ne sommes que cinq, tous fort inoffensifs.

« — Mais qu'y a-t-il dans cette bouteille? demanda le roi.

« — La liqueur divine à l'aide de laquelle les hommes pâles réveillent les morts.

« — Tu veux dire du rhum ?

« — Oui, sire.

« Je vis que Tonnee-bee connaissait et aimait le tafia de longue date. Il tendait même déjà ses mains royales pour avoir le flacon.

« — Un moment, ô grand roi ! m'écriai-je. Je suis tout prêt à déposer cette bouteille aux pieds de Ta Majesté ; mais, d'un autre côté, je crains de déplaire à un des grands de ton royaume.

« Et du doigt je montrai l'escogriffe.

« — Qu'est-ce que cela signifie ? demanda Tonnee-bee.

« — Cela veut dire que tout à l'heure le personnage en question m'a dit : « Étranger, tu auras bien soin de ne don-« ner cette bouteille qu'à moi, ou sinon... »

« — Comment ! il a osé dire cela ! s'écria le monarque en tournant sur l'introducteur des yeux courroucés.

« Ici celui que j'appelle l'escogriffe fit un geste ; il essaya de remuer les lèvres pour se justifier, mais le souverain offensé ne lui en laissa pas le temps.

« — Ce qu'il y a de certain, c'est qu'il parlait de nous prendre tout ce que nous possédons, ajouta Claude Marteau.

« Tonnee-bee était entré dans une fureur indescriptible.

« — Voilà, triple jaguar, s'écria-t-il, de quelle manière tu te comportes avec les étrangers les plus estimables ! Eh bien, tu vas te repentir de tant d'audace.

« — Qu'on le saisisse, dit-il, qu'on l'attache à un arbre, et qu'on lui donne cent coups de bâton sous la plante des pieds.

« Très-certainement j'avais un peu altéré la vérité en parlant de l'escogriffe ; mais, au fond, s'il ne voulait pas boire la bouteille de tafia, il convoitait quelque chose de plus ; il voulait confisquer la cargaison tout entière, et je ne devais plus le traiter que comme un ennemi.

« Pendant qu'on entraînait le condamné au supplice,

Tonnec-bee s'était saisi de la bouteille ; il l'avait décachetée et débouchée à l'aide d'un os de poisson admirablement sculpté, et il commençait à en introduire le goulot dans sa bouche.

« — Divine liqueur ! la meilleure liqueur qu'il y ait au monde ! s'écriait-il tout joyeux.

« — Nous voilà sauvés ! me disait Claude Marteau.

« — Ah ! poursuivit le monarque, qu'on fasse venir la reine ; je veux qu'elle goûte aussi à ce rhum.

« Un instant après parut une beauté un peu mûre, tête encadrée dans deux longues tresses de cheveux noirs et pendants, et habillée d'une espèce de robe de fourrure.

« — Voilà, lui dit son royal époux, une liqueur divine qu'apportent des hommes pâles ; goûtez-en un peu, madame.

« La reine en but et sauta d'aise.

« — Qu'on appelle les princes ! dit-elle à son tour.

« Vinrent deux jeunes gens dont l'un, qui était l'aîné, l'héritier présomptif de la couronne, avait sur la tête une sorte de toque et sur le corps une petite collerette en poil d'autruche, et dont l'autre, le cadet, portait une sorte de casque entièrement formé de plumes et de panaches. Tous deux en burent et furent ravis.

« Ah ! l'agréable liqueur ! s'écrièrent-ils à leur tour.

« Ici je pris pour la seconde fois la parole, disant qu'il y avait sur notre embarcation plusieurs autres bouteilles que j'irais chercher pour le roi, mais en demandant en échange qu'on nous laissât entrer en commerce avec les habitants de l'île. Tonnee-bee nous donna carte blanche. Pour reconnaître ces bons procédés, nous fîmes divers cadeaux : à la reine, un miroir ; aux trois princes ; un revolver et un sable. — Toute la cour était dans l'enchantement, moins l'escogriffe et les deux hommes noirs, qui nous regardaient d'un mauvais œil.

« Pendant deux jours nous eûmes le loisir de parcourir les États du puissant souverain, tout en faisant notre négoce. Les naturels avaient de la poudre d'or, des plumes et de la gomme, qu'ils nous abandonnèrent pour quelques objets de serrurerie et de confiserie; en sorte que, lorsque nous revînmes à Macao, non-seulement nous avions la vie sauve, mais encore nous avions fort avancé le petit édifice de notre fortune.

« Ainsi nous voilà de retour à Macao. Que de choses intéressantes à voir par ici ! Nous sommes sur le seuil de cette Chine mystérieuse qui a fait si souvent, vous vous le rappelez, le sujet de nos conversations.

« Quand nous nous reverrons, nous conviendrons du voyage que nous aurons à faire tous les quatre à travers cet empire du Milieu, qui, dit-on, ne compte pas moins de quatre cents millions d'habitants. De Macao à Pékin on ne voit pas toute la Chine, mais on en rencontre une assez grande et assez notable portion.

« Adieu, mes chers enfants, c'est-à-dire au revoir. Je vous quitte pour aller répondre à un Persan, grand fumeur d'opium, qui fait des affaires avec nous. C'est sans doute une affaire très-sérieuse, mais à laquelle je préférerais de mille fois le plaisir de vous voir.

« Mille serrements de main pour vous, mes enfants, et mes compliments les plus respectueux à l'excellent sir James Primrose.

« JACQUES,

« Ex-matelot de la *Foudroyante*, présentement chef de la maison Jacques et Claude Marteau, à Macao. »

LAHORE.

CHAPITRE IX

Préparatifs de départ pour la chasse aux éléphants. — Le palais du Rajah. — Ce qu'était le prince. — Une cour indienne. — Le fakir. — Une collation. — Le majordome. — Un premier coup d'œil. — Les éléphants et le champ de maïs. — De la chasse au lacet. — La sentinelle. — Un petit. — Coup de trompe. — Le rajah blessé. — La bague d'Aden. — Combat à la carabine. — Les deux éléphants. — Supplice du majordome. — La topaze retrouvée. — Lettre de Robert Kergorieu à Jacques et à Claude Marteau. — La vie de voyage. — Un guide. — Le fakir. — La chaîne du fils du roi. — Le serpent tué. — Tombeaux indiens au milieu d'une forêt. — Temple du génie du feu. Les Tugs ou Étrangleurs. — Un orage. — Un fumeur d'opium. — L'Africain. — Effet de la bague. — Sidi-Kaddour retrouvé. — Les Tugs mis en fuite. — — Séparation.

Robert Kergorieu et Horace Vertpré dormaient encore quand les éclats d'une voix vigoureuse les réveillèrent en sursaut.

La voix disait :

— Peters, qu'on attelle les chevaux aux chariots ; Harry, ayez soin des carabines ; Noll, il faut que la poudre soit bien sèche ; Daniel, les vivres sonts-ils prêts ? Que tout le monde soit à son poste dans dix minutes ! Je ne veux pas que notre ami le rajah nous attende trop longtemps !

Celui qui parlait ainsi n'était autre que sir James Primrose. Diligent comme le sont les Anglais pendant l'âge mûr, il s'était levé avec le jour et parcourait toute l'habitation en appelant chacun à son poste.

— Eh ! mon cher Horace, s'écria Robert, nous n'avons pas une minute à perdre ; on organise le départ pour la chasse aux éléphants. Levons-nous vite !

Les deux jeunes gens furent bientôt sur pied.

Une fois leur toilette finie, ils jetèrent un rapide regard sur ce qui se passait dans la cour du bengalow.

La première figure qui frappa leurs yeux était nécessairement celle du résident. Sir James Primrose se montrait déjà en habits de chasseur.

Si l'œil du maître a surtout besoin d'être ouvert quelque part, c'est dans l'Inde, pays où la somnolence de la race conquise et la chaleur énervante du climat invitent à toute heure les travailleurs, les chasseurs ou les voyageurs au sommeil. Dans l'expédition qu'il avait en vue, l'Anglais ne devait pas se servir que de valets européens ; vingt ou trente valets indigènes devaient aussi être ses auxiliaires et former sa suite. C'était donc une grosse affaire que de mettre tout ce monde en mouvement.

Le génie britannique a cela de particulier que, sous tous les climats, il sait à merveille descendre à tous les détails, même aux plus modestes. Sir James Primrose avait tout prévu. Sur l'un des chariots se trouvaient les armes ; sur l'autre, les vivres ; sur l'autre, des ustensiles de chirurgie. une petite pharmacie ambulante et tout ce qu'il faut pour un pansement. Six chevaux de selle marchaient en tête de l'expédition, et l'on a déjà compris que ces montures d'élite étaient réservées à ses hôtes et à lui-même. Une longue file des serviteurs hindous devait fermer la marche.

Nous ne devons pas oublier de dire aussi que Waï-ta-hu, le Canadien, bien vite rétabli, grâce à la cure du brahmine, se trouvait assez dispos pour prendre part à l'aventure. Il montait un des six chevaux et se plaçait auprès de son maître, à peu près comme un aide-de-camp à côté de son général.

Un air de trompe annonça que tout le monde était prêt.

— Eh bien, en marche maintenant pour chez mon ami et voisin le rajah !

Au bout de deux heures de route, on aperçut un palais, surmonté de coupoles, qui s'élevait au milieu de quelques habitations élégantes.

— Voilà, dit sir James Primrose, la demeure de mon voisin et ami.

Là, en effet, résidait le rajah.

On sait que l'immense territoire de la presqu'île du Gange se divise et se subdivise en un nombre infini de petites principautés régies par des chefs indigènes, placés sous la protection de la compagnie des Indes. L'Angleterre ne leur demande qu'un acte de soumission, le droit d'envoyer ses négociants dans leurs États et quelques priviléges sans grande importance. En retour et comme compensation, elle paye une pension, ou, si vous voulez, une liste civile au prince.

On était à quelques centaines de pas seulement du palais, quand les pas précipités d'un cheval se firent entendre sur la route macadamisée. Un cavalier mahratte accourait au-devant de l'escorte, comme pour lui souhaiter la bienvenue ; c'était un honneur que le prince hindou rendait publiquement à son voisin et ami le nabab anglais. Bientôt le rajah lui-même se montra à la tête de dix cipayes armés de piques, indiquant avec courtoisie la porte d'entrée de sa demeure.

— Pour tout le temps que durera la chasse, dit-il à sir James Primrose, veuillez considérer ce palais comme étant le vôtre.

Tout le cortége du résident entra dans la cour.

— Les éléphants que nous allons atteindre, reprit le rajah, sont à une assez longue distance d'ici, derrière le mont Dirapouyanâh, dans le creux d'une vallée plantée de grands arbres. Le soleil pâlira avant que nous soyons arrivés à ce but, et c'est d'ailleurs ce qu'il faut, puisque nous ne pourrons opérer qu'au clair de la lune, quand l'animal dormira ou sera couché. C'est pourquoi il est bon que chacun des chasseurs ravive ses forces. On va donc servir une première collation.

Le rajah était un homme de vingt-cinq ans environ. Grand, beau, bien découplé, il portait le titre de sa race sur le bronze de son visage, du reste très-correct. Deux grands yeux noirs éclairaient son front et donnaient à toute sa figure un air de bravoure mêlée de bonhomie. Comme presque tous les petits princes de l'Inde, il aimait le luxe des habits, des armes et des chevaux. Un magnifique cachemire, fin comme la dentelle la mieux ouvrée, s'enroulait autour de sa tête et était surmonté d'une riche aigrette retenue par un diamant de très-belle eau. Tout le reste du costume était à l'avenant. A sa ceinture rouge, mi-partie de soie, mi-partie de la laine des chèvres du Thibet, étaient pendus deux pistolets de fabrique anglaise; et, à gauche, dans un petit fourreau d'argent damasquiné, un kanjar de Damas dont la lame était du meilleur acier.

La cour s'était modelée sur son prince. Dans l'Inde, le pouvoir d'un souverain se révèle surtout par le grand nomble de ses serviteurs et par la richesse de leurs accoutrements. Si la royale compagnie ne permet pas à ses tributaires d'entretenir beaucoup de soldats, elle a en revanche pour politique de les exciter à afficher le plus de faste possible. C'est flatter adroitement les Asiatiques dans leurs penchants naturels, d'une part, et, d'un autre côté, c'est un procédé à l'aide duquel on amollit leurs âmes jusqu'à les faire se complaire dans la servitude. On sait, par un mot historique de Jules César, qu'un homme de plaisir ne sera jamais à craindre.

Dans ce brillant palais, où tout était disposé pour la vie facile, les appartements, les cuisines, les jardins, les palanquins, les écuries, le rajah n'avait à penser qu'à faire de la vie une fête sans fin. La chasse, les festins, les promenades à cheval, la musique étaient ses seuls passe-temps. Ce n'était pas à lui qu'il fallait jamais demander de se detacher de l'autorité de la Grande-Bretagne. Il ne pensait qu'à traverser tous les amusements de son âge.

Aussi, chez lui, outre les cuisiniers, les chasseurs et les échansons, on trouvait des jongleurs, des bouffons, des musiciens. Seul, un ascète, vieux commensal du palais, avait le privilége de ne pas vivre en fou et de porter un front grave. Bien mieux, ce personnage pouvait pousser la liberté du langage jusqu'à sermonner son maître et même jusqu'à blâmer les écarts de sa conduite trop efféminée.

— Prince, pourquoi gardez-vous ce prêcheur dans un lieu aussi riant que l'est votre palais? D'ordinaire les hiboux ne se nichent que dans les ruines.

— Il est vrai, répondait le rajah ; mais, de même qu'il faut du sel pour assaisonner un repas, de même il faut un sermonneur qui vous gronde pour donner plus de piquant aux choses défendues. L'ascète est d'ailleurs le seul homme qu'il y ait ici ; c'est pour cela que sa présence ne me déplaît pas tout à fait.

On avait servi la collation dans une vaste cour, sous une tente formée avec de la toile de Madras. Les mets se succédaient les uns aux autres avec une étonnante rapidité. Dans ce pays adonné à la somnolence, on mange vite quand on est emporté par le plaisir de la chasse. Robert Kergorieu et Horace Vertpré contemplaient avec une curiosité toujours nouvelle ce va-et-vient de la vie orientale, qui varie si fréquemment.

— Sir, demanda tout à coup Robert à l'Anglais, quel est donc ce personnage qui donne des ordres, là, au bout de la table?

— C'est le majordome.

Robert le regarda de nouveau et crut que les yeux de cet homme se fixaient pareillement sur lui.

— Est-ce qu'il est de ce pays? demanda le jeune Français.

— Je ne crois pas, mon jeune monsieur. Mais qu'est-ce que cela peut vous faire?

Robert, toujours agité par un doute, ne répondit pas d'abord.

Un des piqueurs du rajah, qui avait prêté l'oreille à ce lambeau de dialogue, prit en ce moment la parole.

— Non, dit-il, ce personnage n'est pas du royaume de Lahore; on ne sait pas même de quelle contrée il est venu. En se présentant au palais, il s'est donné pour un homme persécuté par le malheur, pour un mendiant. On l'accepta comme un aide dans les appartements. Doué d'un puissant esprit d'intrigue, il s'éleva de cette position subalterne jusqu'au grade de bouffon du prince; il ne voulut pas s'arrêter là, fit renvoyer l'ancien intendant et prit sa place. Le voilà donc majordome. Qui sait s'il n'aura pas l'ambition de renverser le rajah pour lui succéder?

Ces dernières paroles, qui étaient autant une critique qu'un avertissement, avaient été prononcées à demi-voix, de manière à n'être entendues que de Robert Kergorieu seul. Elles n'en étaient pas moins de nature à pousser le jeune Français à continuer son examen.

— Il est bien étrange que, malgré moi, je ne puisse pas détacher mes yeux de cette figure, reprenait le filleul du corsaire; tiens, regarde donc ce majordome, Horace. Que trouves-tu de particulier dans cette physionomie?

— Rien, si ce n'est que le gaillard se donne beaucoup de mouvement pour se dérober à l'attention de ceux qui le regardent.

L'homme allait et venait d'un air de mystère.

Robert Kergorieu et Horace Vertpré remarquèrent qu'en passant près d'eux il avait l'air de s'envelopper d'une serviette comme pour dissimuler la vue de sa main droite.

— Voilà qui est bien bizarre, dit l'un d'eux. Si c'était...

Mais au moment où il allait achever sa phrase, le rajah donnait le signal du départ.

Tout le monde se retira de la tente pour se mettre en rang.

— Ah! voilà l'ascète qui vient dire son mot! murmura sir James Primrose. Au fait, la fête n'eût pas été complète si le hibou n'avait pas chanté sa chanson.

Cette exclamation de l'Anglais annonçait, en effet, l'apparition presque subite d'une sorte de fakir, vêtu avec une extrême simplicité et qui s'arrêtait près du rajah.

— Qu'as-tu à me dire aujourd'hui, saint homme? lui demanda le prince.

— C'est qu'il ne faut jamais élever un homme de basse condition au rang des grands. Personne ne voudrait mettre une sandale à la place du joyau qui sert à parer la tête.

Le fakir s'en retourna et la chasse se mit en route.

A un mille environ du mont Dirapouyanàh, dans une riche vallée, les éclaireurs de la troupe avaient déjà signalé un troupeau de six éléphants. On sait que ces intelligents et terribles animaux, pleins de prédilection pour la famille, ne marchent que par groupes. Le lieu leur plaisait pour deux raisons : d'abord parce qu'ils y trouvaient assez de sentiers pour fuir du côté de la montagne ; ensuite parce qu'il s'y trouvait en quantité du maïs dont ils sont fort friands. Enfin, au besoin, ils y avaient des arbres au tronc raffermi, fort utiles en ce qu'ils en font des remparts quand on leur livre bataille.

Ainsi que le rajah l'avait annoncé, on attendit pour ouvrir la chasse que le soleil eût disparu à l'horizon. A la nuit tombante, presque tous les chasseurs et leur attirail firent halte au milieu d'un bouquet de palmiers et de cotonniers d'où l'on pouvait voir tout ce qui allait se passer et accourir au besoin.

La lune se levait dans un ciel pur; sa blanche clarté glissait sur cet admirable paysage; c'était une nuit brillante, qui avait plus d'éclat que beaucoup de nos nuits d'Occident.

On vit d'abord les éléphants sortir deux par deux des gorges de la montagne.

Dans ce groupe, il y avait une femelle avec son petit. Les mâles se tenaient à côté de cette mère comme pour la protéger. Disons ici que la femelle de l'éléphant est remarquable par une singularité de conformation qu'on n'a observée chez aucun des autres mammifères. Les mamelles, au lieu d'être situées comme elles le sont chez les divers individus des classes ruminantes ou herbivores, sont placées immédiatement derrière les jambes de devant. Rien n'est plus amusant que de voir la manière dont le petit tette sa monstrueuse mère et les divers mouvements qu'il se donne.

En s'éloignant du mont Dirapouyanâh, ils se prirent à ravager les champs de maïs. C'était merveille que de les voir enlever, à l'aide de leur trompe, des gerbes énormes qu'ils chargeaient sur leur cou et qu'ils emportaient dans un coin pour revenir bientôt s'emparer d'un nouveau butin.

— Qu'on ne les interrompe point, disait le rajah : il faut attendre qu'ils aient fini.

Le manége des éléphants durait depuis vingt minutes, quand les chasseurs prirent le parti de se coucher à l'ombre. Bientôt les éléphants, las de bouleverser les champs, en firent de même ; ils se couchèrent les uns près des autres et se mirent à dormir.

Seul, un d'entre eux, placé en sentinelle à un demi-mille de distance, paraissait avoir pour consigne de veiller et veillait, en effet, sur le campement.

— Croyez-vous qu'ils soient bien endormis ? demanda sir James Primrose au rajah.

— Oui, je le crois, sir ; mais, pour plus de sûreté, nous allons attendre encore quelques instants avant de commencer à les lier.

— Qu'appelez-vous les lier ? dit Robert Kergorieu.

— Vous allez voir.

Dans l'Inde, pour prendre les éléphants sauvages, ou les guette ; on épie le moment où ils s'arrêtent, où ils s'endorment; puis on leur jette autour du pied un grand lacet de cordes que l'on attache solidement à un arbre. Ainsi lié, l'animal ne peut se relever; la faim et la fatigue le réduisent. On peut l'emmener ensuite sur un chariot ou même en le contraignant à marcher.

— Ils dorment maintenant, j'en suis sûr; nous pouvons avancer.

En parlant ainsi, le prince sortit du fourré, tenant d'une main une javeline et de l'autre un lacet. Sir James Primrose, Waï-ta-hu et quelques autres chasseurs le suivirent.

— Est-ce que nous n'y allons pas aussi, Robert? demanda Horace Vertpré à son ami.

— Non, répondit le filleul du corsaire. Attaquer des animaux endormis ne saurait être de mon goût. J'aime mieux le combat. Je préfère la chasse corps à corps. Il n'y a là ni mérite ni péril.

— Il n'y a pas de péril à attacher le lacet au pied de l'éléphant! repartit un piqueur; eh bien, regardez attentivement, et vous allez voir.

Robert et Horace suivirent alors le conseil qu'on leur donnait; ils regardèrent donc avec la plus vive et la plus anxieuse attention.

L'éléphant a le pied très-sûr; rarement il bronche, et plus rarement encore il tombe. Cette qualité est une sage prévoyance de la nature, car la chute d'une si lourde masse pourrait causer les plus graves accidents. Se coucher est pour la bête un labeur difficile, et, une fois qu'elle est à terre, elle éprouve assez de peine et demande quelque temps pour se relever.

Cependant, en cas d'alerte, l'éléphant, même à terre, devient un ennemi terrible. Malheur alors à l'imprudent qui se trouve à portée de sa trompe! Cette arme défensive et offensive ne demeure pas un moment en repos. Main et serpent, elle s'allonge, elle se replie, elle siffle, et, en un instant, elle brise ou lance en l'air, à une hauteur incroyable, le chasseur qui se laisse saisir. Toute l'habileté consiste à ne pas incliner du côté de ce rayon tracé par elle.

Dans le premier moment, nos chasseurs avaient déjà réussi. Plus d'un pied était lié. Les éléphants continuaient à dormir. Il est vrai que, pour ne pas les éveiller, les agresseurs marchaient avec précaution sur la pointe des pieds.

Chose curieuse, la sentinelle, quoique éloignée de l'action, découvrit un mouvement d'armes et une agitation qui ne lui parurent pas de bon augure. Tout en accourant, elle se mit à donner l'alarme par un cri rauque et strident comme la plainte d'un clairon fêlé.

Tous les éléphants couchés à terre se réveillèrent en sursaut.

Le mouvement fébrile de toutes ces trompes était un spectacle peu rassurant à contempler.

Au cri de la sentinelle, l'éléphantin seul, plus léger, avait pu se lever.

— Sir James, passez-lui un lacet au cou et emmenez-le de force, disait le rajah ; sa mère, quelque désir qu'elle ait de lui porter secours, ne mettra pas moins de dix minutes à se lever. Hâtez-vous.

En même temps il s'appuyait lui-même, en toute sécurité, sur le ventre d'une des bêtes.

— Prenez garde, prince ! lui criait l'Anglais.

— Je n'ai rien à craindre tant que je ne puis être atteint par la trompe.

— Oui, sans doute ; mais la trompe est douée d'une puissance d'élasticité infinie.

L'éléphant atteint fit d'incroyables efforts et saisissait déjà l'imprudent rajah par un bras.

— A moi, mes amis !

A ses cris, tout le monde accourut. Il n'était pas aisé de faire lâcher prise à l'animal ; Robert mit la bête en joue, mais la balle qu'il tira s'amortit sur un os du front ; Waïta-hu, armé d'un pieu, creva l'œil à l'éléphant, et ce dernier, vaincu par l'angoisse de la douleur, lâcha sa proie.

— Le rajah a le bras brisé ! dit une voix.

On emporta le prince au lieu du campement, sous les arbres.

Il n'avait qu'une contusion assez profonde, à la suite de laquelle il s'était évanoui. Pour lui rendre le sentiment, on le frictionna avec du suc de plantes d'une vertu souveraine, comme en produisent les forêts de l'Inde.

Ici eut lieu une scène que nous ne pouvons passer sous silence.

Pendant cinq minutes le rajah avait été inanimé au point qu'on craignait qu'il ne fût mort. Le pouls ne donnait aucune pulsation; le cœur avait l'air de ne plus battre. Un homme sortit alors des groupes, et, en présence de tout le monde, il enleva du cou du prince une chaîne précieuse à laquelle pendait une petite clef d'or.

La chaîne était le symbole de sa dignité; la petite clef était la clef du trésor.

Quant au personnage, ce n'était autre que le majordome.

— En ma qualité d'intendant du palais, dit-il, et par mesure de précaution, je m'empare de ces insignes.

On n'eut pas l'air de s'arrêter à cette circonstance, tant l'émotion était vive. Cependant Robert Kergorieu et Horace Vertpré venaient d'échanger entre eux un coup d'œil rapide.

— Horace, as-tu vu ce qu'il a à la main droite?

— Oui, c'est la bague volée à Aden.

Quelques instants après, le prince, ranimé par les soins que lui donnait sir James Primrose, recouvrait le sentiment, la vie et l'usage de la parole.

Tandis qu'on levait le camp pour aller du côté de la montagne, il se tâta et dit:

— Où est ma chaîne? où est la clef du trésor?

— Les voici, mon cher maître, répondit le majordome d'un ton pleurard. Je les avais prises pour qu'elles ne vinssent pas à se perdre.

Un nuage traversa le front du rajah. Dans ce froncement de sourcil se cachait une pensée étrange.

— Le fakir aurait-il donc raison avec sa fable du rat changé en tigre? murmura-t-il.

Et tout haut, en s'adressant au majordome :

— C'est bien. Rends-moi tout cela. Tu es un serviteur dévoué, toi ?

— Oh ! prince, dévoué jusqu'à la mort !

— Eh bien, nous verrons bientôt si tu dis vrai.

Et l'on s'avança du côté du Dirapouyanâh.

A la longue, les éléphants étaient parvenus à se redresser, moins un, qui était lié à un arbre. Comme on leur avait ravi un petit, ils se disposaient à poursuivre toute la bande, en dépit du grand nombre de chasseurs qui s'y trouvaient. En marchant, ils arrachaient les arbres, lançaient des pierres et effondraient le terrain. Bref, tout dans leur attitude dénotait la fureur et la menace.

— C'est maintenant, disait Robert, que je vais prendre plaisir à les combattre.

Entre les énormes herbivores et les chasseurs, il y eut dès ce moment une de ces luttes que la plume d'un conteur serait inhabile à reproduire. En s'élançant dans la mêlée, les éléphants ramassaient et jetaient au-devant d'eux tous les projectiles que le hasard avait placés sur leur chemin. Quant aux hommes du rajah, ils déchargeaient leurs armes sur le cuir ridé de leurs effroyables ennemis, et, dans la plupart des cas, ils ne les atteignaient pas.

A la fin, sur six éléphants, quatre avaient été mis hors de combat ou en fuite. Deux persistaient, toujours menaçants et terribles.

On venait de les acculer dans un semis de grands arbres d'où il devait leur être difficile de s'échapper.

Robert Kergorieu et le Canadien Waï-ta-hu se distinguaient entre tous dans ce formidable assaut.

— Rechargez vos carabines ! s'écriait sir James Primrose, et garantissez-vous en vous abritant derrière les arbres !

Ici le rajah, qui s'était remis de la partie, enlevant de son cou sa chaîne et la clef qui y était attachée, les jeta sur la trompe d'un éléphant. Au même instant il faisait signe de la main au majordome de s'approcher.

L'homme s'avança.

— Tiens, reprit le prince, toi qui te vantes de savoir mourir pour moi ; toi qui aimes tant la chaîne du commandement et la clef du trésor, va les reprendre où elles sont.

L'homme hésita pendant un moment, puis il se présenta en désespéré à la bête furieuse. Entourant de sa longue trompe le cou de l'aventurier, le monstre renversa sous lui à l'instant le majordome, et, lui appuyant son énorme pied sur la poitrine, mit fin à la fois à sa vie et à ses crimes. Le cri que poussa la victime trouva un écho dans le rugissement de la bête et dans une exclamation sortie de la forêt.

Tandis que l'éléphant, croyant à un triomphe, levait encore sa trompe en l'air et ouvrait sa bouche énorme, une forme humaine apparaissait soudain sur cette scène : c'était le fakir.

— A la bonne heure ! dit alors le solidaire, en s'adressant au rajah, tu as profité de mes conseils, tu as pénétré le sens de la fable. Cet homme pervers, dont j'ai pu connaître le passé, montait degré par degré jusqu'à la place que tu occupes. Le voilà sanglant et mort.

Il restait à repousser l'éléphant, que l'événement venait d'enhardir.

Robert et Waï-ta-hu, dont les carabines le tenaient en respect, firent feu en même temps et lui firent à la tête une double blessure mortelle.

Le monstre tomba avec fracas en inondant le sol de son sang.

Quant à l'autre combattant, au second éléphant, il succombait à son tour à vingt pas plus loin.

Cette bataille finie, on rapporta au rajah ses joyaux, la chaîne et la clef d'or.

— Ce n'est pas tout, dit sir James Primrose : le majordome porte à l'annulaire de la main droite une bague précieuse, une topaze, qu'il avait dérobée autrefois à Aden à Robert Kergorieu. Je demande qu'on la rende au courageux jeune homme.

La bague fut restituée à l'instant même à son légitime possesseur.

A JACQUES ET A CLAUDE MARTEAU, NÉGOCIANTS A MACAO.

« Lahore, 17 juillet.

« Quelle belle vie que la vie de voyage ! Si vous étiez près de nous, chers amis, rien ne manquerait à la joie qui nous anime. Toutes les fois que nous faisons un pas à travers ce magnifique pays des Indes orientales, nos yeux éblouis se trouvent en face de quelque enchantement nouveau. Le désir de vous retrouver nous pousse du côté des frontières de la Chine, mais le besoin d'admirer de grands horizons et toutes les splendeurs d'une riche nature nous retient ici. Sous ce ciel toujours bleu, véritable pavillon de l'homme, tout séduit l'étranger, tout étonne et charme le voyageur ; les monstres eux-mêmes ont, par leur forme grandiose ou terrible, quelque chose qui fascine l'enfant des climats tempérés. Depuis que nous sommes venus d'Ispahan dans ces contrées, Horace et moi, nous avons eu occasion de voir de près bien des merveilles ; mais, sous ce rapport-là, il nous reste encore bien des surprises à éprouver, et notre curiosité est bien loin encore d'être assouvie.

« La semaine dernière, sir James Primrose, notre vieil ami des bords du Nil, nous a fait assister à une chasse aux éléphants conduite par un rajah de ses voisins, dans une vallée du mont Dirapouyanâh. Vous pensez bien que des émotions de toute nature nous attendaient à cette fête cynégétique, car c'était bien réellement une fête pour deux enfants de la Bretagne qui n'avaient jamais vu l'énorme animal aux défenses d'ivoire qu'au milieu des baraques de toile de nos ménageries foraines. Très-peu de jours auparavant, nous avions eu, tout en traversant une des grandes forêts du pays, à contempler notre excellent Anglais revenant d'une chasse au tigre avec un Canadien, son meilleur serviteur, tout ensanglanté et presque mourant. Quels drames de notre paisible et froide Europe vaudraient ces grands coups de théâtre qui se passent dans l'extrême Orient ?

« Il ne m'est pas possible, dans une lettre écrite si rapidement, de vous donner une idée de nos diverses impressions de voyage. A ces émotions qui étaient celles de tous ceux qui nous accompagnaient, il y aurait à ajouter le récit d'une aventure qui nous est personnelle, l'histoire de la bague que Sidi-Kaddour m'avait donnée au Caire, ainsi que vous vous en souvenez, et qui m'avait été enlevée à Aden par un vilain homme que la Providence nous a fait retrouver au palais du rajah, parmi la domesticité de ce prince. Cet épisode sera un des souvenirs que j'aurai un jour le plaisir de vous raconter de vive voix, soit à Macao, si nous vous y rejoignons prochainement, soit dans la calme petite maison de Saint-Malo, quand nous aurons fini nos courses autour du monde.

« Cependant, chers amis, reprenons ce que je vous disais sur les prodiges de l'Inde.

« Pour trouver le chemin le plus court qui mène à Macao, nous avons dû prendre à travers la grande presqu'île du Gange. Sir James Primrose ne nous a laissés partir qu'à regret; le rajah, ne pouvant nous retenir, nous a fait reconduire jusqu'à l'extrémité de son territoire ; là, par ses soins, nous avons trouvé une escorte pour nous diriger, et, parmi ceux qui forment cette escorte, un pieux vieillard, un vénérable fakir très-savant en toutes choses.

« Vous ne pourriez vous faire une idée de toutes les histoires intéressantes que nous raconte ce guide pour charmer l'ennui de la route. Ce pays est la terre de la poésie. Il y a tant de séve, tant d'imagination et tant de savoir dans l'Inde, qu'une légende ingénieuse se rattache à chacun des êtres animés que nous rencontrons sur notre chemin. Une fois, en descendant d'une colline boisée, nous avions tour à tour aperçu une mangouste et un serpent constrictor, c'est-à-dire deux ennemis. Horace voulait les tuer.

« — Gardez-vous-en bien, dit le fakir. Qui vous assure que des dieux ne se cachent pas sous cette forme?

« C'est la croyance des Hindous que les habitants des régions divines prennent la peau ou la robe d'un animal pour venir faire un tour sur la terre. Voilà pourquoi leurs solitaires ne veulent point qu'on écrase même un ver de terre.

« Quant à notre fakir, comme il avait remarqué peut-être que son observation nous avait paru trop sérieuse, il se mit à nous conter sur le serpent et sur la mangouste un fait d'un intérêt tout mondain.

« — Il était une fois, dit-il, à Oudjavini, un brahmane
« nommé Mathâra. La femme de ce religieux, venant d'ac-
« coucher, laissa à son mari le petit enfant à garder et alla
« faire ses ablutions. Cependant le roi fit appeler le religieux
« pour célébrer un sacrifice. Dès qu'il eut reçu cette invi-
« tation, le brahmane, qui était pauvre, se dit en lui-
« même :

« — Si je n'y vais pas bien vite, un autre le saura et re-
« cevra les présents du roi. Quand il s'agit de recevoir, de
« donner et de célébrer un sacrifice, si l'on ne se hâte pas,
« le temps emporte avec lui tout le fruit de l'œuvre.

« Il reprit :

« — Mais il n'y a personne ici pour garder l'enfant. Que
« vais-je donc faire? Eh bien, je vais confier la garde de
« mon fils à cette mangouste que je nourris depuis long-
« temps, et que j'aime comme si elle était mon enfant; puis
« je m'en irai.

« Le brahmane fit ce qu'il avait dit, et alla au sacrifice.
« La mangouste vit un serpent noir qui venait vers l'enfant,
« et le tua. Lorsqu'elle vit le religieux revenir, elle courut
« à sa rencontre, avec les pattes et la gueule ensanglantées,
« et se roula à ses pieds. La voyant dans un pareil état, le
« brahmane crut qu'elle avait dévoré son enfant, et la tua.
« Il s'approcha aussitôt pour regarder, et vit l'enfant sain et
« le serpent mort. Il reconnut alors le service que lui avait
« rendu la mangouste, et il eut regret de son emportement,
« et tomba dans une tristesse profonde. »

« Le serpent est, du reste, l'être le plus abhorré de ces
« contrées.

« Il n'y pas de récit dans lequel on ne prenne à tâche de
« le faire haïr.

« A mesure que nous avançons, le fakir ne manque pas
« de nous inspirer cette aversion.

« Il n'est pas rare de voir au milieu des solitudes des débris de monuments encore en honneur. Dans une de nos
haltes, nous avons eu à admirer des tombeaux antiques, au
milieu d'une forêt. Des arbres, des lianes et des fleurs en-
cadraient ce séjour de la mort et lui donnaient presque un
aspect riant.

« Des caractères en langue sanskrite étaient sculptés
sur ces pierres.

« Je me mis à interroger notre saint homme sur ce que
ces inscriptions pouvaient signifier.

14

« — O vieillard, lui dis-je, apprends-nous quels sont ceux qui dorment sous ces pierres.

« — Ce sont deux rois.

« Puis, continuant à lire :

« — Toute cette histoire se trouve tracée là en quelques mots ; je vais vous la dire.

« Un empereur de Delhi voyait terminer ses jours, avec la douleur de ne point laisser d'héritiers de son trône. Il aimait son peuple et connaissait l'ambition des grands.

Pour prévenir les troubles qu'ils auraient pu exciter, il désigna pour son successeur celui qui, le lendemain de sa mort, se présenterait le premier aux portes de la ville.

« Ce prince mourut quelques instants après avoir ainsi disposé de sa couronne.

« Les habitants de Delhi, impatients de connaître celui

que le sort devait leur donner pour roi, accoururent le lendemain à l'ouverture des portes. Un mendiant qui parcourait le monde fut le premier qui parut à leurs yeux. Il est aussitôt proclamé empereur et ses nouveaux sujets lui rendent leurs hommages, en lui apprenant les dernières volontés du sultan, son prédécesseur.

« Le passage rapide d'un état obscur à une dignité si éminente étonna d'abord le mendiant, qui s'y accoutuma insensiblement. Les commencements de son règne furent même assez heureux; mais la suite lui apprit qu'un trône n'est pas un rempart assuré contre les chagrins et les adversités. Un jour, les grands conspirèrent contre lui. Un autre jour, un ennemi puissant lui déclara la guerre et s'empara de plusieurs villes de son royaume. Bientôt le trouble et l'agitation où il était lui faisaient regretter son premier état, lorsqu'un autre mendiant, son ancien ami et le fidèle compagnon de ses courses, qui avait appris son élévation, accourut pour le féliciter.

« — Frère, tu n'as plus à manger les fruits de la haie ni à boire l'eau du torrent. On te sert une table splendide; on te verse des liqueurs exquises dans des vases d'or. Un manteau impérial remplace ta besace. Grâces soient rendues à l'Éternel qui fait éclore, quand il veut, les roses du sein des épines, et fait d'un humble mendiant comme nous un des princes les plus puissants de la terre !

« — Tu te trompes, ami, lui dit le nouvel empereur, si tes yeux, éblouis de la pompe qui m'environne, ne percent pas jusqu'aux chagrins qui me dévorent. Je suis aujourd'hui mille fois moins heureux que quand je parcourais le monde avec toi, une besace au côté et un bâton à la main. Le bonheur n'est pas dans les grandeurs : il ne se trouve que dans la médiocrité.

« Quand le mendiant royal mourut, on ouvrit son testament, qui portait ces mots :

« On m'ensevelira dans la forêt de Dynarayhâna, dans
« un modeste monument, côte à côte avec mon ancien com-

« pagnon, le mendiant Hyder, dont les restes seront ren-
« fermés dans un monument pareil. »

« Vous voyez, mes chers enfants, que sa dernière volonté
a été pleinement accomplie.

« En inclinant du côté de l'empire des Birmans, entre
une forêt et une haute montagne, on découvre un désert, et
dans ce désert les débris d'un temple. Il y subsiste une sorte
de chapelle où l'on adore le feu sous la figure d'une pagode
aux pieds recourbés et aux bras étendus comme toutes les
idoles de l'Inde. Cette image, assez peu correctement sculp-
tée d'ailleurs, est un des symboles de la vie; elle s'épanouit
au milieu de langues formées avec des flammes, de manière

à donner aux yeux du vulgaire l'idée d'un dieu. Les peuples de ce cercle ont voué une grande dévotion à ce lieu
sacré.

« Notre vénérable fakir demanda à y faire une station et s'agenouilla pieusement.

« Comme nous arrivions pas à pas vers le lieu de notre destination, nous le priâmes de reprendre sa liberté.

« — Vieux sage, lui dit Horace, grâce à vous, la route ne nous a aucunement paru longue, et des dangers de toute sorte ont été écartés de nos pas. La mission dont vous vous étiez chargé est presque entièrement accomplie. N'allez donc pas plus loin, digne fakir. Ou restez dans ce lieu, s'il vous plaît, ou retournez auprès du rajah.

« Le saint homme prit la parole.

« — Enfants, dit-il, je ne sais s'il est bien de faire ce que vous désirez. Il est vrai, je vous ai un peu menés par la main jusqu'à l'endroit où nous sommes, mais ma tâche n'est pas finie. L'Inde a des dangers de toute nature. Je n'ai pu vous en indiquer que quelques-uns. Les autres devaient vous être signalés un peu plus tard. Par exemple, j'étais sur le point de vous parler des Thugs.

« — Qu'est-ce que c'est que ce péril-là, les Thugs?

« — Mes enfants, c'est le plus grand de vos périls.

« Il fit une petite pause pour lever les yeux au ciel, et reprit :

« — Non, il n'y a pas sur cette terre que des serpents, des tigres, des panthères, des caïmans, des poisons subtils; les Thugs ou Étrangleurs sont pour l'étranger ou pour le voyageur ce qu'il y a de plus à éviter.

« En quelques paroles très-vives, il nous expliqua alors que, de temps immémorial, il existe dans toute l'étendue de la presqu'île du Gange une mystérieuse association, composée en grande partie de marchands forains, de faux pèlerins allant ou disant aller à Bénarès, la ville sainte, pour y faire les ablutions sacrées, et de plusieurs autres éléments suspects. En voyage, on rencontre une caravane ; ceux qui sont à la tête vous saluent; ils vous invitent à vous joindre à eux; ils vous prient de considérer, au besoin, leurs tentes comme les vôtres; ils tiennent surtout à ce que vous ne vous sépariez pas d'eux à la tombée de la nuit. Celui qui accepte est un homme perdu. Aussitôt que le soleil est couché, lorsque les feux s'allument et qu'on va tout disposer pour le sommeil, les Thugs, car ce sont eux, enveloppent le voyageur à l'aide de longues écharpes de soie et l'étranglent. Une fois mort, il est dépouillé, et les Étrangleurs reprennent leur chemin en chantant et en cherchant toujours de nouvelles victimes.

« Suivant le récit du fakir, un dogme sacré se cache sous ces pratiques de l'enfer. Les Thugs sont les zélateurs d'une sorte de déesse dont ils invoquent le nom en commettant leurs crimes. Comme ils ont à partager entre eux de riches butins, de l'or, du linge fin, des diamants, des chevaux, ils comptent beaucoup d'intéressés parmi leurs associés. Il paraît qu'il se trouve des Thugs parmi les hauts dignitaires des divers États. Des princes mêmes font partie de cette mystérieuse et terrible franc-maçonnerie, qui ne respecte rien, ni l'âge, ni le sexe, ni l'étranger, ni l'homme du pays.

« — Mes enfants, ajouta l'ascète, si je vous laisse seuls, comme vous me le demandez, ayez plus d'yeux et plus d'oreilles que n'en a l'idole de Dwarawati, qu'on encense à Chandernagor. Toute rencontre doit vous tenir en état de méfiance. Si des bergers vous arrêtent pour vous montrer une fleur rare dans les gorges d'une montagne, prenez garde; derrière eux se tiennent peut-être des Thugs à cheval, qui, en passant près de vous, jetteraient leurs écharpes comme un lacet et vous entraîneraient avec eux dans leur course. Prenez garde aussi aux bateleurs qui amusent la foule, aux faux soldats qui bivaquent, aux faux travailleurs qui reviennent des champs avec les instruments du labour.

Ces révélations et ces conseils ne pouvaient manquer de nous toucher jusqu'au fond de l'âme. Vous pouvez penser, chers amis, que nous avons vivement remercié le saint homme. Enfin, après l'avoir serré entre nos bras et avoir reçu de lui une dernière étreinte, nous nous sommes remis en chemin.

« A cinquante pas, Horace, voulant tourner un peu en

plaisanterie une des particularités que nous avait révélées le fakir, me dit, au moment où nous traversions une espèce de ravine :

« — Qui sait s'il n'y a pas de Thugs dans notre escorte?

« Évidemment la supposition n'était qu'amusante. Les cavaliers que nous a donnés le rajah et les serviteurs que nous a confiés sir James Primrose sont les gens les plus bénins du monde. Il faudrait avoir la cervelle à l'envers pour attribuer à ces braves Indiens la moindre velléité coupable. Aussi nous sommes-nous mis, Horace et moi, à rire franchement de cette conjecture insensée.

« — Ce sont précisément ces impressions mobiles et si variées qui font le charme des longs voyages. Aujourd'hui la peur; demain, la gaieté ; il n'y a qu'un instant, un danger ; dix minutes après, une grande joie. N'est-ce pas vivre que de passer ainsi ses jours?

« Les horizons de cette merveilleuse région sont changeants. A quoi bon penser aux aventures trop sombres? Laissons là les Thugs et leurs horribles prouesses; il s'agit d'admirer, en passant, l'éblouissant panorama que Dieu a placé sous nos yeux.

« Cependant il faut encore que je vous conte une de nos dernières impressions ; ce n'est ni la moins dramatique ni la moins surprenante.

« En approchant d'un des ports qui doivent nous fournir l'embarcation sur laquelle nous irons plus rapidement vous trouver, l'orage et la nuit nous surprennent de concert, un soir, à l'entrée d'une ancienne bourgade abandonnée. La guerre avec les Anglais a détruit ce village, qui avait jadis un nom. Il ne reste plus çà et là que quelques murs calcinés qu'a laissés debout le canon ou l'incendie. Je me trompe : on trouve encore, tout près d'une rivière assez profonde, un double hangar dont on a fait une espèce de caravansérail ou d'hôtellerie. Ceux qui passent s'y arrêtent pour s'y reposer ou pour s'y rafraîchir, moyennant une très-mince rétribution.

« Lorsque nous y entrâmes, la bicoque était vide ou à peu

près, car il ne fallait pas compter pour grand'chose un fumeur solitaire, accroupi sur un mauvais tapis deux fois grand comme la main, et qui avait l'air de s'enivrer aux fumées de l'opium.

« Il nous fit le salut oriental, que nous lui rendîmes de notre mieux.

« Vous savez sans doute ce que c'est que la pluie de ces pays, quand elle tombe ; on ne peut avoir d'idée du déluge de la Bible qu'après qu'on a vu ces torrents tomber du ciel avec un fracas sourd. Toute notre escorte et nous, très-peu atteints encore, nous éprouvions cette sensation étrange de plaisir qu'on ressent toujours quand on se trouve à l'abri pendant la furie d'un gros temps. Sous nos yeux, sur le gravier, nous voyions l'eau bouillonnante emporter des gerbes de lianes et des arbres déracinés par quelque coup de vent. Un de nos hommes fit le feu et prépara le café.

« L'hospitalité est de règle dans tout l'Orient. Un de nos premiers soins, à Horace et à moi, fut de faire offrir une tasse au fumeur qui nous avait salués en entrant. Cet acte de politesse dérida son front et mit l'éclair d'un léger sourire sur ses lèvres ordinairement sérieuses.

« Être à l'abri pendant qu'il pleut est un bien ; être à l'abri et se réchauffer aux tièdes aromes du café, est un bien double. Quelques tasses nous firent voir tout en rose.

« — L'orage ne sera pas plus long que la nuit, dit Horace.

« — Oui, dit le fumeur d'opium, il n'y a qu'à désirer que la nuit soit courte.

« Dans le premier moment, nous ne comprîmes pas le sens de ces paroles ; nous ne l'avons pénétré que plus tard.

« Je crois vous l'avoir déjà dit, cette partie de l'Inde est la voie qui mène à la Chine, et, par conséquent, c'est une route des plus fréquentées par les trafiquants, les commissionnaires, les négociants et les gens de commerce de toute sorte. C'est pourquoi le double hangar est presque toujours occupé.

« Pendant que nous étions en train de nous délecter avec cette liqueur noire et bouillante, que les poëtes de notre

France appellent la fève d'Arabie, un bruit de pas alternait au dehors avec les sifflements de l'orage. Une troupe d'hommes éperdus et trempés jusqu'aux os accourait pour se mettre à couvert.

« Leur aspect nous causa d'abord une espèce de surprise mêlée d'intérêt.

« On n'en comptait pas moins de dix ; cinq allaient à cheval ; les cinq autres, veillant au bagage, conduisaient deux chameaux, chargés de caisses, de ballots, de cassettes et de valises.

« — Qu'on se serre et il y aura place pour tout le monde, dis-je à ceux de notre escorte.

« En m'entendant parler ainsi, les nouveaux venus me saluèrent avec une politesse obséquieuse, presque affectée.

« Le fumeur d'opium ne bougeait point de place et n'avait pas l'air de les connaître.

« Chose bizarre, ils portaient un costume européen, l'habit et la casquette moscovites. En effet, ils étaient de l'empire de toutes les Russies. J'appris d'eux qu'ils étaient Sibériens, faisant le commerce du thé, des os d'hippopotame et des pelleteries. La tempête les avait surpris, comme nous, la nuit. Je ne manquai pas de leur faire offrir à tous du café, ce qu'ils acceptèrent avec un vif empressement.

« Tout en causant avec eux, j'eus occasion de faire quelques gestes démonstratifs dans lesquels ma main droite dut nécessairement jouer un rôle. Plus d'un regard s'arrêta sur ma bague, sur la topaze volée à Aden et reconquise aux environs de Lahore. Dans le premier moment, je ne m'aperçus pas de ces signes de convoitise. A quelques instants de là, me retrouvant auprès du fumeur d'opium, cet homme se pencha pour ainsi dire à mon oreille pour me dire :

« — La bague que vous portez est une chose précieuse ! Vous êtes bien heureux d'avoir cette bague-là !

« Je ne crus pas devoir répondre ; l'incident n'eut donc pas d'autre suite.

« Cependant l'orage grondait toujours. Au milieu des foudres et des tonnerres, un bruit d'arrivant se manifesta encore. Cette fois, le nouveau venu, enveloppé de pelisses et de burnous, annonçait un musulman, quelque voyageur d'Afrique, attardé dans la haute Asie.

« — Soyez le bienvenu parmi les pauvres gens, lui dit d'un ton dolent d'une désinence un peu hypocrite l'un des marchands de thé.

« L'homme salua à peine, secoua sur le seuil les gouttes de pluie dont il était inondé et s'en alla se tapir dans un coin.

« Le hasard me permit de surprendre un intraduisible sourire qui se montrait sur les lèvres du fumeur d'opium.

« — Qu'est-ce que cela signifie? me disais-je.

« Je dois confesser pourtant qu'il ne me vint pas un seul instant à l'esprit une idée de crainte. L'escorte qui nous obéissait était égale en nombre aux marchands moscovites; Horace et moi, armés d'armes bien trempées, nous en valions bien deux autres. Qu'y aurait-il donc eu à redouter?

« Ainsi ma confiance était absolue.

« On étendit les tapis; l'heure du repos était arrivée.

« — Juges-tu à propos que quelqu'un des nôtres fasse sentinelle pendant que les autres dormiront? me demanda Horace.

« Pour toute réponse je me mis à rire.

« — Tu as raison, reprit mon ami; tous ceux qui nous entourent sont de braves gens, des voyageurs surpris comme nous par une de ces convulsions de la nature. Les révélations du fakir ne leur sont pas applicables. Dormons sur nos deux oreilles et dormons bien.

« Horace et moi nous nous installâmes l'un à côté de l'autre.

« Qu'un des deux fût inquiété, l'autre, immédiatement éveillé, venait à son secours.

« On n'entendait plus que le bruit de l'orage; les chameaux étaient silencieux; c'était tout au plus si, par instants, les chevaux, placés dans le fond du hangar, piaffaient encore.

« Néanmoins, tout en m'assoupissant, je me rappelais, je ne sais pourquoi, les paroles énigmatiques de l'Hindou solitaire :

« — La bague que vous portez est une chose précieuse ! Vous êtes bien heureux d'avoir cette bague-là !

« Comment se faisait-il qu'au milieu de la nuit, lorsque tout reposait, mon oreille entendait les mêmes mots ou à peu près? Je ne savais ; je me croyais bercé par une sorte de souvenir, et cependant je m'éveillai tout à coup.

« Après m'être promptement frotté les yeux, je regardai autour de moi, et je vis ou je crus voir comme des ombres errer.

« — Il faut que je rêve encore, pensai-je.

« Trois des marchands de thé se tenaient près de moi, ayant à la main une longue écharpe ; le fumeur d'opium, qui était du nombre, murmurait :

« — Non, pas celui-là ; il a à la main la bague sacrée qui ne nous permet pas de le toucher !

« Ces paroles me réveillèrent tout à fait.

« Je les vis alors se pencher sur Horace.

« — Celui-là n'est pas préservé, disait un des hommes.

« Mais, comme il vit que je remuais, il se détourna un moment, et je le vis se diriger du côté du voyageur qui était entré le dernier.

« Voyant et comprenant tout, j'éveillai alors Horace avec précaution.

« — Nous sommes tombés au milieu d'une embuscade d'Étrangleurs, lui dis-je. Pas de bruit et ne les perdons pas de vue.

« Une minute de plus, et le pauvre musulman allait être enveloppé.

« L'un des Thugs tenait à la main une lanterne sourde qui nous aidait à suivre des yeux cette scène.

« En une seconde Horace et moi nous fûmes debout, ayant chacun un kandjar à la main.

« — Halte-là ! m'écriai-je. Nous ne souffrirons pas que les Thugs accomplissent ici les funèbres mystères !

« Aussitôt tout le monde s'éveilla. Vous voyez d'ici toute la confusion qui en résulta. Les gens de notre escorte s'armaient ; le cortége des Étrangleurs cherchait déjà le moyen de fuir. Quant à l'Africain, il se débarrassa vigoureusement des plis d'étoffe qui le couvraient et se mit en état de défense.

« Je ne saurais donner une idée de mon étonnement et de ma joie. L'homme que je venais de sauver était une de nos vieilles connaissances du Caire. Je venais de reconnaître Sidi-Kaddour.

« — Ah! vous voilà! me dit-il en me serrant la main. Ne vous avais-je pas dit que mon industrie m'appelait souvent au bout du monde? Mais où sont ces coquins? Ils fuient, ils se sauvent! Il n'importe, c'est à vous, seigneur Français, que je dois la vie.

« Tandis que nous échangions ainsi ces signes de reconnaissance, les Étrangleurs, très-prompts dans leurs mouvements, avaient vite décampé avec leurs cavales et leurs marchandises.

« — Vous me dites que je vous ai sauvé la vie, dis-je au chasseur de panthères; c'est bien plutôt à vous, ou, si vous voulez, à votre bague magique qu'est dû notre salut commun.

« Et je lui contai tout ce qui venait d'arriver.

« Le reste de la nuit s'écoula, entre lui et nous, dans de mutuelles confidences.

« — Dans très-peu de temps, ajoutai-je, nous serons en Chine. Là, je le crois, la topaze n'a plus la même vertu. Il me semble, au contraire, qu'elle doit avoir une grande force pour vous à travers les diverses contrées de l'Inde. Laissez-moi vous la rendre.

« Il fit d'abord quelques difficultés; à la fin, il accepta.

« — Vous voyez, dit-il en terminant, qu'entre gens de cœur une bonne action est toujours un bon placement. La bague que je vous ai donnée au Caire vous a été utile; aujourd'hui vous me rendez ce service au centuple.

« Le jour était venu et l'orage avait cessé.

« Comme nous n'avions pas à suivre le même chemin que Sidi-Kaddour, nous nous séparâmes en nous souhaitant réciproquement bon voyage.

« Adieu, à bientôt.

« ROBERT KERGORIEU. »

LA GRANDE PAGODE.

CHAPITRE X

Robert, Horace, Jacques et Claude dans l'intérieur de la Chine. — La ville de Tching-tou-fou. — Un conseil de Claude Marteau. — Ce que disait la foule. — Le gouverneur de Tching-tou-fou. — Un mot sur l'organisation intérieure de la Chine. — L'empereur. — Les lettrés ou mandarins. — Une chasse à l'hippopotame. — Le dîner. — Le vin chaud et le vin de riz. — Un rôti peu européen. — Les deux bâtons. — La fourchette. — Les serviettes en papier. — Les noix et les amandes. — Une table à thé. — Voyage à la maison flottante. — Les buveurs d'opium. — L'extase. — Disparition inexplicable de Claude Marteau. — Entrée dans Pékin. — La grande Pagode. — Visite au gouverneur de la capitale. — Le dignitaire. — Une lettre de recommandation. — La tour de porcelaine. — Intérieur d'une maison chinoise. — Le mandarin philosophe.

Dormez ici, messieurs, et dormez bien.

Ces paroles étaient prononcées par un mandarin de seconde classe et adressées à quatre étrangers récemment parés du costume chinois. Les étrangers, on le devine sans doute, n'étaient autres que Robert Kergorieu et Horace Vertpré qui étaient enfin parvenus à rejoindre leurs amis, Claude Marteau et l'excellent Jacques. Partis de Macao, ils étaient arrivés jusqu'à la province du Sse-Tchouen. Là, une lettre de créance les avait favorablement présentés au préfet du Jardin des Fleurs.

Ce mandarin était un homme d'une quarantaine d'années, court, large et tout rond d'embonpoint. Sa figure, relativement petite pour son gros corps, était assez intelligente; on remarquait au-dessous de l'arcade sourcilière deux petites fentes obliques par où le dignitaire regardait

les nouveaux venus; sa coiffure était ornée d'une plume de paon, l'une des marques distinctives de sa dignité. L'épître, qui venait d'un officier portugais, avait beaucoup plu au préfet, parce qu'elle le comparait à une colonne de cristal illuminée par le soleil, c'est-à-dire par l'empereur.

Tching-tou-fou, capitale de la province du Sse-Tchouen, est une des plus belles villes de l'empire chinois. Elle est située au milieu d'une plaine d'une admirable fécondité; ses principales rues sont assez larges, pavées en entier avec de grandes dalles, et d'une grande propreté; les magasins, avec leurs longues et brillantes enseignes, l'ordre exquis qui règne dans l'arrangement des marchandises, le grand nombre et la beauté des mouvements, tout contribue à ouvrir l'esprit du voyageur à cette vérité que l'empire du Milieu est un grand pays.

Dès le lendemain matin, en s'éveillant, les quatre amis pouvaient se dire qu'on fait en Europe mille contes saugrenus sur la Chine, mille histoires à dormir debout, où il n'y a le plus souvent pas un mot de vrai. Dans le dix-huitième siècle, Voltaire disait que c'était le pays le plus riche, le plus éclairé, le plus florissant et le plus heureux de la terre, et Voltaire était dans l'erreur; vers la même époque, Montesquieu écrivait que la Chine était un vaste amas de ruines, une agglomération de nations usées, encombrées de préjugés et d'ignorance, incapables de comprendre l'art, la littérature, les sciences et tout le mouvement de la civilisation, et Montesquieu était de même dans l'erreur. Il n'y a de vérité qu'entre ces deux opinions.

Les quatre amis commençaient déjà à comprendre le

fait prodigieux d'un peuple de près de quatre cents millions d'habitants, conquis par une poignée de Tartares mantchous. Ils entrevoyaient cette société bizarre où la force et la morale règnent de concert, où le faste coudoie la misère, où il y a des lettrés par milliers et des ignorants par millions, où le fond de l'industrie repose sur le luxe, et où le chef de l'État, qui se dit cousin du Soleil et de la Lune, fait semblant d'être un obscur laboureur, une fois l'an.

Ce premier coup d'œil les avait singulièrement intéressés.

— Ce n'est qu'un commencement, disait Robert Kergorieu ; nous aurons sans doute bien d'autres aspects curieux à considérer.

Claude Marteau fit alors une proposition.

— En séjournant à Macao, dit-il, j'ai pu observer que le costume joue un grand rôle auprès des Chinois. On nous a fait prendre des habits de soie brune ; c'était bon peut-être pour entrer dans l'empire ; je crois que cette simplicité ne saurait suffire pour nous faire bien respecter des habitants des principales villes. Il nous faut quelque chose de moins modeste.

En Asie, en effet, l'habit est tout l'homme, l'habit fait le moine.

Un dignitaire ne vous admet à lui faire votre cour que si vous portez tel ou tel costume. Un homme du peuple ne consent à ne pas vous insulter que si vous êtes vêtu avec une certaine magnificence.

Justement, il se trouvait dans les bagages tout ce dont on avait besoin.

Un habile tailleur fut appelé et confectionna à chacun une belle robe bleu de ciel, d'après la mode la plus récente de Pékin. Jacques était émerveillé de voir avec quelle dextérité travaillait l'ouvrier.

— Tous les Chinois ont la main fort rapide, lui disait l'Asiatique.

Les voyageurs chaussèrent de magnifiques bottes en satin

noir, illustrées de hautes semelles d'une éblouissante blancheur.

— Avons-nous l'air assez chinois? demandait Claude Marteau au mandarin.

— Non, pas encore ; il faut en outre vous occuper de deux accessoires indispensables : la coiffure et la ceinture.

— Et bien, ce sera bientôt fait.

Claude Marteau prit dans une caisse quatre ceintures rouges et autant de calottes jaunes enrichies de broderies, et du sommet desquelles pendaient de longs épis de soie rouge.

Presque au même moment, on appela Robert pour lui remettre une grande feuille de papier rouge.

Des caractères bizarres, que le filleul du corsaire était assurément inhabile à lire, se trouvaient tracés au pinceau sur cette pancarte.

— Donnez, lui dit Claude Marteau ; je vais traduire ce texte.

C'était une invitation à dîner chez un mandarin de première classe, chez le gouverneur de la ville.

Quand l'heure fut venue, ils montèrent en palanquin et partirent.

Un mot, en passant, sur l'organisation de la société chinoise

En Chine, il existe, en apparence, un système de grande tolérance religieuse. On rencontre dans ces vastes États des mahométans, des sectateurs de Bouddha, des adorateurs d'idoles, des disciples de Confucius, et, depuis un siècle et demi, des chrétiens, baptisés et instruits par les missionnaires, si souvent victimes de leur zèle apostolique. En réalité, la religion n'est que l'accessoire dans l'empire. L'idée de la famille, tel est, suivant le savant abbé Huc, le grand principe qui sert de base à cette politique. Il n'y a pas d'autre morale ni d'autre philosophie que celles qui roulent sur les devoirs de la piété filiale. Tout attentat, tout crime et tout délit contre l'autorité, contre les lois, contre la propriété et contre les individus sont considérés comme des crimes de lèse-paternité. Tout acte de vertu se rapporte de même à la piété filiale. Être bon ou mauvais citoyen, c'est être bon ou mauvais fils.

L'empereur de la Chine est la personnification de ce grand principe. Près de quatre cents millions d'êtres humains l'appellent : *Père et Mère*. Dans la langue du pays, on le nomme *Hoang-ti*, auguste Souverain, ou *Hoang-chan*, auguste Élévation (absolument comme en Europe on dit Altesse, qui est le même mot). Cependant le nom par excellence de ce prince est *Tied-dze*, c'est-à-dire Fils du Ciel.

A côté du souverain, qui est donc regardé comme le fils de Dieu et honoré comme tel, sont les grands officiers de la couronne et les mandarins. Ces derniers tempèrent l'autorité absolue du monarque. On peut lire dans l'histoire de l'empire que souvent les censeurs blâment vertement l'empereur, si l'empereur s'est écarté du respect dû à la loi. Enfin, ces potentats, objets de tant d'hommages pendant la vie, sont soumis, après leur mort, comme on le raconte des anciens rois de l'Égypte, à un jugement dont le résultat est attaché à leur nom et passe à la postérité; ils ne sont désignés dans l'histoire que par un nom nouveau, qui étant une appréciation de leur règne, exprime un éloge ou une satire.

Parlons maintenant de la corporation des lettrés ou mandarins.

Ce corps, recruté, chaque année, par la voie des examens, constitue une classe privilégiée, la seule noblesse reconnue en Chine. Quand on traverse l'empire, on aperçoit çà et là, dans les villes, dans les villages ou même à travers les campagnes, un personnage habillé de soie, ayant une ceinture rouge ou jaune, une plume de paon ou un globule de cristal ou de porcelaine à son bonnet et dix ou douze porteurs à son palanquin : c'est ou un fils de mandarin ou un mandarin même.

Les lettrés, nous voulons dire les mandarins, une fois leurs examens passés, entrent ou dans l'administration, ou dans l'armée, ou dans la marine. S'ils se distinguent dans ces carrières, ils reçoivent des titres tels que *koung, heou, phy, tze* et *nan*, qui peuvent correspondre à ceux de duc, marquis, comte, baron et chevalier. Ces divers titres ou grades ne sont pas héréditaires et ne donnent aucun droit aux fils des individus récompensés ; mais ce qui paraîtra bizarre aux Européens et ce qui est conforme aux idées chinoises sur la paternité, ces honneurs retournent aux ancêtres comme un hommage.

Dans la plupart des livres français qui parlent de la Chine, le signe distinctif des mandarins est appelé *bouton*. L'abbé Huc, déjà cité, ce savant missionnaire qui a parcouru et habité l'empire du Milieu, pense que ce mot est mal approprié à la chose. S'il faut l'en croire, les diverses catégories sont séparées les unes des autres par des globules particuliers de la grosseur d'un œuf de pigeon et qui se vissent au-dessus du chapeau officiel. Ce globule distinctif est, pour le premier ordre, en corail rouge uni ; pour le second, en corail rouge ciselé ; pour le troisième, en pierre bleu clair ou transparent ; pour le quatrième, en pierre bleu mat ou foncé ; pour le cinquième, en cristal ; pour le sixième, en jade ou pierre de couleur blanc opaque ; pour le septième, le huitième et le neuvième, en cuivre doré et ouvragé.

Ainsi qu'on l'a déjà vu, le gouverneur de Tching-tou-fou était un mandarin de première classe. Dès que ses invités furent arrivés, il se présenta et les introduisit dans une salle à manger où ils trouvèrent un sixième convive. C'était un mandarin, aussi de première classe, un officier de la marine impériale, nommé Ny-yng. Il était de taille moyenne et portait déjà un gros ventre comme presque tous ses compatriotes.

— L'illustre mandarin que je vous présente, dit le gouverneur de Tching-tou-fou, est un soleil de gloire ; il a visité la terre presque tout entière ; il a assisté à d'éclatants combats ; il a soumis des vingtaines de peuples.

Claude Marteau et Jacques n'ignoraient point que dans leurs discours les Chinois sont toujours portés à l'exagération la plus excessive; mais Robert Kergorieu et Horace Vertpré, qui n'étaient pas encore au fait de ces usages, avaient grand'peine à comprendre ce superbe langage que leurs amis traduisaient pour eux. De tous les exploits de l'officier de marine, celui qu'ils considéraient comme le plus réel était, non une série de victoires ni la soumission de plusieurs villes, mais une très-belle chasse à l'hippopotame qu'il se mettait en devoir de leur raconter.

Voici de quelle manière se fait cette chasse, très-usitée à Sumatra, en Afrique et dans les îles de la Malaisie. L'hip-

popotame, le soir venu, aime à quitter les fleuves ou les marais où il passe sa vie; il arrive sur les bords, dans les jungles ou dans les champs, quelquefois par bandes de vingt ou trente, quelquefois seulement deux par deux. Toujours très-vorace, il se met à paître, et il se gorge jusqu'à ce qu'il s'endorme. Les chasseurs arrivent alors, et avec des lacets ou des filets de cuir, lui encapuchonnent la tête et lui lient les pieds ; on l'entraîne alors à quelques pas, si l'on peut, ou bien on le fusille sur place. — Une telle chasse n'est pas toujours sans danger. Il faut savoir être agile pour échapper au pied et au groin terrible de l'animal.

— J'en ai jeté six à terre, disait l'officier de marine.

Ce récit terminé, on prit place devant une table carrée. Selon la pratique chinoise, le dîner commença par le dessert. Au fond, les quatre Européens trouvaient fort plaisante cette distribution du festin. Ils s'amusèrent une demi-heure environ avec des fruits, des confitures et des sucreries, menue monnaie de la gastronomie que les cuisiniers du Céleste-Empire excellent à préparer.

— Que voulez-vous boire, du vin chaud ou du vin de riz ?

C'était ce que demandait le gouverneur ; Claude Marteau répondit que, par curiosité, ses compagnons et lui goûteraient des deux liqueurs.

Depuis que l'empire du Milieu, ouvert à la civilisation européenne par les canons de la France et de l'Angleterre, nous devient de plus en plus familier, la cuisine chinoise cause à tout le monde de très-grandes surprises. L'art culinaire n'y procède que par extravagances. Nos invités devaient en faire l'expérience.

Après le dessert dont il vient d'être question, un domestique apporta sur un plat d'argent des ailes de requin aux épices ; un autre servit sur un plat de porcelaine des vers du tulipier au beurre rehaussé de gingembre ; un troisième exhiba dans un compotier des jeunes pousses de frangipanier confites dans du vinaigre.

— Voilà un singulier menu ! se hasarda à dire Horace Vertpré en français.

Nos quatre invités avaient une faim extrême, et l'on conviendra que les plats que nous venons d'énumérer, et qui sont d'obligation dans tous les dîners chinois, n'étaient guère de nature à l'apaiser, quand ils virent enfin apparaître un morceau de viande supérieurement rôti et très-appétissant. Claude Marteau et le bon Jacques, plus au fait des usages du pays, sourirent légèrement. Quant à Robert et à Horace, ils croyaient très-sincèrement que c'était un gigot de mouton. Aussi, après en avoir mangé chacun une bonne tranche arrosée d'un jus délicieux, ils furent très-satisfaits et témoignèrent hautement tout le contentement qu'ils éprouvaient.

— Mais quelle espèce d'animal est-ce donc? demandait timidement Robert en français.

— Tu es bien curieux, répondit Horace; on ne te le dira pas.

En vrai Breton qu'il était, le filleul de Robert Surcouf avait au fond de la cervelle une forte dose d'entêtement.

— Peut-être, disait-il en y revenant, peut-être les moutons chinois ont-ils la chair plus tendre que les nôtres.

Enfin, pour avoir le cœur net de ses doutes, il eut recours au moyen suivant pour reconnaître le nom de la bête dont on avait extrait ce savoureux morceau.

Ses trois amis le virent faire un signe au gouverneur de Tching-tou-fou; il posa ensuite le bout de ses doigts près du plat sur lequel était le gigot et se mit à bêler.

— Bêêê? Bêêêêê? dit-il.

Le gouverneur de Tching-tou-fou, qui ne savait pas plus de français que Robert ne savait de chinois, fit un signe de la tête qui voulait dire :

— Vous n'y êtes pas, monsieur!

Puis il poussait par trois fois ce cri d'un son non équivoque :

— Houah, houah, houah, houah, houah!

Bref, il venait d'aboyer.

— Ah! bon! riposta alors Robert Kergorieu, nous avons mangé du chien rôti, mes amis; nous voilà fixés.

Dans la suite de leurs voyages en Chine, les quatre Français devaient constater que les enfants du Fils du Ciel sont très-friands de la chair du chien, non pas du chien vaguant dans les rues et à travers les champs, mais d'un chien spécial engraissé et soigné pour figurer un jour, comme un excellent plat de rôti, sur la table des grands. Habiles dans mille choses étranges, les Chinois réussissent à merveille dans cet élevage.

— Pourquoi ne ferait-on pas du chien, disent-ils, ce que vous faites du mouton, de la chèvre, du porc, du cerf, du sanglier, des volailles et des poissons?

Ce gigot, si peu européen, n'avait pas été la seule cause d'étonnement que les quatre Français eussent rencontrée à la table du gouverneur. Claude Marteau, servant d'interprète à ses amis, adressait des questions aux deux mandarins sur l'ordonnance du repas.

— Illustres lettrés, demanda-t-il aux deux dignitaires, mes compatriotes ne comprennent pas fort bien votre manière de manger. Par exemple, pourquoi commencez-vous par le dessert pour finir par le potage?

Le gouverneur de Tching-tou-fou répondit :

— Monsieur, pourquoi les Français commencent-ils par le potage pour finir par le dessert?

— Parce que c'est l'usage. Pourquoi buvez-vous le vin chaud et tout fumant dans des godets en porcelaine?

— Parce que c'est l'usage, répondit le Chinois. Et vous, pourquoi buvez-vous le vin froid dans des verres de cristal?

— Toujours parce que c'est la coutume, répondit Claude Marteau. Mais, illustre mandarin, pourquoi vous servez-vous de deux petites baguettes en guise de fourchette pour saisir les mets qu'on apporte, coupés à l'avance, en menus morceaux?

— Eh! parce que c'est notre coutume, à nous autres. Remarquez, s'il vous plaît, que vous, hommes d'Europe, qui ne vous servez pas de deux bâtons, vous avez une espèce de trident en argent ou en fer avec lequel il est très-facile de se percer les lèvres ou de se crever les yeux.

Au fait, qui avait tort ou raison, des Français ou des Chinois?

Les invités remarquèrent en outre que, dans un dîner chinois, on employait, au lieu de serviettes, de petits carrés de papier soyeux et colorié dont on avait placé une provision à côté de chaque convive et qu'un domestique emportait à mesure qu'on s'en était servi.

Au moment où l'on allait apporter le potage, c'est-à-dire sur la fin du repas, l'officier de marine, s'adressant à Claude Marteau, lui dit, tout en riant aux éclats :

— Monsieur le Français, dites-nous donc, je vous prie, à l'illustre mandarin et à moi, pourquoi sur les tables de vos pays on sert des noix et des amandes avec leur coque et pour quels motifs les domestiques ne se donnent pas la peine de peler les fruits et de désosser la viande?

Claude Marteau, pris au dépourvu, déclara qu'il n'avait à répondre que ces mots, toujours les mêmes :

— C'est l'usage du pays.

Le festin terminé, les convives se levèrent; on enleva la grande table, et nos quatre voyageurs parlèrent de se retirer.

— Où allez-vous? leur demanda le voyageur.

— Rejoindre notre habitation chez le préfet du Jardin des Fleurs, répondit Robert Kergoricu par l'organe de Claude Marteau.

— Mais point du tout, reprit le mandarin. Nous ne considérons pas du tout la fête comme complète. On va préparer sans doute vos palanquins, mais on disposera les nôtres en même temps. Il faut que vous voyiez les beautés de la ville.

— Mille grâces vous soient rendues, illustres lettrés, répondit Jacques.

Très-peu d'instants après, les palanquins étaient prêts. La dignité du gouverneur lui donnait le droit de faire servir chacun d'eux par douze porteurs et de les faire escorter par des hommes à cheval. Avant de pénétrer jusqu'à cette profondeur de l'empire, les étrangers avaient habité et vu à loisir Macao, ville chinoise mêlée de tant d'éléments portugais. Le costume, les mœurs, le langage, l'architecture, tout leur avait fourni dans cette ville un spectacle nouveau. Ici c'était bien autre chose; Macao n'est qu'une frontière, une ligne de démarcation où les factoreries du Portugal, de l'Angleterre et de la France font la loi à l'élément asiatique; aussi les Chinois la traitent-ils de cité barbare; mais à Tching-tou-fou, il n'existe pas le moindre alliage d'Occident; c'est bien l'immuable pays de Confucius, cette terre où tout le monde est vêtu de soie; où tout homme tient d'une main un parasol et de l'autre un éventail; où la population masculine porte cette longue queue qui fait ressembler tout individu à un animal, et où les femmes ont le pied rapetissé dès l'enfance, de manière à ne pouvoir faire un pas qu'en sautant à la manière des chèvres.

Les palanquins s'arrêtèrent près d'un charmant petit fleuve, dont les eaux limpides et bleues coulaient entre deux rives ombragées de saules verts et de rosiers gigantesques.

Sur un signe du gouverneur, un navire sans voiles, une jonque faite en bambou, s'approcha, et les six promeneurs y montèrent.

— Où allons-nous, illustre lettré? demanda à son tour Robert Kergorieu au mandarin.

— A ma maison des eaux.

— Voilà encore une bizarrerie, observa Horace, ils disent : ma maison des eaux, comme nous disons, nous autres : ma maison des champs.

Horace aurait pu ajouter que, près des grands centres de population, pour économiser le terrain ou trop rare ou trop coûteux, on organise des rues entières qui forment ensuite ce qu'on appelle des villes flottantes. Pour le moment, la petite maison suffisait à captiver leur attention. Elle était surmontée de ce double toit à coins relevés, qui est le signe particulier de l'architecture nationale.

En y entrant, ils y trouvèrent tout ce qui constitue le luxe dans ces pays du soleil, des appartements spacieux, richement ornés, tout calfeutrés de tapis aux couleurs voyantes. La Flore de cette portion de l'Asie étalait par là ses richesses sans nombre : le carambolier, l'iris bleu et or, le grenadier aux fleurs noires et aux feuilles roses, particularités de ces climats.

Aussitôt qu'on fut installé, le gouverneur de Tching-tou-fou appela, et ses serviteurs se présentèrent.

— Nous allons fumer l'opium, dit-il.

Il n'y a pas d'Européen qui ne tremble à l'audition de pareilles paroles. L'opium, poison qui enivre, est le fléau de la Chine moderne. On sait que la Grande-Bretagne tire de cet ingrédient terrible, qu'elle fabrique et qu'elle vend au Céleste-Empire, un peu plus de cent cinquante millions par an, somme formidable. L'argent n'est encore rien. Tout Chinois qui a le malheur de fumer l'opium ne tarde pas à y perdre la santé et bientôt la raison. A Canton, à Nankin et à Pékin, il n'est pas rare de rencontrer sur le pavé des rues des malheureux hâves, décolorés, épuisés, l'œil hagard, la langue hors de la bouche, tout le corps tremblant : ce sont les fumeurs d'opium.

Les dignitaires tels que ceux qui accompagnaient les quatre Français savent un peu modérer leur fougue en ce qui touche cette substance mortelle, mais dès que cet extrait du pavot devient une habitude chez eux, ils arrivent peu à peu à une horrible décomposition comme les gens du peuple.

— Messieurs, fumez-vous ?

— Nous essayerons, répondirent les Français.

Seul, Jacques protestait ; il voulait que ses jeunes amis n'acceptassent point.

— Laisse donc, lui dit Robert à voix basse. Il faut bien que nous sachions ce que c'est, puisque nous voyageons pour voir et pour apprendre. D'ailleurs une fois n'est pas coutume.

Ils étaient couchés sur des lits de rotins, deux par deux, la tête un peu relevée. Une petite lampe, répandant la clarté d'une veilleuse, était placée entre les deux fumeurs, ainsi qu'un pot de porcelaine, qui contenait l'opium et deux petites broches en fer. Un plateau supportait ces divers objets. La pipe est une espèce de demi-sphère creuse ; au centre, elle a un petit trou d'environ deux millimètres de diamètre, et sur le côté un trou plus grand auquel s'adapte le tuyau. Le fumeur prend au bout de la petite broche une petite quantité d'opium semi-liquide, et il la chauffe à la flamme de la petite lampe. On embouche ensuite le tuyau, et après trois ou quatre aspirations, la boulette est entièrement consumée, et l'on recommence le même manége.

Il paraît qu'il y a des Chinois qui fument soixante de ces pipes par soirée. Cela dure jusqu'à ce que l'extase de l'ivresse se déclare. Quels songes voltigent donc alors autour de leurs yeux? Quelles illusions les bercent? On suppose que ces mensonges d'un sommeil factice sont bien séduisants, puisque les malheureux tombent ensuite du délire jusque dans la prostration et dans l'abrutissement les plus complets. Au sortir de ces extases, le corps s'amaigrit, la face se décolore. Un tremblement continuel agite les membres, et peu d'années après la mort se présente.

Dans la petite maison flottante, on fuma environ vingt minutes et l'on rêva trois heures.

Quand le sommeil cessa et que la raison reparut, on annonça l'embarcation qui devait ramener tout le monde à terre.

La nuit commençait à descendre sur la terre.

— Qu'as-tu vu pendant ton rêve? demanda Jacques à Robert.

— Une sorte de palais tout pavé et tout tapissé de diamants. Et toi?

— La petite maison de Saint-Malo, entourée de haies d'aubépine et à moitié cachée par les pommiers en fleurs.

On abordait la terre. Déjà les palanquins s'approchaient, environnés de leurs porteurs et des cavaliers de l'escorte.

Tout à coup Horace prit la parole.

— Ah çà, Robert, dit-il, est-ce que je suis encore sous l'empire d'un rêve? Voilà cinq minutes que je me frotte les yeux; je regarde avec soin de tous côtés, et je n'aperçois plus Claude Marteau.

Jacques, saisi d'un petit frisson de crainte, se mit à crier :

— Claude! Claude, où es-tu donc?

Robert allait et venait.

— Illustres lettrés, reprit Jacques en s'adressant aux deux

mandarins, est-ce que notre ami n'est pas resté, par mégarde, à la petite maison?

L'officier de marine répondit :

— Vous avez bien vu qu'il est descendu comme nous dans l'embarcation.

— C'est juste. Mais alors qu'est donc devenu Claude Marteau?

Jacques alla au gouverneur de Tching-tou-fou.

— Illustre globule, dit-il, vous voyez notre chagrin. Nous ne retrouvons plus notre quatrième ami. Apprenez-nous où il peut être?

Le gouverneur, déjà fort troublé par les boulettes d'opium qu'il avait fumées, répondit :

— Où est cet étranger? Qui peut le savoir? Dans l'empire du Milieu, on a bien assez de peine à savoir où l'on est soi-même.

Il ne fut pas possible de lui faire dire autre chose.

Voyager en palanquin, même à quatre ou six porteurs, c'est marcher à petites journées. Trois mois environ après l'aventure dont il vient d'être question, nos voyageurs, toujours inquiets de Claude Marteau, s'avançaient jusqu'aux portes de la capitale de l'empire. Le lendemain, ils faisaient leur entrée à Pékin. Si l'on veut bien se reporter à la date des premiers temps de ce récit, on verra que cette ville considérée à cette époque comme un but mystérieux et presque inabordable pour les Européens, à l'exception de quelques courageux lazaristes, qui bravaient mille morts pour aller enseigner l'Évangile à ces peuples, les Occidentaux n'avaient encore que très-rarement porté leurs pas dans cette immense cité, résidence du Fils du Ciel. Il s'en fallait de vingt ans que le moment fût arrivé où les armées combinées de la France et de l'Angleterre forceraient par une victoire les portes de cette capitale. Aussi n'entrait-on dans Pékin qu'avec un certain sentiment d'appréhension bien facile à comprendre.

Cependant, comme ils avaient recueilli en route un grand nombre de lettres de recommandation, ils se sentaient peu à peu rassurés.

— Qu'on essaye de nous faire un mauvais parti, et nous trouverons vite des protecteurs, disait Jacques.

En route, au milieu d'un contact continuel avec les mandarins les plus instruits, Robert Kergorieu et Horace Vertpré s'étaient aisément mis au fait de la langue. Ils savaient du moins assez de chinois pour se faire entendre et pour comprendre sans difficulté ce qu'on leur dirait.

Pékin leur causa une sorte d'éblouissement. A l'affluence des allants et venants à travers les rues, ils auraient deviné une ville d'un immense circuit. Cette population, presque entièrement habillée de soie, toute couverte de couleurs vives, était bien faite pour étonner leurs regards. Ils ne se lassaient pas de considérer ces groupes de mandarins, grands dignitaires de l'empire pour la plupart, marchant avec le parasol et l'éventail, et montrant avec une satisfaction mêlée d'orgueil leurs gros ventres, chamarrés de broderies.

— Faire un dieu de son ventre est un proverbe français qui mériterait bien d'être chinois. — Nos amis faisaient mentalement cette réflexion et quelques autres, quand ils se trouvèrent en face de la grande Pagode.

Jamais ils n'avaient rencontré rien de comparable à ce temple merveilleux, s'élevant à huit étages jusque dans les airs.

— Y peut-on entrer? demanda Robert à une espèce de serviteur qui les accompagnait.

— Pas avant d'avoir fait une visite à quelque personnage de distinction, leur répondit ce cicerone.

Il leur tardait d'ailleurs de faire des démarches qui pussent les renseigner sur Claude Marteau.

— Le plus simple, dit Jacques, serait de se présenter chez le gouverneur de Pékin lui-même. Nous avons assez de lettres de recommandation qui nous introduisent auprès de ce magistrat.

On s'arrêta à ce projet. A deux heures de là, nos Européens entraient dans l'antichambre du gouverneur.

— A la bonne heure ! ces barbares-là ont pris notre costume ! s'écria une sorte de secrétaire qui vint les recevoir, pour les introduire auprès du gouverneur de Pékin.

Ce personnage, pour ne pas descendre des hauteurs de sa dignité, resta assis à l'arrivée des trois étrangers. Il était placé sur un tabouret de bambou, adossé à une table à thé. Son riche costume et surtout son bonnet attestaient suffisamment qu'il était mandarin de première classe. Sa figure, tout à la fois grave et bienveillante, était animée par deux yeux assez ouverts et empreints d'un profond sentiment de finesse.

— De quel pays, venez-vous? demanda-t-il.

— De la France, répondit Robert Kergorieu d'une voix ferme.

— Puisque vous êtes des hommes de France, eh bien, parlez, ne vous gênez pas; je ferai pour vous tout ce qu'il sera possible de faire.

— Illustre lettré, dit Robert, étant à Tching-tou-fou, au sortir d'une maison flottante appartenant au gouverneur de cette ville, nous avons perdu un des nôtres, et il ne nous a encore été donné aucun moyen de le retrouver; comment faire?

— Ah! s'écria le mandarin, que demandez-vous là? Un homme! un homme perdu! Si c'était un objet d'or ou d'argent, il se retrouverait sans doute. Si c'était un cheval, un chameau ou un éléphant, on vous le payerait. Si c'était un habit ou un palanquin, on vous en donnerait deux autres en retour; mais un homme! En quoi voulez-vous que le Céleste-Empire, qui a quatre cents millions d'habitants, s'inquiète d'un homme?

— Mais, se hasarda à dire Horace, j'ai lu quelque part une sentence par laquelle Confucius prétend qu'un ver de terre doit être respecté par le Fils du Ciel?

— Sans doute, repartit le gouverneur de Pékin, Confucius l'a dit, et Confucius est le sage des sages; mais, pour en revenir à l'ami que vous avez perdu, je ne sais pour vous qu'un moyen de savoir de ses nouvelles; c'est d'aller trouver de ma part l'*Homme-qui-connaît-tout*.

— Qu'est-ce que l'*Homme-qui-connaît-tout?*

CHAPITRE X.

— Probablement le chef de la police du pays, murmura Horace.

— C'est un mandarin vénérable, le plus savant des lettrés, répondit le dignitaire.

Un serviteur s'approcha, donna au Chinois une feuille de papier, une écritoire et un pinceau. En deux tours de main, le haut fonctionnaire eut écrit ce qu'il souhaitait d'envoyer à celui qu'il avait nommé; il se leva ensuite à demi de son siége, salua à demi et congédia les visiteurs.

Les trois Français se remirent donc en route, allant à la recherche de l'*Homme-qui-connaît-tout*.

— Prenons des palanquins, c'est toujours plus respectable, dit Jacques.

La résidence de l'*Homme-qui-connaît-tout* n'était qu'à deux pas. Sur la seule présentation de la lettre du gouverneur la porte s'ouvrit comme par enchantement.

Dans leur naïveté, nos Européens s'attendaient à trouver une manière de magistrat, entouré de scribes et de fonctionnaires de la police; ils ne rencontrèrent qu'un mandarin philosophe, seul, très-confortablement mais très-modestement logé. Ce solitaire les reçut un à un avec la politesse affectée des gens de sa nation.

La lettre lue, l'*Homme-qui-connaît-tout* leur adressa la parole.

— Comment votre ami a-t-il été perdu? demanda-t-il.

— A la suite d'une promenade à une maison flottante, où l'on avait fumé de l'opium.

— Ah! s'écria le philosophe, moitié colère, moitié souriant, les Européens aussi fument donc ce poison qu'on appelle l'opium? L'opium changerait l'esprit le plus subtil en une bête des plus grossières! L'opium a peut-être troublé la cervelle à votre ami au point de le pousser à se jeter à l'eau! L'opium lui a peut-être inspiré le désir de se faire Chinois!

— Votre ami a eu tort de céder à l'entraînement de l'opium : l'opium a pu l'égarer; l'opium lui aura donné le conseil de vous quitter.

— Voilà ce que nous ne pouvons admettre, illustre mandarin, riposta Jacques ; Claude Marteau est un garçon qui a le cœur bien situé et dont l'humeur n'est pas changeante. Il ne peut qu'avoir été victime de quelque machination.

— Eh bien, que voulez-vous ?
— Apprendre seulement de quel côté il est.

Le mandarin, un peu adonné aux sciences occultes, comme les tireuses de cartes et les diseurs de bonne aventure, prit un instrument d'astrologie, un peu pareil à un astrolabe, fit deux ou trois mouvements, marmotta quelques paroles incohérentes, et dit :

— Messieurs, l'ami que vous cherchez est en ce moment dans le *pays des papillons*.

— Qu'est-ce que le pays des Papillons ? demanda Horace Vertpré.

— J'ai dit tout ce que j'avais à dire, répondit froidement le mandarin philosophe.

Et il les congédia avec un grand salut.

INTÉRIEUR DE L'ILE DE POULO-PINANG.

CHAPITRE XI

Retour à Macao. — Sur le port. — Une bouteille cachetée. — Une lettre apportée par la mer. — Rendez-vous à l'île des Papillons. — Ce que c'est que Poulo-Pinang. — Richesses et merveilles du pays. — Journal de Claude Marteau. — Le *Soleil d'ivoire*. — Un long voyage. — Un épisode de la pêche à la baleine. — Un paysage. — Le conte du Petit-Poucet à bord. — Poulo-Pinang. — Départ fait.

A huit mois de cet événement, après avoir épuisé l'expédient des recherches permises, ayant vu d'ailleurs de la Chine tout ce qu'il est convenable d'en voir, les trois amis convinrent de revenir en Europe. Le chemin le plus court devait être un sillon à parcourir de la Malaisie aux mers d'Amérique.

A force de courir le monde, ils avaient donné dans le travers des touristes de notre époque; ils aimaient les collections, les pacotilles, les curiosités et le bric-à-brac. Voilà pourquoi on voyait toujours à leur suite une caisse remplie des raretés des diverses contrées où ils avaient vécu. A vrai dire, ce supplément de leurs bagages flattait beaucoup leur vanité. En rêvant aux jours qu'ils se proposaient de passer plus tard en France, ils voyaient dans ces cris, dans ces flèches, dans ces costumes rares et dans ces produits de l'art asiatique la preuve incontestable et l'attestation de leurs voyages. Enrichir leur butin d'un objet nouveau était considéré par eux comme une bonne fortune. Enfin ce besoin de compléter leur collection les avait rendus singulièrement attentifs à tout ce qui les environnait.

Ils étaient retournés à Macao, d'où ils devaient s'embarquer pour reprendre le chemin de l'Europe.

Un soir, qu'ils se promenaient sur le port et examinaient la brouette singulière d'un des portefaix, un bruit assez intense frappa leurs oreilles.

— Une bouteille à l'eau ! disaient des marins; une bouteille cachetée !

Ils s'approchèrent et Robert ramassa la bouteille.

Le flacon était élégant, mais ce n'était pas cette circonstance qui préoccupait le plus l'ex-matelot de la *Foudroyante*.

— Décachète donc vite ! disait Jacques à son pupille.

Robert cogna légèrement le goulot de la bouteille sur la pierre d'un parapet; le goudron se détacha du liége; on eut ensuite le bouchon en un instant.

Une petite feuille de papier se trouvait, en effet, au fond de la bouteille.

Robert s'en saisit avec une extrême rapidité, et, après avoir déplié cette étrange missive :

— Mon bon Jacques, dit-il, allons, il faut que tu sois réellement sorcier. Ce papier est couvert de pattes de mouches tracées par une main française, et cette main est celle de Claude Marteau !

— Pas tant de phrases, Robert, s'écria Horace, et lis tout de suite. Qui sait si cet écrit ne contient pas le dernier adieu du pauvre garçon.

CHAPITRE XI.

Robert fit silence une demi-minute comme pour se recueillir, puis il lut à voix haute ce qui suit :

« Je soussigné, Claude Marteau, Français de naissance, jeté par ruse sur un bâtiment qui m'emmène aux antipodes, j'introduis dans cette bouteille dix lignes de mon écriture afin de faire savoir autant que possible à mes amis Jacques, Robert Kergorieu et Horace Vertpré, que, séparé d'eux, par un concours de circonstances bizarres, je suis néanmoins bien portant, ayant bon pied, bon œil et bonne envie de vivre. Si ce billet parvenait entre leurs mains (ce que je n'ose espérer), je les engage à venir me retrouver, d'ici à six mois, dans une île voisine, dans une des perles de la Malaisie, où le navire doit opérer son retour ; la terre en question, baignée par les mers de la Chine, porte sous ce ciel le nom de pays des Papillons.

Signé : CLAUDE MARTEAU.

— Le pays des Papillons ! s'écria Horace Vertpré, et c'est justement ce que nous a dit, autrefois, le mandarin philosophe de Pékin.

Cette circonstance devait modifier profondément l'itinéraire des voyageurs.

Pendant qu'ils marchaient en répétant à chaque pas ces mêmes paroles : « Le pays des Papillons ! le pays des Papillons ! » un homme du port, un ouvrier distrait, un manœuvre oisif arrêta ces mots au vol et leur dit :

— Eh ! messieurs, le pays des Papillons, c'est l'île de Poulo-Pinang !

Après plusieurs questions, suivies d'autant de réponses, ils étaient mieux instruits sur ce chapitre qu'ils ne l'eussent été au bout de quinze jours par toute une académie. Combien de fois et pour combien d'objets n'en est-il pas de même en Europe et chez nous-mêmes ! C'est aux grands esprits brevetés qu'on demande le mot de mille énigmes présentées par la vie pratique. Eh ! que ne consulte-t-on de préférence celui qui passe, le paysan, l'homme du peuple, le matelot, le bûcheron, le mendiant ? Ceux-là vivent dans le temps présent. Leur naïveté est souvent le foyer de lumière qui indique le chemin de la vérité.

Avant qu'on se décidât à partir pour l'île désignée, Horace Vertpré fit une objection.

— Dans la lettre que nous apporte la bouteille cachetée, dit-il, Claude Marteau nous annonce qu'il sera, d'ici à six mois, de retour au pays des Papillons. Mais qui sait si nous pourrons l'y retrouver? Ces six mois sont passés. Qui sait s'il ne se sera pas lassé de nous y attendre? Qui sait, d'ailleurs, s'il aura eu le loisir d'y rentrer? Je ne préjuge rien, mais je crains fort de faire une vaine démarche en allant à l'endroit qu'il indique.

On délibéra sur ce point.

— Il est bon d'être prudent, dit Jacques; mais en voyage et dans la situation où nous sommes, un peu de témérité ne messied pas. Nous avons des chances de retrouver notre pauvre garçon en allant à Poulo-Pinang. Eh bien, allons-y, voilà un premier point. Deuxième raison : tenez, mes enfants, regardez avec moi cette carte, et vous verrez que cette petite île de la Malaisie est précisément placée sur notre chemin pour retourner en Europe.

Ce dernier argument était sans réplique.

On s'organisa donc à la hâte et l'on partit dès le lendemain.

Poulo-Pinang, placé au milieu de la Malaisie, est le paradis de cet Éden du monde. C'est sur ce coin de l'univers que Dieu a réalisé le rêve d'un printemps éternel; aussi l'a-t-il isolé au milieu de l'Océan, afin qu'une foule avide et grossière ne vînt pas l'envahir. Ce sont les peuples poétiques de l'Inde, des Parsis, des Javanais, des Hindous, des Chinois industrieux et quelques Européens d'élite, des prêtres des Missions-Étrangères et des trafiquants anglais qui possèdent ce beau domaine. C'est pour eux que ce sol privilégié mûrit les fruits de toutes les zones tropicales, depuis la cabane du vieux monde indien jusqu'au litchi du Fo-Kien. C'est pour eux encore qu'il pare son sein des fleurs de toutes les contrées ; c'est là que verdissent et fleurissent le camellia odorant, le frangipanier, le lotus et la rose. Mais ce qu'il y a de plus remarquable dans cette île prodigieuse, c'est que son climat si doux et si clément convient aux hommes de toutes les contrées.

Dans les géographies officielles, la plage malaise porte le nom d'*île du Prince de Galles.*

L'île est un peu plus considérable que Jersey; c'est un domaine dont on pourrait faire le tour en une journée, à l'abri des arbres qui l'entourent de leur verte ceinture. Mais que de choses rares à voir dans ce circuit! Il s'y trouve tout un monde. On y voit des plaines, des vallées, des anses, des fleuves et des montagnes. Sa fécondité est telle qu'il n'est si petite lande de terre qui ne soit cultivée comme un jardin; les colons ont compris qu'il ne pouvait croître sur ce sol que des cultures agréables aux yeux et d'une action enivrante. Sur les parties élevées des coteaux, ils ont planté des girofliers aux étoiles brunes, des cannelliers à l'odeur aromatique, des muscadiers dont les fruits jaunes se cachent sous des feuilles semblables aux feuilles luisantes du laurier.

De magnifiques habitations à toitures légères comme il convient à l'Orient, mais où se rencontrent toutes les délicatesses de la vie européenne, forment en grande partie la ville de Pinang. En abordant, nos voyageurs demandaient une auberge, quelque chose qui ressemblât à une hôtellerie; on leur répondit en leur désignant les Missions-Étrangères de la Malaisie.

De courageux apôtres de la foi chrétienne ont établi en ce pays une maison de très-grande importance, dont ils font fructifier les dépendances par le travail agricole. N'allez pas croire que ce soit dans un intérêt de lucre. Dans l'extrême Orient, tout le monde connaît et proclame le désintéressement des bons religieux. Ce qu'il y a de certain, c'est que le premier venu, Européen, Asiatique, Africain, Américain, Océanien, peut entrer chez eux quand il lui plaira; il y sera comme chez lui; on lui donne un gîte et une table; on soigne son corps et on guérit son âme, s'il y a lieu : le tout parce qu'il porte une figure d'homme et qu'il est par conséquent marqué à l'effigie de Dieu. Il n'est pas nécessaire d'avoir un centime dans sa poche ni même une lettre de recommandation dans son portefeuille. Entrez et réconfortez-vous, frères ; c'est tout ce qu'on vous demande. La charité évangélique n'a jamais été mieux pratiquée que dans ce petit coin du monde.

A peine installés, les nouveaux venus n'eurent rien de plus pressé que de demander des nouvelles de Claude Marteau ; c'était, d'ailleurs, la raison déterminante de la station qu'ils venaient faire dans l'île.

— Claude Marteau ! dit un des Pères, nous ne connaissons que ce nom-là. Français, nous éprouvons toujours un très-grand plaisir à nous trouver avec des compatriotes. Il y a deux mois, nous l'avons vu venir, à la suite d'un long voyage. Inquiet, pensif, préoccupé, il paraissait être à la recherche d'amis qu'il avait perdus.

— Nous sommes ces amis-là, répondit Jacques.

— Tous les jours, armé d'une longue-vue, il courait autour de l'île, cherchant à découvrir sur les flots le bâtiment qui devait vous amener par ici. « Si, par hasard, trois Français se présentaient pendant mon absence, disait-il, priez-les d'attendre, et, pour qu'ils trouvent le temps moins long, en attendant, donnez-leur ce manuscrit qu'eux seuls auront le droit de décacheter et de lire. » Et il nous a remis alors le paquet que voici.

Tout en parlant ainsi, le Missionnaire leur montrait une liasse de papiers recouverte d'une enveloppe cachetée, portant l'adresse suivante :

Pour être remis de la part de Claude Marteau à Jacques, à Robert Kergorieu et à Horace Vertpré.

— Eh ! révérend père, Jacques, l'ex-matelot de la *Foudroyante*, Robert Kergorieu et Horace Vertpré, les voilà : ils sont devant vous tous les trois.

Le révérend missionnaire donna le paquet à Jacques.

En un tour de main l'ex-marin eut jeté l'enveloppe de côté.

— Tiens, Robert, dit Jacques, voici le manuscrit de notre ami ; c'est à toi d'en donner lecture.

Robert Kergorieu lut donc à haute voix les pages qui suivent :

JOURNAL DE CLAUDE MARTEAU.

I. — A la suite de quelques pipes d'opium fumées dans la maison flottante d'un mandarin de première classe, un certain enivrement mêlé d'extase s'est emparé de ma pensée. J'étais éveillé, et il me semblait que je dormais. Je regardais le ciel, et il me paraissait tout parsemé d'arbres en fleurs en guise d'étoiles. On parla de traverser le fleuve pour retourner à terre. Je fis comme les autres. J'entrai sur un petit bâtiment formé avec des planches de chêne et des bambous. Des hommes s'y trouvaient en costume du pays. Je me disais mentalement : « Voilà mon vieux Jacques, voilà mon fidèle Horace Vertpré, voilà mon courageux Robert ! » Pendant ce temps-là, une sorte d'éclat de rire résonnait à mes oreilles. Je me disais, en voyant que la traversée ne finissait pas : « Où suis-je, et qu'est-ce que cela signifie ? ».

II. — Il est certain que je dormais, ou, si vous voulez, que je rêvais étant tout éveillé. Que s'est-il donc passé au moment où les invités du mandarin allaient de la maison flottante au rivage ? Une embarcation suivait le même sillage. A présent que je suis réellement réveillé, je me rends compte de ma bévue. La nuit s'avançait ; j'avais la tête en proie à l'ivresse de l'opium ; je ne savais ni ce que je faisais, ni ce qu'on faisait autour de moi. C'est alors que, me trompant, j'ai pris une embarcation pour l'autre. Je me suis mis à sauter dans une jonque qui choquait presque celle du mandarin, et voilà comment j'ai été une seconde fois brusquement séparé de mes amis. Rien ne saurait exprimer l'expression de mon chagrin au moment où les conséquences de mon inconcevable sottise me furent révélées. Des hommes inconnus m'entouraient, jouissant de mon embarras. Je cherchais des yeux ceux qui me sont chers. Ils devaient déjà être fort loin de moi. Dans mon trouble, je les appelai tous les trois par leurs noms, si peu compréhensibles pour ceux qui m'entouraient : « Où êtes-vous, Jacques, Robert, Horace? » Mes cris ne firent qu'amener une explosion d'hilarité moqueuse. Cependant un homme entre deux âges, qui se tenait dans un coin, sur une botte de feuilles de bétel, me dit d'une voix douce, en chinois pur et élégant : « N'ayez pas peur, étranger; il ne vous sera fait aucun mal. »

III. — Cette jonque sur laquelle je suis tombé nous mène à un navire d'un certain tonnage, c'est-à-dire d'une certaine importance, et qui fait, dit-on, le trafic sur les mers qui baignent l'Asie. J'admire les caprices de ma destinée, qui me font voir plus de pays que je ne projetais d'en visiter. On nous transborde sur le grand bâtiment qui se nomme, je crois, le *Soleil d'ivoire*, et l'on nous dit : « En route! nous ne reviendrons par ici que dans six mois, pour nous arrêter au Pays des Papillons. » C'est alors que l'idée me vient d'insérer dans une bouteille cachetée une lettre à l'adresse de mes trois amis. Il y a trois mille quatre-vingt-dix-neuf chances sur une que cette épître ne leur parviendra jamais, ni en Chine ni ailleurs; mais il y en a une, la quatre millième chance, que la missive pourra tomber entre leurs mains, et c'est pour cela que je m'abandonne à ce projet. Où allons-nous? je n'en sais rien. Que faisons-nous? Je l'ignore. Sommes-nous pêcheurs? sommes-nous trafiquants? Je le crois. Le capitaine, à qui je fus présenté, dit, après m'avoir toisé dès pieds à la tête : « S'il ne peut pas nous être utile pour la manœuvre, nous nous servirons de lui pour nous amuser. » Ces paroles ne me promettent rien de bien bon.

IV. — Tout me donne à comprendre que je me suis mépris sur le sens des paroles du capitaine. Les amuser, ce ne doit pas être les faire rire à mes dépens. Ils ont vite deviné que j'étais un Européen, que j'arrivais de loin, que j'avais vu beaucoup de pays, que je connaissais une multitude de choses dont ils ne soupçonnent pas l'existence, et que, de temps en temps, je pourrai leur raconter tout cela pour les désennuyer. Nous voilà déjà loin des rivages de la Chine. Que de circuits nous faisons ! On m'annonce que nous allons changer de costumes, parce que la température s'abaisse à mesure que nous naviguons ; nous longeons les îles du Japon ; nous doublons la pointe de Bornéo ; une lune de plus, et l'air fraîchit. Nous voilà en vue du Kamtchatka.

V. — Il y a peu de jours, rôtis par le soleil, maintenant glacés, nous allons donc d'une extrémité à l'autre. Ceux qui aiment les émotions appellent cela vivre. A un point de relâche, le *Soleil d'ivoire* s'arrête pour le commerce des pelleteries ; puis l'ancre est levée de nouveau et nous remettons à la voile. Sur la dunette, où je me promène de temps en temps, une lorgnette à la main, je jette de longs regards sur cette mer si peu semblable à celles que j'ai déjà vues jusqu'à ce jour. La pensée de mes amis absents ne me quitte pas. Où sont-ils à cette heure ? Que deviennent-ils ? Continuent-ils à être bien accueillis en Chine ? Ne sont-ils pas, comme moi, victimes de quelque nouvelle mystification du sort ? Aussitôt que la vigie signale une voile, je m'imagine que la nef qui la porte va m'amener ces compagnons que je suis si triste d'avoir quittés.

VI. — Plus nous avançons, plus la lumière redevient vermeille. Que de points de vue m'avaient échappé en passant la première fois dans ces parages ! Il en est du grand livre de la nature comme de tout autre : il faut le feuilleter à plusieurs reprises pour le bien comprendre et pour l'aimer. On nous envoie à terre, plusieurs hommes de l'équipage et moi. Dans le nombre se trouve le Danois. En nous avançant au delà des côtes, nous trouvons, qui le croirait ? un admirable paysage qu'on croirait être un fragment des Alpes jeté par la main du hasard sur cette terre inconnue. Tout y a un aspect grandiose. Le pic est couronné de sapins. Entre l'écartement des rochers coule et tombe avec fracas sur la pierre une cascade d'eau limpide, mêlée de fragments de glaçons. « Autrefois, me dit alors le Danois, j'ai fait un tour en Suisse. Il me semble me retrouver auprès d'un des beaux sites que j'y ai tant admirés. » En bas, sur les éboulements formés par des quartiers de roche que le temps a détachés de la masse, nous rencontrons dans les crevasses une végétation verte, robuste et mélancolique, absolument pareille à celle qu'on voit dans quelques-uns des cantons helvétiques. Mais il n'y a ici, pour animer ce paysage, ni chalets, ni guides ni touristes : il n'y a que la solitude et Dieu.

VII. — A bord, pour charmer les ennuis d'une traversée longue et monotone, nos Orientaux m'entourent et me disent : « On prétend que les mandarins de ton pays sont fort habiles dans l'art de fabriquer des fables. Voyons, contenous quelques-unes de ces histoires. » Mon embarras est grand. Que leur dire qui soit approprié au génie de leur race ? D'abord mon éducation de conteur a été singulièrement négligée, et ensuite je n'ai guère l'habitude de parler plus d'une minute de suite. Comment faudra-t-il m'y prendre pour causer pendant des heures entières en présence d'une trentaine d'hommes, dans une langue que je ne sais que fort imparfaitement ? Jusqu'à ce moment les gens du *Soleil d'ivoire* m'ont traité avec assez de douceur, parce que je ne les ai heurtés en rien. Qui sait si, parlant un peu longuement, je n'arriverais pas, malgré moi, à choquer leurs préjugés, leurs races, leurs sentiments et leurs croyances ? Le Danois, que je consulte à cet égard, me dit : « Vous êtes bien bon de vous creuser la tête pour si peu de chose. Eh ! contez-leur donc l'histoire de Petit-Poucet et de ses six frères : c'est une histoire à enchanter l'univers entier. »

VIII. — Ce conseil du Scandinave était excellent et je m'applaudis beaucoup de l'avoir suivi. Les autres contes populaires de mon pays y passeront ; Riquet à la Houppe les a fait beaucoup rire ; Barbe bleue les a effrayés ; ils m'ont fait recommencer deux fois l'histoire merveilleuse du Chat botté et du marquis de Carabas. Voilà donc les hommes ! Sous quelque ciel qu'on les prenne, les contes leur plaisent jusqu'à les captiver, et, à tout prendre, ce n'est pas un mal puisque la réalité est souvent bien moins aimable que ces fictions enfantines. — Cependant nous approchons toujours ; c'est déjà une mer d'une autre couleur, c'est un autre ciel.

L'air tiède nous annonce notre retour en Orient. Quelle est cette masse blanche, là-bas, qui ressemble à une falaise de la Normandie ? Une des villes pittoresques de l'archipel malais. — Une végétation luxuriante est le caractère distinctif de ces pays baignés de soleil. Encore quelques jours, et nous allons revoir l'île qu'on m'a annoncée comme devant être le terme de ce voyage. Y retrouverai-je mes amis ? C'est une espérance bien insensée que celle qui a pour base une bouteille cachetée lancée à la mer et abandonnée au caprice des flots. Mais il n'y a pas à murmurer contre la Providence. Plusieurs fois déjà nous avons été séparés et nous sommes réunis par suite d'incidents qui tenaient du miracle.

IX. — Voilà le pays des Papillons, autrement dit Poulo-Pinang, ou encore l'île du Prince de Galles. Dieu soit loué ! L'Angleterre a planté son pavillon sur ce sol ; c'est un pays chrétien, une terre libre. Nous abordons, et nos Chinois me disent avec un sourire dans lequel il entre bien un peu de moquerie : « A présent, tu vas faire ce que tu voudras. »

Me voilà seul dans cette île enchantée. Par bonheur, la maison des Missions-Étrangères m'est ouverte ; c'est en ce lieu que je me propose d'attendre mes trois amis. Dans cette résidence hospitalière, j'ai fait connaissance d'un Provençal nommé Timoléon Mermet, qui se donne le titre de capitaine de vaisseau, probablement parce qu'il possède dans le port une embarcation trois fois grande comme un des sabots de mon grand'père. Il fait le commerce sur les côtes. « J'ai besoin d'un garçon actif pour me seconder, m'a-t-il dit ; voulez-vous vous associer avec moi ? » J'ai différé de répondre. La vie d'aventure ne me convient pas. Je n'ai qu'un désir, celui de retrouver mes amis. « Eh bien, m'a dit le

Provençal, je vous donne deux mois pour laisser à vos amis le temps de venir vous rejoindre. Si, ce délai passé, ils ne se sont pas présentés, eh ! bagasse, c'est qu'ils n'auront pas eu de nouvelles de votre bouteille cachetée. Alors nous nous associerons. — Soit, » ai-je répondu. — Timoléon Mermet est allé faire un petit voyage en attendant.

X. — Que de charmantes promenades j'ai faites dans l'île, en attendant ! Rien ne peut donner une idée de la hauteur, de la richesse, de la variété ni de la beauté des arbres. Les oiseaux y sont brillants comme ceux qu'on voit chez les orfévres, en or, en saphir, en diamant. Ce qui m'a le plus récréé, c'est une innombrable famille de singes. Il n'y a pas de spectacle plus comique que celui d'une centaine de ces quadrumanes, faisant tomber du sapan, très-grand arbre, des milliers de fruits semblables à ceux du micocoulier. Parfois un combat acharné s'engage entre eux. Dans la mêlée, la tête vénérable d'un vieux singe apparaît tout à coup et la guerre finit vite.

XI. — J'ai attendu six mois, j'ai attendu huit mois ; Timoléon Mermet revient à la charge. « Bagasse ! vous attendriez cent ans ici que vous ne reverriez pas vos amis ; vous avez bien plus de chances en vous mettant à courir le monde. » Je me laisse gagner par ce raisonnement.

— Comment ! s'écria Horace Vertpré, Claude Marteau est reparti ?

— Oui, monsieur, il est reparti hier, répondit un des serviteurs des Missions-Étrangères.

— Cette île est un lieu plein d'enchantements, dit à son tour Jacques, mais rien ne nous y retient plus. Nous partons demain, mes enfants.

INVOCATION AVANT LA CHASSE.

CHAPITRE XII

Départ de Poulo-Pinang. — Un regret de Jacques. — L'Amérique. — Dernière étape du navire. — Jacques malade. -- La fièvre jaune. — Mort de l'ancien-marin. — Une motion d'Horace Vertpré. — Nouvelle séparation. — Forêts, savanes, paysages. — L'ours et les singes. — L'ours et le daim. — Les îles flottantes. — Une rencontre. — Les cavaliers sauvages. — Waï-ta-hü. — Un poignard. — Invocation avant la chasse. — Les buffles. — Un coup de fusil. — Invitation.

Dès le lendemain, on s'embarqua.

Robert Kergorieu avait interpellé une sorte de capitaine, sur le port.

— Vous mettez à la voile, mais où allez-vous ?

— Je transporte des colons coolies dans le Honduras.

— Eh bien, le Honduras est sur notre route ; prenez-nous avec vous.

On convint du prix, l'affaire fut conclue et le navire partit.

Il s'agissait d'une longue course, la plus belle sans doute, mais aussi la plus laborieuse qu'ils eussent encore faite. On vit tour à tour Singapore, Malacca, les îles de l'Océanie, Madagascar, Maurice et Bourbon. Au cap de Bonne-Espérance, où il y avait relâche un peu plus longtemps que d'habitude, Jacques prit à part ses deux jeunes amis.

— Mes enfants, leur dit-il, je ne veux pas vous affliger, mais je dois pourtant vous avouer que je me trouve plus mal qu'en aucun autre temps.

Cette insistance de la part d'un homme aussi dur à son mal que l'était l'ancien marin ne laissa pas que de rendre nos deux étourdis plus sérieux.

— Horace, disait Robert à son ami, crois-tu que cela soit grave?

— Cette Amérique où nous entrons, répondit Horace, est, par excellence, la terre des fruits, des fleurs, des parfums, des arbres précieux et des plantes salutaires; mais c'est aussi le sol des poisons et le point de départ des maladies qui ne pardonnent pas. Nous aurons à veiller sur Jacques.

Pendant tout le temps de la traversée, ils avaient pour le vieillard les soins les plus touchants.

— Écoutez, leur dit un jour l'ancien matelot, vous êtes des jeunes gens de cœur, presque des hommes faits; vous ne vous chagrinerez pas outre mesure de ce que je vais vous dire. Le dépérissement graduel de mon être m'annonce assez que je n'ai plus longtemps à être avec vous.

Robert Kergorieu se récria.

— Mon cher enfant, reprit le vieillard, je mourrai content parce qu'après tout j'aurai exécuté mot à mot les ordres de mon capitaine. Il voulait faire de toi un garçon courageux, en état de tenir tête à toutes les attaques de la mauvaise fortune. Depuis le jour où nous nous sommes embarqués à Saint-Malo sur le *Cormoran* jusqu'à cette heure, tu as prouvé que tu étais un vrai Breton, digne en tout de porter le nom que t'a donné ton illustre parrain. Si je meurs (et je crois que ce sera bientôt), je n'aurai, avant de partir, que peu de mots à prononcer. Ce seront ces paroles : « Continue, Robert,

CHAPITRE XII.

à être un digne enfant de la Bretagne, et n'oublie ni ton parrain ni le vieux Jacques. »

Le terme du voyage approchait.

Après avoir longé tant de côtes brûlantes et doublé tant de caps funestes, on débarqua sur la terre chaude de la primitive Amérique, où Christophe Colomb a tant souffert, où Fernand Cortez a eu à soutenir tant de luttes sanglantes, où l'Européen n'aborda jamais sans danger.

Trois jours après le débarquement, Jacques, dont les pressentiments ne se justifiaient que trop, mourait de cette maladie foudroyante qu'on appelle la fièvre jaune. Il fut convenu que l'excellent homme y serait inhumé.

Ce fut donc en cet endroit qu'on creusa la fosse où repose l'ancien matelot de la *Foudroyante*.

Rien ne pourrait donner une idée du deuil des deux jeunes gens.

Les obsèques de l'ex-matelot de la *Foudroyante* faites aussi convenablement qu'il était possible sur ce sol inclément, les deux amis firent un moment taire leur tristesse pour aviser au moyen qu'ils auraient à prendre afin de regagner l'Europe.

— Nos ressources sont épuisées, dit Robert Kergorieu, et nous sommes loin de nous trouver à la porte de notre logis. Que faut-il faire?

Horace Vertpré prononça le nom de Claude Marteau.

— Le journal qu'on nous a donné à Poulo-Pinang, ajouta-t-il, nous annonce pour ainsi dire qu'il s'est associé avec le Provençal Timoléon Mermet; mais comme c'est un garçon honnête, la vie sans scrupules d'un écumeur de mers ne peut lui avoir convenu bien longtemps. Si j'en crois mes conjectures, il sera plutôt allé à l'île de Saint-Thomas.

— Mais Saint-Thomas n'est pas près d'ici !

— Il n'importe. Un de nous deux ira. Claude Marteau est un garçon plein de prévoyance. Il y a tout lieu de supposer qu'il sera installé, et prêt à nous tirer d'embarras, ainsi que cela s'est présenté plusieurs fois. Sans doute il nous sera très-douloureux de nous séparer dans ce moment-ci, mais la nécessité nous en fait une loi, Robert.

— J'en conviens, Horace.

Les larmes leur venaient aux yeux à la seule idée de s'éloigner encore une fois. Cette mort presque subite du pauvre Jacques, que nous venons de raconter, apportait à leur douleur un surcroît d'amertume.

— Mais comment faire autrement? reprenait Horace Vertpré. Songe un peu, ami, à l'embarras de notre position. Je sais que, dans cette partie de l'Amérique où nous sommes, on ne vit guère que de chasse, de pêche et des fruits qu'on rencontre; mais, à mesure que nous avancerons du côté de la portion plus habitée, la civilisation, qui a des règles semblables sous tous les climats, ne nous recevra dans son sein que si nous avons de l'argent à lui mettre dans la main. Or, tu le sais, il ne nous reste que nos carabines, un peu de poudre, quelques papiers, notre bonne mine et du courage. Je sais qu'avec cela et avec l'aide de Dieu on peut aller loin; mais à la première ville qui se trouvera sur notre passage, là où l'on ne pêche pas, où l'on ne chasse pas et où l'on n'a plus le droit de cueillir les fruits qui pendent aux arbres du chemin, on nous laissera mourir de faim. Bienheureux si l'on ne nous met pas en prison comme des vagabonds sans aveu. Ainsi, il faut, sans retard, faire cesser un tel état de choses.

— Tu as raison, mais comment s'y prendre?

— Il faut, sauf meilleur avis, que l'un de nous continue son chemin par l'Amérique orientale, l'Amérique du Sud, comme on dit, tandis que l'autre inclinera vers l'Amérique du Nord, d'où il pourra plus facilement aborder dans l'archipel des Antilles, à Saint-Thomas.

— Mais pourquoi n'irions-nous pas tous deux?

— Parce que, dans ce pays naturellement porté à la parcimonie et toujours armé de défiance, il est plus facile à un seul voyageur d'obtenir son passage sur un navire. Deux visages inconnus seraient un embarras ou l'origine de suppositions blessantes. Écoute bien d'ailleurs ce que j'ai en vue.

CHAPITRE XII.

C'est toi, j'imagine, qui continues à marcher au sud ; tu t'arrêtes à Montévideo, à Buénos-Ayres ou à Rio-de-Janeiro. Pendant ce temps-là, j'arrive dans l'île du Danemark ; j'y rencontre notre Claude, enrichi, comme rien n'interdit de le croire. Avec un peu d'argent on supprime bien vite la distance. En peu de jours nous te rejoignons, et nous voilà tous les trois à reprendre enfin le chemin de la France.

— Tout ce que tu me dis là me paraît fort sensé, mon cher Horace.

— Eh bien, soyons résolus, Robert, agissons en hommes, tout jeunes que nous sommes encore. Un peu d'énergie, et nous nous retrouvons ensemble ; un peu de patience, et nous rentrons dans notre pays, riches d'expérience et assez heureux pour nous reposer de nos longues fatigues.

En parlant ainsi, Horace Vertpré se jeta dans les bras de son ami ; ils se tinrent quelque temps étroitement serrés. Enfin ils se donnèrent encore une poignée de main, et chacun prit le sentier qui le menait à sa destination nouvelle.

— Va, disait Robert, mes armes sont bonnes ; j'ai de la poudre et du plomb ; je n'ai donc rien à craindre.

Les merveilles d'une riche nature se montraient à chaque pas à ses yeux ravis. Cette fois, ce n'était pas un mirage comme en Orient, mais bien une réalité des plus positives.

— Quel beau pays ! quelle magie toujours nouvelle ! répète malgré soi le voyageur.

Un jour, en traversant une de ces plaines immenses qui sont connues sous le nom de savanes, Robert rencontra une cavalcade d'une physionomie étrange. Au-dessus des longues herbes qui n'avaient jamais été fauchées par la main de l'homme ni tondues par la dent des bestiaux, trente cavaliers à figure noire montaient de petits chevaux aux jambes grêles qui couraient comme le vent.

— Voilà, pensa-t-il, des gaillards qui me paraissent disposés à me faire un mauvais parti.

Il était bien vrai qu'en cavalcadant à côté de lui, les sauvages lançaient de vifs éclairs de leurs yeux fauves. Par mesure de précaution, il arma sa carabine et se tint sur ses gardes.

Une remarque à faire, c'est qu'en Amérique, sur la lisière des forêts vierges, les indigènes, connaissant la variété et la vertu des plantes, ne redoutent en rien une blessure faite à l'arme blanche. Un peu de baume et un peu d'eau froide, et il n'y paraît plus; la blessure disparaît. Pour l'arme à feu, c'est tout autre chose. Ils savent qu'il n'y a pas de recette en état d'empêcher une balle de casser un bras ni trois grains de plomb d'emporter une cervelle. Aussi manifestent-ils une appréhension des plus salutaires pour tout ce qui ressemble au fusil.

La cavalcade, en voyant l'Européen s'avancer d'un air calme et fier, mais toujours en tenant le canon de son arme à la hauteur de l'œil, sollicita avec plus de vitesse encore la marche de ses montures. Quelques-uns des cavaliers montraient bien, celui-là un arc, celui-ci une javeline; mais la menace n'était pas suivie d'effet. Cependant un des centaures, au visage plus blanc que les autres, sortit tout à coup des rangs, s'avança avec résolution vers le jeune homme, et lui cria dans une langue que ne parlaient pas les autres : — A bas le fusil, seigneur !

Robert Kergorieu fixa un instant l'audacieux et ne put s'empêcher de pousser un cri de surprise :

— Comment ! c'est vous qui êtes ici, avec ces faces noires ?
— Comme vous voyez, seigneur.

Et un peu plus bas : — Suivez mes conseils ou vous êtes perdu.

Puis tout haut : — Allons, à bas le fusil ! te dis-je.

— Soit ! répondit Robert en ayant l'air d'obéir à l'injonction qui venait de lui être faite.

Dans cette rencontre toute fortuite, le filleul du corsaire avait revu et enfin reconnu son ancien compagnon de chasse des environs de Lahore, ce même Waï-ta-hu, le sauvage canadien, qui avait quitté le bengalow de sir James Primrose pour revenir en Amérique.

Comme les sauvages ne perdaient pas de vue le jeune

Français, ils constatèrent qu'il était pour ainsi dire désarmé; puis, d'un commun accord, ils firent tous tourner leurs cavales et entourèrent le blanc comme les démons feraient d'un damné en enfer.

Waï-ta-hu leur adressa alors la parole dans un idiome que le voyageur ne comprenait pas.

— Je leur dis, seigneur, que vous êtes un ami de leur race. N'ayez aucune crainte. A présent que je les ai avertis, pas un ne vous touchera. Celui qui oserait déranger un seul de vos cheveux sait bien que Waï-ta-hu lui ferait payer de sa vie cet acte de criminelle audace. Vous êtes l'ami de mon ancien maître; nous sommes d'anciennes connaissances, puisque nous avons chassé et tué l'éléphant ensemble; ainsi vous êtes sacré pour moi, et bientôt, si vous suivez mes conseils, vous le serez pour tous ceux-là.

— Waï-ta-hu, je ferai tout ce que vous me direz de faire.

— Eh bien, faites d'abord un cadeau au chef.

— Mais que faut-il lui donner?

— Un de vos poignards.

Robert Kergorieu tira de sa gaîne un petit poignard malais à lame recourbée, tout brillant au soleil; il le remit ensuite dans son fourreau de maroquin et enfin l'offrit à un des cavaliers que Waï-ta-hu lui désigna.

— Je ne m'étais pas trompé, seigneur, le chef me charge de vous apprendre qu'on trempera ce poignard dans son sang avant de le teindre dans le vôtre.

— Allons, c'est fort bien. Que faut-il faire maintenant?

— Nous suivre de loin jusqu'à cette clairière que vous apercevez là-bas, au milieu de la savane.

— Pourquoi aller au milieu de la savane?

— Parce que ces hommes et moi nous sommes en ce moment même occupés d'une chasse aux buffles et qu'il sera agréable à ces hommes que vous y assistiez.

— Une chasse, Waï-ta-hu, vous savez bien que c'est là mon faible. Je n'ai jamais su résister au plaisir de forcer une bête en rase campagne ou dans un bois.

— Ah! prenez bien garde, seigneur! Cette chasse aux

buffles est toute locale ; ici vous n'aurez pas affaire qu'à un seul ennemi, les bêtes que nous poursuivons se groupent par bataillons nombreux. Vous diriez d'une armée. Elles volent comme le vent. Elles marchent quelquefois cent de front. Elles éventrent avec leurs cornes aiguës ou écrasent sous leurs pieds, plus durs que le fer. Encore un coup, prenez garde. Nous autres, nous avons nos agiles chevaux pour échapper à leurs atteintes ; mais vous, seigneur, comment y parvenir ? je veux bien que vous soyez témoin de nos luttes, mais je serais désolé qu'il vous arrivât le moindre accident. Croyez-moi toujours, tenez-vous bien à l'écart.

— Soyez tranquille : les buffles ne m'éventreront ni ne m'écraseront, Waï-ta-hu.

— Allons, c'est bien, seigneur ; suivez-nous.

Le Canadien ayant repris son rang, le chef, tout souriant à cause du cadeau qu'il venait de recevoir, fit un signe et toute l'escouade se mit en branle. Il n'y avait pas de spectacle plus effroyable. Ces figures écrasées, noires, grimaçantes, faisaient un étrange contraste avec cette nature de la savane, entrecoupée d'arbres verts et émaillée de mille fleurs voyantes, inconnues à la flore européenne. Tout autre que notre jeune Breton aurait été quelque peu intimidé par cette rencontre inattendue. Robert Kergorieu ne broncha pas.

A la vérité, grâce à l'apparition presque fantastique de Waï-ta-hu, le Breton n'avait rien à redouter.

— Je vois bien que le Dieu des voyageurs ne cesse pas de veiller sur moi, se disait notre héros.

Waï-ta-hu se pencha encore une fois du côté de l'Européen et lui dit :

— Seigneur, suivez-nous toujours.

Le Breton, visitant bien son fusil, marcha à la suite de la bande, ainsi qu'on le lui recommandait.

Qui n'a entendu parler de la chasse aux buffles ? Aujourd'hui c'est un exploit dont le secret est fort répandu.

Dans cette immense et riche Amérique, à travers les merveilleuses prairies qui sont leurs domaines, les bœufs sauvages courent, ainsi que cela a été dit plus haut, par bataillons pressés, par armées, par mêlées effroyables.

Ce jour-là, il y en avait bien deux mille en train de ruminer l'herbe tendre.

Les sauvages se jetèrent sur eux d'un bond en se montrant tous à la fois et en poussant des clameurs effrayantes.

Il y eut un moment de désarroi.

Quand ils veulent paître, les buffles s'écartent un peu les uns des autres; quand il s'agit de se défendre contre une horde ennemie, ils se pressent les uns près des autres, afin de s'aider. Ils forment alors une masse serrée et compacte, puis des pieds et de la corne ils attaquent à leur tour l'agresseur et le forcent à fuir.

S'ils l'attaquent, homme ou animal, sauvage ou civilisé, n'importe, il est perdu.

Dans les dix premières minutes, des centaines de buffles, blessés à l'œil, à la jugulaire ou au cœur, tombèrent mutilés pour ne se plus relever. Mais ce n'était qu'une surprise. Dirigés par leur instinct, les dignes animaux s'agglomérèrent; ils formèrent une haie courante, une masse compacte, qui fondait sur la noire cavalerie, la faisait fuir et même parvenait à l'entamer.

Tout en passant près de Robert Kergorieu et en fuyant comme les autres, le Canadien lui criait :

— Cherchez une embuscade où ils ne puissent pas pénétrer, et cachez-vous ! Je reviendrai vous chercher.

— Pour le coup, je ne vous obéirai pas, répondit le jeune homme.

Cependant la masse approchait comme un ouragan des tropiques, menaçante et terrible.

— Vite ! vite ! s'écriait Waï-ta-hu, vous n'avez plus que le temps de grimper à un arbre.

Mais, pendant ce temps-là, Robert Kergorieu, condensant tout son sang-froid, prenait la fière posture de la résistance, mettait son fusil en arrêt et tirait.

Un buffle tomba, un buffle de l'avant-garde.

Ce n'était pas tant la mort de ce buffle, qui était une prouesse victorieuse, que le bruit de l'explosion.

Ce coup de fusil avait sans doute rappelé aux animaux effarés la voix souveraine du tonnerre. Le fait est qu'ils s'arrêtèrent tout à coup.

Puis, ne voyant et n'entendant plus rien, ils revinrent à leur pâturage.

En réalité, c'était bien à Robert Kergorieu que revenait l'honneur de la journée.

Waï-ta-hu, accompagné de deux cavaliers, accourait à lui.

— Nous avons tous admiré votre sang-froid, seigneur, lui dit-il. De plus, le chef m'envoie pour vous prier de venir recevoir ses félicitations.

Robert refusait.

— Y a-t-il rien de plus simple que ce que j'ai fait? demandait-il; je ne mérite pas d'être félicité pour si peu de chose.

— Faites ce que je vous conseille, seigneur; obéissez, je vous en supplie.

Robert suivit l'escorte.

— Homme blanc, lui dit le chef, tu es de plus en plus notre hôte. Il faut que tu prennes sur toi de séjourner quelque temps parmi nous. Tiens, voici nos bivacs, là-bas, derrière ces arbres. Il y aura un lit de feuilles sèches cette nuit pour protéger ton sommeil. Auparavant tu prendras ta place à un festin cuit en plein air; tu verras comment les cavaliers de la savane font rôtir les buffles et les mangent.

Ces paroles étaient traduites par Waï-ta-hu, qui ajoutait :

— Vous êtes en sûreté ici; vous êtes l'hôte du chef, ainsi qu'il vient de vous le dire. Ainsi ayez toute confiance et restez. Tout ce que vous allez voir sera curieux pour vous. Laissez-moi seulement vous faire une dernière recommandation : pendant le repas et pendant le sommeil, ne vous séparez jamais de votre fusil.

PONT DE LIANES.

CHAPITRE XIII

Le festin après la chasse. — Fours souterrains. — Une épaule de bison. — Un conseil du Canadien. — Nuit sous la tente. — Une apparition. — La face noire. — L'examen d'un sauvage. — Le fusil. — Le poignard en arête de poisson. — Un ami qu'on n'attendait pas. — Allocution de Waï-ta-hu au Renard-au-Museau-noir. — Le chef. — Le bâillon. — Fuite. — Les sentinelles. — Chasse aux chevaux sauvages. — Le pont du Rio. — Chasse aux daims. — Les émigrants.

Tandis que Robert Kergorieu prenait quelque repos sous une espèce de tente formée de nattes de jonc, le chef donnait des ordres pour qu'on allât quérir les buffles qui avaient été laissés sur le champ de bataille. Douze cavaliers se remirent aussitôt en marche. Waï-ta-hu ne faisait point partie de cette expédition délicate; il avait à remplir des fonctions qui ne manquaient pas non plus d'importance.

Notre jeune Breton aurait pu voir le Canadien creuser en terre une sorte de souterrain, éclairé par de légères issues, pratiquées à la manière des soupiraux.

— Voilà le four terminé; qu'on aille quérir du bois mort.
Une seconde escouade partit pour le bois prochain.

Robert Kergoricu avait sous les yeux la vie sauvage dans toute sa vérité. Tout à l'heure les nomades faisaient la chasse à de terribles animaux; à présent, ils se disposaient à prendre leur repas du soir et chacun d'eux avait son rôle dans l'action.

Une demi-heure ne s'était pas écoulée que tout le monde était de retour. Les uns rapportaient sur les chevaux les bisons tués; les autres faisaient du feu. Il y en avait qui, armés de coutelas, dépouillaient les bêtes de leurs peaux.

On multiplia les fours pareils à celui qu'avait si ingénieusement creusé en terre le Canadien Waï-ta-hu.

Bientôt une odeur de viande grillée parfuma tout ce canton.

Les buffles, dépecés, n'étaient conservés que par quartiers. On allait jeter à trois cents pas, un peu plus loin même, les parties grossières des animaux qu'on ne voulait pas exposer à la cuisson.

— Ces débris-là, dit le chef, sont pour les loups, pour les vautours et même pour les renards.

— Mais pourquoi vous inquiéter de ces hôtes incommodes. Renards, vautours et loups, est-ce qu'ils ne sont pas vos ennemis?

— Homme pâle, répliqua le sauvage, on voit bien que tu ne comprends rien aux charmes de la vie des savanes.

— Expliquez-moi vos plaisirs, et je les comprendrai.

— D'abord, en nourrissant les loups, les vautours et les renards, nous sommes sûrs que nous, nos femmes et nos enfants, nous serons moins inquiétés.

— C'est juste.

— Ensuite nous savons que les animaux voraces, se fixant sur leur proie, demeureront là plusieurs heures. Nous irons alors, par forme d'amusement, les chasser pendant la nuit. Enfant d'au delà des grands lacs salés, vous ne pouvez pas connaître la joie des hommes des déserts : lorsque l'hiver a rendu toute autre chasse impossible, nous nous plaçons en embuscade, et quand au clair de lune les loups et les renards viennent rôder et sauter après la viande suspendue, nos flèches éclaircissent leurs rangs. La musique de leurs hurlements nous amuse. Mais j'en ai assez dit. Allons voir où en est le festin.

Robert Kergorieu suivit pas à pas le sauvage et fit avec lui l'inspection du campement.

Les quartiers de bœuf rôtissant sur les charbons ou à des brochettes de bois vert étaient une nouveauté pour ses yeux. Ici sa pensée s'éveillait; il s'engageait comme malgré lui dans une longue méditation sur la vie civilisée et sur l'existence des déserts.

— Dans nos orgueilleuses cités, pensait-il, des milliers d'êtres humains sont en proie aux angoisses de la faim ; s'ils venaient par ici, ils verraient de combien de richesses l'homme de la nature peut disposer. L'eau, le bois, la viande, l'espace ne coûtent rien. Voilà une abondance dont les gastronomes les plus intrépides n'auraient pas aisément l'équivalent en Europe. Je sais bien tout ce qui manque à ces nomades. Convenons néanmoins qu'ils ont une existence colorée, pleine de mouvement, qui a bien aussi sa poésie. Que de grandes forêts ! Que de beaux fleuves ! Les arbres les plus solides fournissent des piliers à leurs demeures, des fruits à leur faim, des fleurs à leurs parures. Eux aussi ont leur guerre comme les civilisés, mais surtout la guerre contre les monstres, contre les forces de la nature, plus rarement contre eux-mêmes, de tribu à tribu. Encore une fois, l'état de leur esprit inculte et de leur âme privée des notions de la morale divine est bien fait pour affliger; mais, à part ces réserves, il est curieux de vivre un instant parmi eux.

— Il n'y a plus qu'à s'asseoir sur l'herbe et à manger, dit le chef; voilà la cuisine terminée.

Robert Kergorieu fut donc invité à s'asseoir dans un bas-fond de la savane, entre le chef et Waï-ta-hu, sous quelques arbres, au bord d'un petit ruisseau. Le Canadien, qui connaissait assez les usages de la société civilisée pour prévoir les besoins et les prédilections d'un Européen, avait disposé des feuilles de palmier en guise d'assiettes.

— Nous allons dîner d'une excellente bosse de bison, dit-il ensuite au filleul du corsaire.

Très-souvent, sur le tillac des navires, pendant les longues heures de la traversée, Robert Kergorieu avait entendu parler de ce rôti par excellence qu'on appelle une bosse de bison. Il n'ignorait point que les sauvages excellent à préparer ce genre de mets. La tradition raconte que c'est ce qu'il y a de plus délicat dans la bête.

— Vous le voyez, reprit le Canadien, ce morceau, après avoir été enveloppé dans sa peau, a été soumis le temps convenable à l'action du feu, dans un four creusé sous terre. Il va vous offrir à la fois une chair tendre et une nourriture substantielle.

Le chef vantait aussi ce repas.

— Tiens, homme blanc, disait-il, coupe plus près du milieu de la bosse; c'est là que tu trouveras les véritables délices de la nature; il n'y a pas besoin d'épices ici, ni de la moutarde piquante des hommes de ta couleur pour donner à ce plat un goût étranger.

Robert Kergorieu trouvait, en effet, que la bosse de bison était un mets incomparable.

— Si j'avais seulement un verre de vin du Cap, deux ou trois gorgées d'hydromel ou de la bière, dit le Breton, s'arrêtant malgré lui pour respirer, je jurerais que jamais voyageur n'a fait un meilleur repas.

— Attends, homme pâle, on va te donner à boire.

Le chef fit un signe de la main.

Un des plus jeunes Indiens de la horde apporta deux jarres.

— Dans l'une, reprit le chef, il y a de l'eau claire, puisée à un ruisseau qui sort des rochers. Rien de plus pur, de plus frais ni de meilleur pour clarifier le sang. Dans l'autre, c'est de la pulque, liqueur fermentée de l'aloès, assez amère pour les Européens, mais fort aimée des hommes de ce pays.

Robert mangea et but.

Le souper terminé, le chef se leva et presque au même instant les sauvages, répandus sur toute l'étendue de la savane, en firent autant.

— Seigneur, dit le Canadien au jeune Français, vous voyez qu'on organise le campement pour la nuit. Tout à l'heure vous irez vous reposer sous la tente, mais, je vous en conjure, n'oubliez pas de veiller sur votre carabine.

— Pourquoi revenir à cette recommandation? demanda Robert Kergorieu.

Waï-ta-hu regarda autour de lui afin de voir s'il n'était pas épié, puis, à voix basse, il reprit la parole:

— Seigneur, les sauvages au milieu desquels vous vous trouvez en ce moment ont deux défauts qu'ils regardent comme des qualités: ils sont dissimulés et voleurs. Par tout ce que j'ai vu, il m'est démontré que le chef a la plus grande envie de s'emparer de votre fusil, c'est pour le détourner de ce désir que je vous ai fait lui abandonner un poignard. Mais une arme à feu passe avant tout, dans l'esprit des hommes de la savane. Toutes les prévenances dont vous avez été l'objet jusqu'à ce moment n'ont eu que votre carabine pour but. Le chef ne vous la demandera pas; il croirait rabaisser sa dignité en formant une prière à cet égard Il ne vous la volera pas non plus lui-même, mais il vous la fera dérober par un des hommes de la tribu. Ainsi, tenez-vous sur vos gardes. J'en ai assez dit. Du reste, le voilà qui revient. Vous allez voir qu'il continuera à être très-caressant dans ses paroles.

— Homme blanc, tu vas voir comment les enfants de la savane passent la nuit.

Tous les sauvages s'étaient rassemblés à quelques pas de leur chef; on se distribua de nouveau les rôles. Plusieurs des chasseurs dressèrent des tentes. D'autres, s'écartant un peu sur la lisière du campement, firent de grands feux pour écarter les bêtes féroces, alléchées autant par les restes du festin que par le voisinage du camp.

On conduisit Robert Kergorieu dans la tente du chef, qu'il avait déjà occupée.

En même temps plusieurs sentinelles furent posées sur les points les plus importants.

La lune glissait dans un ciel pur, tout brillant d'étoiles. Pendant quelques instants, le jeune Breton se mit à contempler avec ravissement cette nuit majestueuse des tropiques. Un vent frais et léger qui agitait par moment le feuillage dentelé des grands arbres contribuait à entretenir sa rêverie. Il repassait dans sa pensée quelques-uns des derniers épisodes de son voyage, la mort du pauvre Jacques, le nouvel éloignement d'Horace Vertpré et la disparition de Claude Marteau. Sans ces tristes événements, rien n'aurait affligé son esprit. Il aurait pris un très-grand plaisir, au contraire, à se trouver au milieu de peuplades dont les mœurs étaient si pittoresques.

Cependant la fatigue inclinait peu à peu son front sur la natte en paille de maïs qui était étendue à l'entrée de la tente. Quoiqu'il n'eût pas oublié les dernières recommandations du Canadien, il laissa le sommeil courber un à un ses membres et sa pensée. Son fusil, il est vrai, était placé entre ses jambes. On va voir jusqu'à quel point cette précaution pouvait être un bon préservatif.

La nuit était déjà fort avancée. On n'entendait que le bruit du vent dans les feuilles des arbres ou, par de longs intervalles, la plainte des oiseaux nocturnes, ou tout au plus le rugissement des tigres et des panthères que les feux du camp éloignaient dans la profondeur des bois.

Robert Kergorieu dormait.

Un peu plus loin, dans la même tente et sur une autre natte aussi en paille de maïs, reposait le chef, dormant de même ou ayant l'air de dormir.

Tout à coup une tête noire parut à l'entrée du wigwam; c'était un des Indiens qui s'approchait de l'Européen. A la faveur de l'herbe touffue, il s'était frayé un chemin à travers cette couche épaisse, comme un serpent perfide qui se glisse vers une proie. Plus il était près du jeune homme, plus il redoublait de précautions. Très-certainement le plus adroit reptile n'aurait pu ramper avec plus de souplesse ni avec moins de bruit. Accroupi jusqu'à terre, il avançait un pied, puis l'autre, s'arrêtant à chaque mouvement pour saisir le plus léger bruit qui aurait pu annoncer que le jeune voyageur était sur ses gardes. Il réussit enfin à outre-passer le seuil de la tente, et c'était un acte d'incroyable hardiesse et de grande profanation, puisque c'était là qu'habitait le chef; mais, après avoir montré sa tête mobile, il reprit une certaine assurance. Qu'avait-il donc vu? Est-ce qu'un regard l'avait encouragé? Est-ce qu'un signe lui avait dit de continuer? Il se mit à ramper encore et entra tout à fait dans l'enceinte.

Ici le nouveau venu parut se recueillir un instant. Il paraissait écouter le bruit de la respiration prolongée du jeune homme qui dormait. Mais cet Indien connaissait trop toutes les ruses de guerre pour se laisser prendre au piége d'un sommeil factice. N'étant donc pas entièrement convaincu par une première inspection, il écouta de nouveau; et alors, s'étant assuré que le bruit de la respiration était des plus naturels, il n'hésita plus.

Pour un homme des savanes, pour un sauvage, il fallait une certaine dose d'audace, en s'aventurant ainsi au moment où un blanc prenait son sommeil. Dans les prairies, on savait que les enfants de l'Europe sont braves; qu'ils font pour un rien le sacrifice de leur vie; qu'ils sont généralement forts et possèdent plus de ressources de combat que les Peaux-Rouges ou les Aztecs.

Mais lorsqu'il fut certain de n'avoir pas été découvert, il s'approcha du dormeur, se pencha sur lui, et, tandis que sa face noire voltigeait en quelque sorte autour de celle du jeune blanc pour l'examiner dans tous les sens, on eût dit une de ces vipères qu'on voit souvent se dresser en jouant autour de leur victime. Content d'avoir bien examiné, il se retirait, lorsque Robert Kergorieu fit un mouvement subit comme s'il allait se réveiller. En moins de temps qu'il n'en faut pour lancer un regard, le sauvage saisit une espèce de couteau en arête de poisson qui pendait à sa ceinture, et il reprit ses allures agressives auprès de l'Européen; puis, tout à coup, changeant d'idée, il se retira d'un pas par un mouvement d'une rapidité prodigieuse, se blottit dans un coin enveloppé d'obscurité et ne souffla pas. Quant à Robert Kergorieu, il ouvrit une seconde ses yeux appesantis, regarda le ciel par la très-étroite ouverture de la tente et murmura ces paroles en français :

— Non, Dieu merci! non, personne ne me menace! Ce n'était qu'un rêve, un cauchemar. Dormons encore.

Il se rendormit en effet.

Le sauvage ne bougea pas d'abord. En démon cauteleux et rusé qu'il était, comme tous ses frères à peau bistrée de ces solitudes, il ne voulait pas se fier aux premières apparences du sommeil. Mais les fatigues d'une journée de marche, la chasse et l'énergie du climat pesaient trop visiblement sur le jeune blanc pour qu'on pût croire que ce repos était simulé. Néanmoins ce ne fut qu'avec lenteur et par degrés que le guetteur se mit à s'avancer pour la seconde fois.

L'Indien laissa courir sur ses lèvres un sourire étrange.

CHAPITRE XIII.

Il venait de découvrir, à l'aide d'un rayon de la lune, une lueur argentée et fugitive, que le dormeur, insoucieux des avis qu'on lui avait prodigués, avait laissé sa carabine rouler à côté de lui sur la natte. Il ne restait plus entre ses jambes ou plutôt sur l'une de ses cuisses que la crosse, et il suffisait d'un habile mouvement pour la dégager. Tout en cherchant les moyens d'amener cette imperceptible secousse, l'homme des savanes regardait l'un après l'autre et considérait le cou nerveux et les bras athlétiques de Robert Kergorieu. Imaginez la stupeur arrogante d'un lièvre qui apercevrait un lion endormi.

Un moment il plongea aussi ses yeux du côté où le chef, couché dans une immobilité complète, paraissait endormi. Un doigt de la main droite, qui venait de remuer dans l'ombre, lui intimait-il un ordre? On peut dire seulement qu'il se remit à son travail d'analyse, si long et si difficile.

Enfin, paraissant rassembler toute sa volonté et toutes ses forces, il posait avec prestesse la main sur l'arme du jeune homme, lorsqu'un bras moins noir et plus nerveux que le sien se posa sur sa main, et qu'une tête se dressa tout à coup en face de la sienne.

Il reconnut Waï-ta-hu le Canadien.

Se voyant surpris, le sauvage se dégagea et se leva. Il ne mit pas plus d'une seconde à sortir de la tente.

Presque au même instant, il retrouvait le Canadien en face de lui.

— Ah! c'est toi, Renard-au-museau-noir, ah! c'est toi qui viens violer ici, sous la tente du chef, les droits de l'hospitalité! Le Grand-Esprit m'avait suggéré la pensée de ne pas te perdre de vue : il y a déjà pas mal de temps que je te suis des yeux. Tu étais donc sûr de l'impunité du chef que tu venais sous sa propre tente avec l'intention de voler et peut-être de tuer l'homme blanc? Mais tu ne sais donc pas que l'innocent n'est jamais seul. Le Grand-Être est toujours placé à côté de lui sous une figure invisible, ou bien, s'il veut se faire voir, il emprunte la physionomie d'un homme, car il veut que toute mauvaise action ait un témoin, d'abord, et ensuite une condamnation. C'est moi qu'il a choisi aujourd'hui pour voir le vol que tu voulais faire. Détestable enfant des savanes! tu ignores donc combien tu courais de dangers, sans compter le poids de la colère céleste? Ce jeune homme pâle qui dort est un héros parmi les siens. Je l'ai vu dans l'Inde en d'autres temps; il n'y a pas, dans toutes les prairies, de blanc qui sache mieux se servir de l'arme à feu. Il t'aurait tué d'un geste comme il a tué, hier au soir, un buffle qui nous poursuivait tous. Suppose-le seulement armé d'un poignard, il te percerait le cœur comme un aigle brise d'un coup de bec un régime de bananes. Va, enfant maudit, je t'ai sauvé de toi-même, du jeune blanc et du Grand-Esprit.

— Waï-ta-hu, répondit la face noire en prenant un air de bon apôtre, tu n'es pas de notre tribu, tu es du pays des neiges et tu juges mal, par conséquent, les actions, les démarches et les faits de frères adoptifs que tu connais à peine. C'était pour l'arme à feu du jeune homme pâle que j'accourais dans la tente du chef, je ne le nie pas; mais c'était la curiosité seule et non l'idée du vol qui m'y conduisait. Tuer l'homme pâle! comment y aurais-je songé? D'abord il est l'hôte du chef et de la tribu, et, par conséquent, sacré. Ensuite il est, à tout prendre, beaucoup plus fort que moi. Tu conviens toi-même qu'il me coucherait à terre d'un seul geste. Mais j'ai voulu voir des yeux et ensuite toucher son fusil; je ne cache pas qu'il m'eût été agréable de m'en servir quelques instants pendant cette nuit, en prenant pour but une panthère noire vagabonde ou un caïman sorti des cours d'eaux. Mon désir accompli, j'eusse rapporté l'arme à sa place avant l'arrivée du jour, et le jeune homme pâle ne se serait aperçu de rien.

Waï-ta-hu fit un geste de dénégation.

— Renard-au-museau-noir, reprit-il, tu as le cœur du serpent et le babil menteur du perroquet. Te voyant surpris, tu n'as même pas le courage d'avouer que tu voulais mal faire. Tu ruses indignement. Quant à moi, je n'ai aucun doute. Ah! je sais ce que tu venais prendre et pour quel motif. Il n'y a qu'un point sur lequel je ne sois pas fixé, c'est de savoir si tu agissais pour toi ou bien pour le compte d'un autre. Mais c'est une obscurité qui ne tardera sans doute pas à être éclaircie.

Il lui montra du doigt les autres tentes.

— Rejoins le wigwam, reprit-il. C'est assez d'une offense au Grand-Esprit. Si tu recommençais, il te surveillerait encore sans se fatiguer, soit par moi, soit par un autre, soit par lui-même.

— Waï-ta-hu, tu parles comme le vent réparateur après la pluie d'orage, répondit le Renard-au-museau-noir, et il disparut.

Le Canadien se retira aussi d'un autre côté.

Cinq minutes environ après ce que nous venons de rapporter, une nouvelle scène se passait dans la tente.

Les sauvages de l'Amérique ont l'oreille excessivement subtile. Au bruit de la dispute, qu'il avait vu commencer pendant qu'il feignait de dormir, le chef s'était levé, puis, s'approchant de la porte, il avait attendu que les deux contradicteurs se séparassent. Revenant alors près de la natte de Robert, il paraissait hésiter entre l'action de se rendormir et la tentation de s'emparer de l'arme. Ce fut ce dernier parti qui lui sourit le plus sans doute, car il souleva le fusil et s'apprêtait à le faire jouer, quand une main rapide, invisible, le lui enleva alors comme un enfant ferait d'une plume.

Il se retourna et aperçut le Canadien.

— Ah! c'était donc pour toi, s'écria cette fois Waï-ta-hu, que le Renard au-museau-noir venait ici? Mais c'est assez de deux tentatives. Debout, seigneur!

Ici Robert Kergorieu se réveilla en sursaut et se leva à son tour.

— Seigneur, reprit le Canadien, pas de faiblesse. Cette tribu est un ramas de vauriens. Ils en veulent à votre arme, peut-être à votre vie. Il faut partir. En attendant, celui-là ne doit pas sortir d'ici pour contrarier notre marche.

En parlant ainsi, il couvrait la tête du chef d'une sorte

de filet qui servait aussi de bâillon ; puis, à l'aide d'une forte courroie, il attachait le sauvage à un pieu.

— Nous partons, traître, lui disait-il ensuite. Il y a une chose sacrée parmi les tribus, c'est l'hospitalité : tu l'as violée. Va, le Grand-Esprit te jugera un jour avec la dernière rigueur.

Le chef, plein de rage, cherchait tour à tour à crier et à se dégager, mais sans pouvoir y parvenir.

— Partons maintennat, seigneur, et sans retard. Qui sait ce qu'ils nous feraient dans quelques instants, s'ils nous surprenaient?

Ils s'échappaient par une des lisières de la forêt. Là deux sentinelles voulurent les empêcher de fuir. Il suffit à Robert Kergorieu de leur montrer le canon de son fusil.

— Une arme à feu! ils aimeraient mieux vingt coutelas.

Ils marchèrent, ils marchèrent avec une très-grande rapidité, laissant derrière eux marais, vallons, collines et bouquets de bois.

— S'ils enfourchent leurs petits chevaux noirs et qu'ils courent après nous, disait Robert, ils nous atteindront.

— Ce n'est pas sûr, répondit le Canadien : d'abord, ils ne savent pas par où nous avons pris ; ensuite nous allons avoir, nous aussi, sans doute, des chevaux à notre disposition.

— Comment faire pour cela?

— Vous allez voir, seigneur.

Ils venaient d'entrer sur le territoire d'une nouvelle tribu. Un fleuve, encaissé entre deux colonnes de roc, coulait avec fracas. Sur le fleuve était suspendu un de ces ponts en lianes, qui sont d'un si bel effet et d'une si grande nécessité aux habitants de la contrée. Aux bords de la rivière des chevaux sauvages, assez faciles à prendre, buvaient et se rendaient à la rive opposée.

— Tenez, seigneur, passez le pont. Des gens de la tribu voisine, qui s'y trouvent, vous aideront et feront le guet avec vous. Une heure ne se passera pas avant que nous ayons chacun un excellent coursier.

En même temps, il allait lui-même donner l'éveil aux

chevaux qui, se sauvant à la nage, arrivaient sur l'autre bord ; c'était là que Robert Kergorieu et ses auxiliaires en arrêtaient deux au passage.

— Vous allez voir combien Waï-ta-hu s'entend à soumettre ces bêtes indomptables.

En effet, sans mors, sans brides, sans selles et sans éperons, rien qu'avec la main et une houssine, le Canadien disciplinait les deux bêtes.

— Vous pouvez monter celui des deux coursiers qu'il vous plaira, ajouta-t-il.

Ils firent l'un et l'autre leur choix et partirent.

Ces excellents chevaux, nés et ayant grandi au milieu d'une nature merveilleusement accidentée, ne s'effrayaient d'aucune des difficultés du chemin. Leurs jambes de bronze s'appuyaient même sur le bord des précipices ou sur ces passerelles ténues et fragiles que les Américains jettent au-dessus des cascades écumantes et des torrents.

— Ce qui me console au milieu de toutes mes misères, disait le jeune Breton à son nouvel ami, c'est que, désormais, je pourrai me flatter d'avoir fait à peu près tous les genres de chasse, la chasse au crocodile, la chasse à l'hippopotame, la chasse au tigre, la chasse à l'éléphant, la chasse aux buffles et la chasse aux chevaux sauvages.

— Seigneur, il vous manquera encore la chasse aux daims, telle qu'on la pratique en Amérique, mais il sera facile de vous faire voir en quoi elle consiste.

En effet, à quelques jours de là, comme ils traversaient une des vastes prairies du nouveau monde, le Canadien dit :

— Ce soir, à la nuit tombante, près de six mille daims traverseront ces herbages ; vous verrez alors de quelle façon nous nous y prenons pour en tuer un grand nombre.

A l'heure convenue, Waï-ta-hu, qui s'était procuré une peau de daim haut encorné, se l'ajusta comme on fait d'un déguisement en temps de carnaval ; puis, après s'être muni de son arc et de ses flèches, il se posta derrière un massif d'arbres.

— Regardez bien, seigneur.

Les daims, les femelles et les mâles, apercevant de loin, à la lueur des étoiles et de la lune, la haute ramure du chasseur, croyaient que c'était un des leurs et s'approchaient sans méfiance. Tout en dissimulant ses mouvements, Waïta hu les ajustait dans les arbres et en faisait tomber un grand nombre. Les daims, loin de soupçonner qu'ils avaient

affaire à un chasseur, n'en venaient pas moins jusqu'à lui. Robert Kergorieu s'émerveilla beaucoup de cet expédient, vraie ruse de sauvages.

Ils s'engagèrent alors dans les pampas, plaines de sable de l'Amérique du Sud.

LE PONT SUSPENDU DU NIAGARA.

CHAPITRE XIV

L'Amérique du Sud. — Buénos-Ayres. — Une lettre d'Horace Vertpré. — Excursion dans le Kentucky. — Les castors. — Visite au tombeau de Washington. — Seconde lettre. — Du retour en Europe. — Les adieux du sauvage. — La chasse à l'ours dans les tribus. — Un épisode. — Une halte auprès du Niagara. — Robert Kergorieu s'embarque pour l'Europe. — Le *Neptune*. — La vie à bord. — Quelques passagers. — Pourquoi les riches colons quittent l'Amérique. — Une terre inhabitable. — Histoire de Nuñez Bravero. — Le *Saphir*. — Pérégrinations, recherches, plaintes au vent. — Les passagères. — Un grain. — Tempête sur les côtes du Var. — Naufrage du *Neptune*. — Robert Kergorieu jeté sur un roc.

Robert Kergorieu et le Canadien ne s'arrêtaient qu'à de rares intervalles, ou pour passer la nuit à couvert, ou pour se délasser. Tantôt ils frappaient à la porte d'un mineur, tantôt ils se présentaient à une hacienda.

Dans l'Amérique du Sud, colonisée par la race espagnole, une hacienda est une grande propriété rurale, tenant à la fois de la terre seigneuriale et de la ferme agricole, habitée quelquefois par le propriétaire, le plus souvent par un régisseur et par sa famille. Dans tous les cas, c'est un asile où le voyageur égaré ou attardé est toujours certain d'être bien accueilli.

Voyager ainsi, c'était encore se promener.

A la fin, ils arrivèrent à Buénos-Ayres, chef-lieu de la république de la Plata.

Buénos-Ayres, malheureusement déchirée par les crimes et les excès de la guerre civile, est cependant une ville où tout Européen se trouve protégé hautement par la présence de plusieurs consuls. Le voyageur s'y trouve en pleine sécurité. Un Français peut prendre cette ville comme le seuil de son pays.

Au reste, la vie sociale y ressemble à l'existence de Paris, de Londres et de Madrid. Il ne s'agit plus par là de caravansérails ni même de mauvaises auberges. L'hôtel, avec tout son *comfort*, attend l'étranger qui passe, pourvu qu'il ait la bourse assez bien garnie pour payer rondement. Robert Kergorieu pensait enfin à cette nécessité fatale de la civilisation : l'argent.

Comme il traversait une rue adjacente au port, il vit un quidam s'arrêter devant lui.

— N'êtes-vous pas Français? lui demanda l'inconnu.

— Oui, répondit le Breton, et, si vous désirez le savoir, je me nomme Robert Kergorieu, natif de Saint-Malo en Bretagne.

— Robert Kergorieu de Saint-Malo, c'est bien cela. Eh bien, monsieur, tenez voici une lettre à votre adresse.

— Une lettre d'Horace! s'écria le jeune homme en jetant les yeux sur la suscription. Que le ciel soit béni! Mais, monsieur, comment cette épître est-elle entre vos mains, et comment avez-vous deviné que j'étais celui à qui elle est destinée?

— C'est bien simple. Je suis chef d'une maison de portefaix et de commissionnaires. En cette qualité, je sers de trait d'union à ceux des Français de l'Amérique du Nord qui ont à correspondre avec les Français qui habitent ou qui visitent la Plata. Vous voyez, je le répète, que c'est simple comme bonjour.

L'enveloppe de la lettre enlevée, le filleul du corsaire y lut ce qui suit :

« Boston, hôtel du *Cerf-Couronné*.

« Cher Robert, celui qui te remettra cette lettre ne peut

te manquer, si, comme je l'espère, tu passes par Buénos-Ayres, car il a pour industrie d'avoir affaire à tous nos compatriotes séjournant dans ce pays. Indépendamment de cette missive, il te remettra sur ta réclamation l'argent dont tu pourras avoir besoin.

« Mes prévisions m'ont bien servi. Notre ami Claude, qui est décidément le plus industrieux des hommes, a promptement mis le temps à profit pour faire une honnête fortune. Les spéculations qu'il a faites sur les côtes de l'Inde et continuées en Amérique lui ont conquis du bien-être pour nous trois, parce qu'il n'entend pas qu'on parle autrement et qu'il se fâche tout rouge à la moindre idée de lui laisser ses richesses pour lui tout seul. Son seul et profond chagrin est de ne pouvoir point partager avec le bon Jacques, qu'il aimait de la plus sincère et de la plus tendre affection.

« Tu peux penser si le pauvre garçon a éprouvé un vif chagrin en apprenant la mort de notre vieil ami, je pourrais dire de notre second père à tous. Il a pleuré longuement, et ses larmes ne tarissaient pas. Cette circonstance lui a rendu plus pressant le besoin de te revoir. Il me répète sans cesse : « *Eh ! quittons tout pour l'aller retrouver.* » J'ai eu toutes les peines du monde à lui faire entendre qu'il serait bien plus expéditif que tu vinsses toi-même, aussitôt que tu seras renseigné sur notre résidence.

« Ainsi, au reçu de la présente, jette-toi sur un paquebot, ou sur un cheval, ou dans un aérostat, dévore l'espace aussi rapidement que tu pourras, et tombe à Boston, à l'hôtel du *Cerf-Couronné*.

« En attendant, car il y a déjà bien des semaines que j'ai rejoint notre Claude, nous avons fait, lui et moi, de lointaines et curieuses excursions à travers cette terre des États-Unis dont on nous parle si souvent en Europe et qui mérite tant d'être visitée.

Tu penses bien qu'en nous trouvant ainsi au milieu de ces arbres centenaires, sur la marge de ces fleuves qui ont inspiré à Chateaubriand de si sublimes rêveries, nos instincts de chasseurs et d'explorateurs nous sont revenus presque subitement. Nous nous sommes élancés, un peu en imprudents, sur le domaine des Sioux, des Pieds-Noirs, des Chactas et des autres possesseurs primitifs de ce pays. J'ai étanché ma soif dans le Mississipi. J'ai fait brûler un chêne pour allumer ma pipe. Claude Marteau a attrapé un écureuil blanc, et, tout fier de sa conquête, il l'a apporté à l'hôtel du *Cerf-Couronné*. Il parle de l'emmener avec nous en Europe.

« Ce qui m'a le plus intéressé, après la visite des grottes du Kentucky, ça été une colonie de castors que nous avons voulu surprendre dans ses savantes et laborieuses évolutions. Bien des livres de notre enfance nous parlent de ces intelligents architectes; mais qu'est-ce qu'une relation froide auprès du mouvement même de ces admirables artisans?

« Figure-toi un fleuve ou un étang barré par une digue.

La main de l'homme n'a rien fait à cette œuvre-là. Ce n'en est que plus parfait. De nos charmants amphibies, les uns coupent par le pied un arbre de la rive qui ne tarde pas à tomber. Une fois que sa chute est effectuée, ils le scient et le découpent mieux que ne pourrait le faire le tourneur ou le menuisier le plus habile. D'autres castors, se servant de leur queue en guise de truelle, amassent de la terre glaise, la battent et la pétrissent comme un mortier, et finalement en font comme un mastic impénétrable à l'air et à l'eau. Qui osera me soutenir maintenant que l'instinct du castor n'est pas voisin de l'intelligence de l'homme?

« En voilà assez sur nos pérégrinations. Viens donc vite afin que nous les continuions ensemble.

« Mille chances heureuses, cher Robert.

« HORACE VERTPRÉ. »

P. S. — « Combien de jours cette lettre t'attendra-t-elle à Buénos-Ayres? C'est ce qu'il ne m'est pas possible de prévoir. Tout ce que je puis te dire, c'est qu'en dépit de tous mes discours Claude Marteau manifeste une impatience que j'ai beaucoup de peine à refréner. Tous les jours, en se levant, il me dit: *Allons, Horace, c'est trop attendre; partons, allons au-devant de Robert.* Je ne désire pas moins te revoir que lui, mais il faut d'abord que tu sois arrivé dans la Plata, ensuite que tu aies reçu cette lettre; enfin, que tu aies le temps de venir jusqu'à Boston. Mais, encore une fois, j'ai beau l'exciter à la patience, qui est une grande vertu, c'est absolument comme si je chantais. Il a l'air d'être convaincu, et, le lendemain, il recommence à me dire: *Allons, Horace, c'est trop attendre; partons, allons au-devant de Robert.* Je ne peux plus le retenir.

« H. V. »

Le dernier paragraphe de cette missive ne permettait pas à Robert Kergorieu de rester plus longtemps dans le chef-lieu de la république Argentine. Il demanda quelque argent au commissaire, prit quelques dispositions et partit en compagnie de Waï-ta-hu.

Le moyen de transport qu'il avait choisi l'avait jeté dans un des ports voisins de la Virginie. Son cœur battait avec violence.

— Je vais retrouver mes amis, disait-il. Hâtons-nous, puisqu'ils ne peuvent plus attendre.

Cependant, en longeant cet État, il ne pouvait se défendre de jeter un coup d'œil sur les lieux qu'a habités George Washington, le glorieux fondateur de l'Union américaine. Il voulut voir le Mount-Vernon, modeste retraite du grand homme pendant sa vie et lieu de sa sépulture après sa mort.

L'histoire nous apprend que la mort de George Washington n'est pas moins belle et touchante que celle d'Épaminondas, le général des Thébains. Quand l'homme d'État était parvenu aux derniers confins de la vieillesse, les Anglais, renouvelant leurs attaques de 1782, tombaient en armes sur la côte américaine, brûlant des villes et saccageant les domaines des particuliers. Le Congrès organisa

vite une armée pour repousser cette agression. Qui mettre à la tête des troupes? George Washington, qui avait été deux fois président, qui s'était battu, qui avait parlé, qui avait gouverné, s'était bien acquis le droit de mourir en paix. Mais point ; on l'appela, et il répondit à l'appel de la patrie, quoiqu'il sût bien qu'il n'avait plus que quelques mois à vivre. A cent cinquante jours de là, en effet, succombant à l'âge et à la fatigue, il mourait plein de gloire et de calme, en demandant qu'on le traitât comme un simple particulier. O vertus républicaines! grandeur, simplicité, sobriété, mépris des richesses! vertus dont on parle tant et qu'on pratique si peu, George Washington vous cultivait! Tout un peuple le pleura, toute une nation porta son deuil. On voulut lui élever un tombeau honorifique. Sa famille insista pour qu'il n'eût que le petit et le simple monument qu'il a encore à Mount-Vernon.

Mais quoi! en visitant ainsi le territoire de l'Union, en s'arrêtant aux lieux consacrés par l'histoire, Robert Kergorieu perdait un peu de vue le dernier paragraphe de la lettre d'Horace. Tel est le charme des voyages, il domine tout.

— Ne faisons plus l'école buissonnière, ne prenons plus le chemin des écoliers; allons vite à l'hôtel du *Cerf-Couronné*.

Il y envoya un exprès, et l'exprès lui apporta à la hâte un nouveau message d'Horace Vertpré.

Lisons cette nouvelle lettre avec notre héros.

« Quelle bizarrerie de la destinée, mon cher Robert! Nous allions au-devant de toi au moment où tu courais sur les terres de l'Union américaine. Ainsi nous avons toujours l'air de jouer à cache-cache. Mais pour le coup il faut nous donner un rendez-vous précis, où chacun de nous se trouve à la même heure. Courir après toi en ce moment, ce serait prendre un moyen infaillible de ne pas te rencontrer. Convenons plutôt que nous partons tous en même temps pour l'Europe.

« J'espère que cet expédient te conviendra.

« Claude Marteau, qui est de plus en plus impatient de te revoir, parlait de revenir sur nos pas afin de te rencontrer à Boston, à Philadelphie ou à New-York. Je lui ai démontré que, comme tu n'as pas de résidence fixe ni bien connue, ce serait dépenser du temps en pure perte. Cet excellent garçon ne voulait pas se soumettre à la sévérité de mes raisonnements. Il a enfin cédé en me disant :

« — Eh bien, soit, Horace ; partons pour l'Europe.

« Dans le port de Rio, un vapeur chauffe en ce moment ; il part pour l'Espagne. Nous allons nous occuper d'y avoir notre passage. De Cadix ou de Barcelone, il nous sera ensuite facile de gagner notre France. Si aucun incident ne vient contrarier ce projet, nous t'attendrons à Marseille.

« Une fois que tu seras arrivé sur le port de la Joliette, deux ou trois jours suffiront pour nous ramener tous les trois dans notre Bretagne, et, dès ce moment, toutes les fatigues, tous les ennuis, tous les labeurs, toutes les tristesses de nos longs voyages seront oubliés : nous n'aurons plus que des jours de repos et de fête.

« Tiens donc pour convenu ce que je te dis là, cher Robert. Aussitôt que tu auras reçu cette missive, ne balance pas : monte sur le premier navire venu que tu rencontreras et fais tourner la proue du côté de la France.

« Bonne santé, bonne chance et prompt revoir.

« Celui qui se dit le meilleur de tes amis,

« Horace Vertpré. »

Ces dernières nouvelles traçaient à Robert Kergorieu la règle de conduite qu'il avait à suivre.

— Il n'y a pas à attendre, se disait-il. Partons et partons vite.

Mais, tout en prononçant ces paroles, il arrêta ses regards sur Waï-ta-hu, debout à côté de lui. Le fidèle Canadien paraissait, de son côté, assez sérieusement préoccupé.

— Waï-ta-hu, disait le filleul du corsaire, voici une nouvelle lettre d'Horace qui ne me permet pas de demeurer plus longtemps en Amérique.

— Eh bien, seigneur, faites ce qui vous est demandé par votre ami ; partez.

— Mais, reprit le jeune Breton avec une émotion mêlée d'embarras, est-ce que tu ne veux pas venir avec moi ?

Le Canadien fit un signe de dénégation.

— Non, seigneur.

— Tu seras traité chez nous mieux que dans ta tribu.

— Seigneur, vous aimez la terre qui vous a vu naître : j'aime aussi celle où je suis né, où j'ai grandi, où j'ai reçu les caresses de ma mère. Tant que vous avez été seul et en danger dans une contrée inconnue, je n'ai pas voulu me séparer de vous. Vous voici dans un pays habité par des hommes de votre race et de votre couleur; vous trouverez au premier port un navire pour vous transporter chez vous. Souffrez que je fasse ce que vous ferez vous-même. Le Canada, mon pays, n'est d'ailleurs qu'à deux pas. J'y veux revoir les frères de ma tribu et mourir au milieu d'eux, pleuré par les anciens et par les jeunes gens, au pied d'un érable.

— Tout cela est très-concevable, Waï-ta-hu, mais comment vivras-tu désormais au milieu de tes frères ?

— De ce que j'ai passé quelques années avec sire Primrose et quelques autres civilisés, il ne s'ensuit pas que je n'aime plus la vie sauvage.

Au Canada, dans les solitudes où je me rendrai dès que vous serez parti, je me remettrai à faire une guerre acharnée aux ours.

— Comment! les ours sont donc pour vous un moyen d'existence?

— Sans doute.

— Mais est-ce une existence qui puisse te suffire?

— Il faut que je vous donne quelques explications là-dessus pour vous faire mieux comprendre.

Le Canadien entra alors dans un détail très-savant sur les avantages que l'ours rapporte aux hommes des tribus.

— Est-ce que vous n'avez pas entendu parler déjà des jambons d'ours? reprit-il. Dans tous les animaux de cette espèce, les jambes et les cuisses sont fortes et musculeuses; c'est le premier produit. J'ajoute qu'il n'est pas de quadrupède qui rende, après sa mort, plus de service à l'homme que l'ours. Nos frères font avec sa peau des lits, des couvertures, des habits et des gants, ainsi que des colliers pour les chiens qui tirent les traîneaux. Ceux qui vont sur la glace pour faire la chasse aux animaux marins font les semelles de leurs souliers de ce même cuir, qui jamais ne glisse. La graisse de l'ours est très-estimée à raison de sa saveur agréable et fort nourrissante. Quand elle est fondue, on s'en sert au lieu d'huile.

— Mais comment parvenez-vous à vous défaire de tous les ours que vous tuez?

— En les apportant à la ville, où des négociants américains et anglais nous les achètent en échange d'autres marchandises ou pour ce métal du Mexique que vous nommez l'or..

— Mais faut-il en tuer un grand nombre?

— Vers la fin de décembre, lorsque les ours sont devenus si gros et si indolents qu'ils peuvent à peine marcher, et qu'ils sont en état de fournir une grande quantité d'huile, nos guerriers leur font la chasse. Le chef de la tribu donne un repas à tous ceux qui doivent faire partie de l'expédition. Celui qui fait les honneurs du repas ne touche à rien, et toute son occupation, pendant que les autres mangent, est de raconter ses anciennes prouesses à la chasse. On se met ensuite en marche, équipés comme pour la guerre et aux acclamations des wigwams. Un homme n'est pas réputé bon chasseur s'il ne tue douze ours en un jour. Les grands cœurs domptent ces bêtes. On en a vu revenir chez eux conduisant avec une baguette un grand nombre de ces ours, qu'ils poussaient devant eux comme un troupeau. Beaucoup de nos frères apprivoisent de petits ours.

Tout en prêtant une oreille attentive à tout ce que lui contait l'enfant du Canada, Robert Kergorieu faisait cette remarque, qu'il avait déjà eu l'occasion de renfermer dans sa mémoire, que les hommes de race primitive sont ou plus enclins à la loquacité ou même plus portés à l'éloquence que les rejetons des vieilles familles humaines. Chez eux, les ressorts de l'esprit sont encore tout neufs; la pensée n'est pas obscurcie ni ralentie par les petites pratiques de la vie sociale. C'est ce qui explique pourquoi ils causent sans cesse une fois qu'ils sont familiers avec l'Européen.

CHAPITRE XIV.

L'heure de la séparation était venue.

— Il faut pourtant que nous nous décidions à nous quitter, mon cher et courageux compagnon, dit le jeune Breton à Waï-ta-hu. Tout ce que tu viens de m'apprendre des mœurs de ta tribu m'a profondément frappé. Voilà une vie animée, colorée, utile, pleine de simplicité et de grandeur tout à la fois ! Faire la guerre aux ours ravisseurs, tuer les morses qui attaquent le voyageur maritime, lutter sans cesse contre les éléments en furie et toutes les forces de la nature, c'est la vraie destinée de l'homme. Il ne peut exister avec sa propre estime qu'à ce prix-là. Je comprends, ô Canadien, que tu trouves un grand charme à cette existence dont les incidents se renouvellent sans cesse et qui n'est jamais la même. Hélas ! tu as bien raison de ne pas vouloir me suivre en Europe. Que deviendrais-tu dans nos pâles et monotones cités? Tu serais trop à l'étroit dans ces petits compartiments de maisons lourdes et immobiles ; tu y étoufferais faute d'agir. Comme l'homme a été jeté sur cette terre pour agir et non pour croupir dans un lâche repos, tu serais amené à faire la guerre non aux monstres aux dents d'ivoire, comme les braves de ta tribu, mais aux hommes, mais à tes semblables, à tes frères, ainsi que les nomment nos livres sacrés. Eh bien, ta vie des savanes, des monts, des vallées et des bords de la mer vaut mieux. Il est beau pour un homme de s'endormir du dernier sommeil sans avoir trempé ses mains dans le sang d'un seul de ses pareils. Va donc rejoindre tes frères ; je ne te retiens plus.

— Vous aussi vous avez de belles choses, répondit le sauvage qui avait un peu appris la politesse. Vous cultivez la prévoyance, vous honorez et vous soignez les vieillards, vous adorez le grand Dieu dans des temples remplis de magnificence, vous vous découvrez au nom de la Justice, vous faites une loi du travail ; vous récompensez le mérite, le talent, les efforts ; vous punissez le vol même quand il a pour objet un œuf à enlever, et vous avez bien raison ; vous exigez qu'on vive en famille; vous videz vos querelles rapidement par des batailles d'un jour, quelquefois d'une heure ; vous ne tuez pas froidement avec la massue, le tomahawk, avec le casse-tête, comme nous autres barbares; vous lancez la mort un peu à la manière du ciel avec de petits tonnerres de bronze. Je vous admire profondément.

Il était convenu que leur course commune finirait à la cataracte du Niagara.

Le Niagara ! Rien n'est plus majestueux que ce grand fleuve. Tout voyageur sait qu'il reçoit les eaux du lac Éryé et qu'il va les verser dans le lac Ontario. Limpide comme une vaste nappe d'argent, il parcourt d'abord un large bassin, où il se déploie avec majesté. Les hauteurs de sa rive gauche, les plaines de sa rive droite, et les différentes îles qu'il embrasse, sont ornées d'une riche végétation. Bientôt le sol est plus aride, les rochers sont mis à nu ; et leur plateau, se prolongeant sous le lit du fleuve, soutient l'immense volume de ses eaux. Mais cette base vient tout à coup à lui manquer ; elle se termine par un escarpement de cent cinquante pieds de hauteur sur un mille d'étendue ; et le Niagara s'élance, se précipite avec impétuosité dans la vallée ouverte devant lui : elle est hérissée d'écueils ; l'eau s'y brise et rejaillit vers le ciel sous la forme d'un tourbillon de vapeur. Une voûte est ouverte entre le pied des rochers et la chute du fleuve. Quel grand et magique tableau ! Combien l'homme se voit petit au milieu de ces accidents de la nature ! Un mugissement éternel sort de ces flots bouleversés ; les échos le redoublent et le prolongent ; il se confond avec les roulements du tonnerre, et, quand le ciel est pur, le soleil reflète souvent les couleurs de l'arc-en-ciel dans le nuage isolé qui s'élève et reste suspendu sur l'abîme. Ce spectacle d'un fleuve qui tombe, et de la profonde vallée où il bouillonne pour reprendre ensuite un paisible cours, offre la nature dans tout l'éclat de sa grandeur et de sa beauté.

Un peu plus loin que la merveilleuse cataracte, à trois milles environ, ils voyaient un pont d'une longueur merveilleuse jeté sur le grand fleuve.

— Tout à l'heure, dit alors le sauvage en s'adressant à son jeune ami, vous me parliez des séductions de la vie erran. Mais ce pont, mais mille et une choses de ce genre sont des prodiges que nous ne savons pas faire et qui ne peuvent sortir que des mains créatrices de vous autres, hommes blancs. Sur ces bords nus et désolés, il y a plusieurs centaines d'années, les enfants de l'Europe sont venus établir leurs villes, leurs ateliers, leurs usines et tout l'attirail de leur génie. Le travail a enrichi ces contrées de trésors plus précieux que ne le sont ceux qu'on trouve dans les entrailles du Mexique et du Pérou. Nos petites hordes, qui ne savent que chasser et pêcher, ont été repoussées dans les forêts et sur les Montagnes-Rocheuses par tant d'industrie. C'est fort heureux pour le monde. Vos frères blancs jettent des bateaux en fer sur les lacs ; ils font des moulins qui exécutent en une heure autant de besogne que les bras de vingt mille hommes en un jour ; ils tirent du cotonnier des habits, des étoffes, mille richesses ; ils ensemencent des terres qui ne rapportaient jadis que de hautes herbes et des arbres stériles ; ils transforment enfin la jeune Amérique, qui, dans quelques centaines d'années, sera la plus féconde et la première des parties du monde.

Au fond, Robert Kergorieu se rendait à la puissance de ce raisonnement, et il admirait le bon sens et la noble impartialité du Canadien.

— Un jour viendra, reprit Waï-ta-hu, où les derniers fils de nos races vaincues quitteront leurs huttes pour habiter ces villes que le génie américain improvise en si peu de temps. Ils se mêleront à la famille européenne, assez généreuse pour savoir se rajeunir. C'est alors que l'Amérique sera parvenue au plus haut point de ses brillantes destinées.

— Waï-ta-hu, répliqua le jeune Breton, voilà une parole plus belle et plus pratique que toutes les grandes harangues que les orateurs des districts prononcent au Congrès. On dirait que c'est l'esprit du sage Washington qui parle par ta bouche.

Il lui tendit la main ; puis il ajouta :

— Un dernier adieu, une dernière étreinte.

Tous deux s'embrassèrent.

— Nous nous quittons, mon vieil ami, et sans doute pour ne plus nous revoir. Je ne veux pas me séparer de toi sans t'avoir laissé un souvenir. Ainsi que tu me le disais il y a quelques instants, je suis ici parmi les miens; je n'ai plus rien à redouter, je n'ai plus de périls à craindre. Ainsi, ma carabine n'est plus une arme pour moi; pour toi, qui me l'as si bien conservée, elle a, je le sais, un grand prix. Tiens, prends-la et ne te sépare jamais d'elle.

Waï-ta-hu pleurait d'attendrissement.

— Vous pouvez être bien sûr qu'elle ne me quittera jamais, répondit-il. A la chasse, à la pêche, à la guerre ou au milieu des huttes de la tribu, ce fusil sera un souvenir constant qui me rappellera l'ami qui me l'a donné. Si j'ai un jour un fils, il le recevra en héritage avec ces mots: « Enfant, sois brave, et vis en honnête homme comme le jeune Français. »

Ils se serrèrent encore une fois la main, l'un pour prendre le sentier qui menait au port de la ville voisine, l'autre pour s'enfoncer dans les bois qui conduisaient à sa tribu.

Eh bien, se dit Robert Kergorieu, puisque mes deux amis ont pris la route de l'Atlantique, faisons comme eux, et de là nous irons à Marseille.

Il prit passage sur le *Neptune*.

C'était un trois-mâts d'une extrême légèreté, rasant l'eau comme un goéland quand il plonge dans la mer les plumes duveteuses de ses ailes.

Au nombre des passagers se trouvaient des familles françaises, mêlées à quelques groupes d'Espagnols et d'Italiens.

— Enfin! se dit le jeune voyageur, il va m'être possible de causer un peu de mon pays!

Le capitaine était un ancien élève de l'école de Brest.

— Me voilà en pays de connaissance, reprit le filleul du corsaire, toujours en se causant à lui-même.

Si le mouvement de la vie moderne est curieux à observer, c'est surtout à bord d'un navire. L'intérêt qu'on éprouve à contempler cet essai d'un monde abandonné aux caprices du vent redouble quand il se trouve sur le même pont des hommes, des femmes et des enfants venant de contrées diverses et se rendant à des destinations qui ne sont pas les mêmes. Il se forme alors des liaisons d'amitié d'autant plus douces qu'elles sont plus intéressées. On se rencontre pour quelques jours, pour un mois ou pour un mois et demi, si vous voulez, et l'on tient à ce que ceux qui vous voient ainsi en passant conservent toujours de vous un bon souvenir. Ce qu'il y a de meilleur dans l'esprit et de plus délicat dans le cœur est alors étalé comme à profusion.

Les passagers du *Neptune* étaient pour la plupart des colons enrichis de la Havane, de la Plata et des autres portions de l'Amérique. Ils opéraient leur retour en Europe, afin de venir jouir en paix de leur fortune amassée.

Robert Kergoricu s'étonnait de les voir changer de patrie rien que pour ce motif.

— Pourquoi donc, leur disait-il, ne préférez-vous pas la belle et jeune Amérique à notre vieille Europe? Si vous aviez comme moi un devoir à remplir, des souvenirs à entretenir, un état à vous faire, je comprendrais que vous vinssiez vieillir à Paris, à Londres ou à Naples; mais il n'y a pour vous tous rien de pareil. Vous quittez le plus beau ciel qui soit au monde, les grands fleuves, les grandes mers, les grandes forêts, les doux fruits, les fleurs éblouissantes, l'abondance, une terre d'une fécondité sans pareille, et tout cela sans autre raison que celle-là : « C'est la mode. »

— Mon jeune monsieur, répondait-on au voyageur, on voit bien que vous ne jugez les choses que sur l'apparence. L'Amérique est sans contredit le plus beau pays du monde; seulement l'Amérique n'est pas habitable.

— Que dites-vous là ?
— La vérité.
— Eh bien, expliquez-vous plus clairement.
— Rien de plus facile.
Les passagers ajoutaient :
— Oui, l'Amérique est belle, mais Dieu a mis un prix à

sa beauté; c'est la terre des tremblements de terre et des beaux paysages; c'est la patrie de l'or et de la fièvre jaune; c'est le sol où tout est réuni pour que l'homme ne manque de rien et c'est celui où l'homme est le plus en guerre avec son semblable. On ne trouve pas sur ce vaste continent vingt kilomètres carrés où la guerre civile ne promène point à chaque instant le fer, le feu et le gibet. Il y a de grandes mers et de grands fleuves, mais il n'y a nulle part autant de naufrages. Enfin, et pour aborder un raisonnement frivole: sauf le boire et le manger, une nature délicate n'y trouve rien à sa convenance. Il faut constamment avoir recours à cette vieille Europe dont vous parlez. Comprenez-vous maintenant pourquoi nous préférons l'ancien monde au nouveau?

— Je comprends, dit Robert Kergorieu, qui n'hésitait pas à humilier la fougue de son amour-propre devant la vérité.

Cependant on entrait à pleines voiles dans les mers de l'Europe.

Un moment le *Neptune* s'était arrêté près des côtes d'Espagne.

Plusieurs passagers y descendirent, puis il continua sa route lorsque, après être entré dans la Méditerranée, presque en vue des côtes de Marseille, la vigie s'écria tout à coup:

— Voilà un grain! un grain noir à l'horizon!

Le capitaine commanda vite la manœuvre.

Que sont les efforts des marins les plus rudes en présence de la tempête, qui est, dit-on, un des signes de la colère de Dieu? En dépit des voiles pliées, des mâts abaissés ou coupés, des rames tirées, un coup de vent s'empara du navire et le jeta comme une plume du côté du Var.

— Au secours! A la chaloupe! Au canot! A la mer! A la nage!

Tous ces cris partaient ensemble et s'entre-choquaient.

Robert Kergorieu n'avait pas attendu qu'on fît appel à son courage. Quand il avait vu que le *Neptune*, aux trois quarts fracassé par les écueils, était déjà disjoint et prêt à sombrer,

CHAPITRE XIV.

il s'était jeté à la nage, en pleine mer, se portant du côté par où il lui était possible d'arracher à la mort quelques-uns de ses compagnons de voyage. Deux ou trois fois il avait été assez heureux pour empêcher quelques-uns des naufragés de se noyer. Mais, quoiqu'on eût fait entendre le canon d'alarme et fait flotter un pavillon de détresse, les secours n'arrivaient qu'avec infiniment de lenteur.

Quelques frêles embarcations s'approchaient pourtant.

— Arriveront-elles à temps? s'écriait Robert épuisé. Encore cinq minutes et nous périssons tous!

Il redoublait d'énergie, il luttait toujours.

L'orage aussi sévissait avec plus de vigueur.

— Les voilà! les voilà! lui criait un matelot. Tenez bon, jeune homme.

Robert Kergorieu allait répondre.

Un nouveau coup de vent poussa la lame et alla fracasser le jeune homme sur les rochers.

EPILOGUE

Il s'écoula un jour.

Robert Kergorieu recouvra l'usage de ses sens; quand il revint à lui, il se trouvait au lit, dans une chambre assez élégante d'une jolie maison de campagne des environs de Toulon.

Plusieurs personnes l'entouraient et lui prodiguaient leurs soins.

— Dieu merci! ce ne sera rien, disait un personnage qu'à son costume autant qu'à son langage on pouvait prendre pour un médecin. Ce jeune homme a eu du bonheur, mais il doit surtout d'être sauvé à sa rare intrépidité. La mer en courroux ne lui a pas fait peur un seul instant. Il luttait avec la tempête comme un enfant s'amuse avec un jouet. C'est une rafale qui l'a jeté sur la pointe des rochers et étourdi du coup. Sans ce contre-coup, il serait arrivé au port en nageant, j'en ai l'assurance.

Robert Kergorieu, sentant renaître enfin les forces de sa mémoire, se rappela l'orage formidable de l'avant-veille, le vaisseau désemparé et faisant eau de toutes parts, l'équipage disséminé et frappé de stupeur, les passagers poussant au ciel une dernière plainte et une dernière prière, et lui-même essayant, mais en vain, de sauver ceux qui se trouvaient près de lui et étant en danger de périr.

— Quel terrible et magnifique spectacle que cette tempête! s'écria-t-il. Ah! quelle belle vie que celle des gens de mer!

On prit ces paroles pour un reste de délire; on lui donna des boissons adoucissantes pour calmer cette fièvre.

— Monsieur le docteur, dit alors le jeune homme, je vous remercie de vos bons soins, ainsi que je le fais pour les personnes qui ont pour moi tant d'attentions délicates; mais, je vous en prie, laissons là vos loochs et vos tisanes, et cela pour une excellente raison, c'est que je ne suis plus malade.

— En êtes-vous bien sûr? demanda le médecin.

— J'ai eu de la fatigue; j'ai succombé à un étourdissement; j'avais avalé plus d'eau salée qu'il ne convient d'en boire, mais tout cet évanouissement a cédé devant la généreuse hospitalité que j'ai reçue ici. Dès demain je me remettrai sur mes jambes, car enfin maintenant j'ai bon pied et bon œil.

En même temps il demanda des nouvelles du *Neptune*.

Il apprit que, grâce à l'énergie et aux sentiments philanthropiques des marins du port de Toulon, presque tous les passagers avaient été sauvés.

— Ainsi, reprit-il en se tournant du côté du docteur, j'avais donc bien raison de le dire tout à l'heure, c'est une belle vie que celle des gens de mer. Voyez comme la vue du danger fait naître promptement le courage dans le cœur des marins! Y a-t-il un dévouement comparable à celui qui se livre à la fureur des flots pour rendre son semblable à la vie? Une fois l'orage passé, quand le calme est revenu et qu'on peut voir de ses yeux le bien qu'on a fait, y a-t-il une récompense qui vaille celle-là : « Tu as empêché un frère ou une sœur de se noyer? » Non, sans doute.

Puis il répétait :

— Eh bien, je ne serai jamais que marin.

En ce moment la porte de la chambre s'ouvrit pour donner passage à deux jeunes gens en costume de voyageurs élégants.

Robert Kergorieu poussa aussitôt un cri de surprise et de joie.

Il venait de reconnaître Horace Vertpré et Claude Marteau.

— Horace! Claude! vous ici! s'écriait-il. Comment avez-vous appris que j'étais dans cette maison?

Les deux jeunes gens se jetèrent d'abord sur lui pour l'embrasser; puis, après le premier moment de l'émotion, Horace Vertpré prit la parole.

— Si tu as reçu ma dernière lettre, lui dit-il, tu dois savoir que nous t'attendions à Marseille. Tu penses bien que nous ne nous lassions pas d'interroger les navires qui arrivaient au port. Ayant toujours la longue-vue à la main, nous ne perdions pas des yeux les points de l'horizon par où tu pouvais revenir. Enfin hier, dans la soirée, nous avons appris le sinistre du *Neptune*. Un secret pressentiment nous disait que tu devais te trouver sur ce navire. Juge de nos transes! Tâche de te faire une idée de notre tristesse. Nous ne pouvions attendre plus longtemps. Nous avons enfourché chacun un bon cheval et nous sommes arrivés à Toulon avec autant de rapidité qu'il a été possible, en ne nous arrêtant pas. On nous a indiqué alors la maison hospitalière qui t'a accueilli, et nous voilà.

Le lendemain, après avoir renouvelé ses remercîments, Robert Kergorieu, tout à fait rétabli, se leva et partit en compagnie de ses deux amis.

— A Saint-Malo! A Saint-Malo! s'écriait Claude Marteau; voilà notre dernière halte.

En entrant à Saint-Servan, Robert Kergorieu trouva la petite maison de son parrain transformée et singulièrement embellie. On avait conservé avec un soin religieux tout ce qu'avait aimé Robert Surcouf, le dessin principal du petit édifice, la fenêtre à laquelle il prenait plaisir à respirer l'air et à se chauffer au soleil; on n'avait touché à aucun des meubles qui garnissaient sa chambre à coucher. Mais, ces pieuses réserves une fois faites, l'habitation avait été augmentée d'un charmant petit pavillon d'une grande délicatesse et qui ressemblait à un kiosque d'Orient. Des plantes grimpantes et quelques arbres de la presqu'île du Gange animaient le jardin agrandi.

À l'aspect de ces merveilles, Robert, enchanté, ne put s'empêcher de faire entendre un cri de joie et d'attendrissement.

— Je vois que la main de Claude Marteau a passé par là, dit-il.

— C'était la seule manière que j'eusse de remercier mon frère adoptif, répondit l'excellent garçon.

Horace Vertpré, ayant pris Robert par la main, le mena dans un coin un peu plus retiré de l'enclos. Au milieu d'un massif de cyprès et sous l'ombrage de deux saules pleureurs, il lui montra deux petites colonnes en forme de pyramides. C'était un double et pieux souvenir. De ces deux petits monuments votifs l'un portait le nom de Robert Surcouf, l'autre celui de Jacques.

— Voilà encore une attention délicate de Claude, s'écria le filleul du corsaire : il ne peut avoir que de bonnes pensées.

Claude Marteau intervint et dit :

— Mettons-nous à table et nous causerons. J'ai fait disposer un petit repas pour fêter le retour de Robert. Tout en nous rappelant les principaux événements de notre voyage, nous verrons ce que chacun de nous aura à faire dans l'avenir.

À table, en effet, ils agitèrent cette grave question, toujours si difficile pour des jeunes gens qui entrent dans la vie réelle : le choix d'un état.

— Quant à moi, dit Claude Marteau, il n'y a pas le moindre doute, j'ai assez vécu au milieu des aventures, j'ai assez couru, assez attendu, assez éprouvé d'angoisses ; je vous déclare tout net, chers amis, que je ne veux plus me confier aux caprices de la mer : je m'en tiens au plancher des vaches, comme disent les bonnes gens. D'ailleurs, je n'aurai pas trop à me plaindre. Comme la fourmi prévoyante de la fable, j'ai amassé au temps chaud de quoi vivre honorablement l'hiver. Ainsi, voilà mon avenir bien dessiné : vivre en bon bourgeois, la canne à la main, l'été ; cueillant des fruits l'automne ; l'hiver, me chauffant à mon foyer.

— Fort bien, Claude ; je l'entendais ainsi, répondit Robert Kergorieu. Eh ! justement, puisque tu as les goûts d'un citadin, tu resteras dans cette petite maison bourgeoise que tu as si bien embellie d'ailleurs, dans cette petite maison qui est pour toujours à nous trois, puisqu'elle appartient à l'un de nous.

— Mais, vous autres, mes amis, reprit l'ancien marchand de tafia, est-ce que vous ne voulez pas y résider avec moi ?

— Nous ne le pouvons pas, nous ne le pouvons en aucune façon, Claude ; je parle, du moins, pour moi, ajouta Robert.

— Que veux-tu dire ?

— Dans le cours de notre voyage, à terre, sur mer, quand nous étions tour à tour heureux et malheureux, Jacques me disait : « Robert, quand tu seras de retour à Saint-Malo, il peut se faire que je ne sois plus de ce monde. Dans ce cas-là, une fois revenu, tu feras demander une copie du testament du capitaine et tu te feras lire l'article qui te concerne. »

— Au fait, repartit Claude, comme il m'avait recommandé de songer à avoir pour toi, le cas échéant, une expédition de cet acte, je l'ai là.

— Eh bien, poursuivit Robert, je ne connais pas l'article qui me concerne, mais j'en devine l'esprit ; les conversations de Jacques me l'ont fait comprendre.

Claude Marteau, qui s'était levé de table, revint un instant après avec un petit cahier.

— Voilà le testament, dit-il.

Et il lut à haute voix.

« Ceci est mon codicille.

« Moi, Robert Surcouf, sain de corps et d'esprit, je lègue et transmets, par les présentes dispositions, à Robert Kergorieu, mon filleul, ma petite maison de Saint-Servan avec ses annexes et dépendances.

« J'ajoute que si, après un voyage de long cours autour du monde, il est animé d'un vif amour pour la mer, s'il est brave, s'il est bien portant, s'il a enfin toutes les qualités qui constituent un bon marin, je lui lègue et donne, pour s'en servir, une carabine d'honneur qui m'a été décernée lors de mes campagnes, sûr qu'il en fera un bon usage dans l'avenir.

« En foi de quoi j'ai signé, etc., etc., etc. »

— Eh bien, est-ce clair? reprit Robert Kergorieu. Un tel legs oblige. Je ne puis être que marin. D'ailleurs cette grande course que nous venons de faire jusque dans l'extrême Orient n'a pu que développer ce goût-là, et j'y obéirai.

Horace Vertpré s'empressa de dire qu'ayant une pensée en tout conforme à celle de son ami, il serait marin comme lui.

Tout ce que Claude Marteau put imaginer de séduisant pour leur faire aimer la vie sédentaire, l'existence calme et aisée de la terre ferme, échoua contre leur résolution. A chaque instant Robert Kergorieu répondait, sous forme d'argument :

— Je ne peux pas désobéir à mon parrain ; il a voulu faire de moi un marin et je serai marin.

Il n'y avait rien à répliquer.

Après un temps raisonnable donné au repos qu'exigeaient leurs récentes fatigues, Robert et Horace se consacrèrent à la reprise des études préliminaires qu'on exige de tous les apprentis amiraux.

— Vous avez bien de la bonté de vous casser la tête à piocher ainsi les mathématiques, quand il vous serait si facile de vivre ici sans tracas.

— Nous voulons revoir un jour les grandes mers que nous avons traversées avec toi, répliquaient-ils.

En effet, tous deux ont été admis, après un brillant examen, à l'école navale de Brest.

Nommés enseignes le même jour, les deux amis commencèrent leur carrière sur des navires différents.

Claude Marteau, qui était accouru à Brest pour les revoir et leur souhaiter bon voyage, était tout fier de se promener avec deux beaux jeunes gens, parés de magnifiques uniformes.

— Où vas-tu ? demanda-t-il à Horace.

— Je m'embarque sur le *Phlégéton* qui doit parcourir pendant près de deux années les mers du Nord.

Quant à Robert Kergorieu, il faisait partie de l'équipage de la *Louisiane*, qui allait en croisière près des côtes de Madagascar.

Les deux navires que nous venons de nommer ne devaient pas tarder à prendre la mer.

A trois mois de cette date, la *Louisiane*, ayant le vent en poupe, voguait sur la mer des Grandes-Indes, faisant bonne garde sur des mers où les pirates barbares mettaient d'ordinaire tout à feu et à sang.

A présent que nous sommes là, reprenaient les marins, vous verrez que pas un de ces brigands à la peau tannée n'osera se...

En ce moment un léger coup de sifflet se fit entendre.

C'était la vigie qui signalait un point noir à l'horizon.

Le capitaine s'empara de sa lunette.

— J'ai parlé trop vite tout à l'heure, reprit-il, dans quelques instants, nous aurons une petite conversation avec les beaux messieurs qui viennent au-devant de nous.

— Il faut nous préparer à les bien recevoir.

En même temps, il ordonna la grande manœuvre.

— Enfants ! tout le monde sur le pont.

Dix minutes ne s'étaient pas écoulées, que le point noir qui estompait l'horizon devenait plus visible à l'œil.

Il y avait réellement plusieurs bâtiments. Ils étaient de

petite dimension, mais on n'en comptait pas moins de trois.

— Ce sont des pirates malais, ainsi que je l'avais d'abord supposé, dit la vigie.

— Les drôles se sont mis à trois, pensant être ainsi plus à même de se gagner l'impunité.

— Ils seraient six, se hasarda à dire Robert, qu'ils reculeraient tout de même devant la *Louisiane*.

Ici le capitaine somma les trois bâtiments d'avoir à amener leur pavillon.

Point de réponse.

Le capitaine commanda, suivant les règlements, une seconde sommation plus énergique.

Les pirates, comptant sans doute sur leur nombre, n'eurent même pas l'air d'avoir entendu.

Bon, se dit l'équipage, ça va chauffer.

Effectivement le capitaine commanda la manœuvre du branle-bas général.

C'étaient trois bagarres qui se suivaient de près, mais pas encore assez cependant pour s'opposer à ce qu'un bon brick, tel que la *Louisiane*, n'avalât la première d'une bouchée.

— A l'abordage, enfants, coupez les agrès, renversez les mâts, et au besoin mettez le feu aux sabords! s'écriait le capitaine.

Ses ordres furent ponctuellement exécutés, et la première gabarre vite réduite.

— A l'autre maintenant !

Le brave officier, montant le premier à l'assaut pour donner l'exemple, reçut un coup de hache qui lui fracassa les deux cuisses.

— Me voilà hors de combat, s'écria-t-il. Je vais mourir. Que le second prenne ma place : la *Louisiane* les rompra toutes les trois.

La seconde gabarre venait d'être démâtée, désemparée, rendue inoffensive.

Restait la troisième, qui était aussi la plus formidable.

Robert Kergorieu, dont le poste venait de prendre plus

d'importance, se multipliait tant pour transmettre les ordres du second que pour courir à l'abordage.

La résistance était opiniâtre. Sur ce troisième bâtiment, les pirates étaient des lions déchaînés.

Celui qui les commandait mit en joue le second du brick et lui cassa un bras. Au même instant, Robert Kergorieu, plus prompt que l'éclair, se jeta sur l'échelle, atteignit le bandit, et d'un coup d'épée le jeta tout sanglant sur le pont.

— *Vivat* Robert Kergorieu ! s'écria l'équipage.

La troisième gabarre était prise.

En somme, si cette journée avait coûté cher, l'action était des plus glorieuses.

La *Louisiane*, traînant à sa remorque les trois gabarres chargées d'un riche butin, mit le cap sur Bourbon.

Grâce à des soins promptement administrés, le capitaine vécut assez pour rédiger le rapport de l'affaire. Rien n'y était omis. Le courage si brillant du filleul de Robert Surcouf y était dignement mis en relief.

Au retour de l'expédition en France, c'est-à-dire un an après le départ, Robert Kergorieu était nommé, par ordonnance du roi, aspirant de première classe et chevalier de la Légion d'honneur.

Ces détails, que Claude Marteau put lire dans le *Moniteur*, furent transmis par l'excellent garçon à Horace Vertpré, qui ne put s'empêcher de dire :

— Mon cher Robert marche sur les traces de son glorieux parrain !

FIN.

TABLE DES MATIÈRES

Prologue. — La vieillesse de Robert Surcouf. — Un jour de soleil. — Jacques le matelot. — La pipe du corsaire. — Un enfant. — Confidence. — Robert Kergorieu. — Vœu du parrain. — Projet d'un voyage autour du monde. — Legs à un vieux serviteur. — Mort de Robert Surcouf.. 1

Chapitre premier. — Mort et obsèques de Robert Surcouf. — Éducation de Robert Kergorieu. — Mutinerie réprimée. — L'école de Saint-Malo. — Récits du matelot. — La quatorzième année. — Un camarade de classe. — Projet de voyage. — Horace Vertpré. — D'un petit musicien que Jacques et Robert Kergorieu rencontrèrent, le soir, dans une rue déserte. — Aventures de Claude Marteau. — Un souper à Saint-Servan. — Préparatifs de départ. — On quitte la terre........................ 11

Chapitre II. — Ce qui se passe à bord du *Cormoran*. — Brest. — La Rochelle. — La Gironde. — Le cap Finistère. — Coup d'œil sur l'Espagne. — Gibraltar. — Entre deux continents. — Alger. — Ce qu'on trouve dans une ville d'Orient. — Un Arabe. — Du cadeau qu'il fit à Claude Marteau. — Où sont les chameaux? — Un tour dans le Sahel. — Un mot sur l'oasis des Beni-Oussem. — Le moustique. — Abdallah-Ben-Daoud, le cheikh. — Une collation. — Les gourbis. — A propos des poulains. — Les deux lionceaux. — L'avenir de l'Afrique française. — Toujours les plaintes de Claude Marteau. — Une chasse au sanglier............ 31

Chapitre III. — La chasse au sanglier. — Préliminaires. — Le bachi-bouzouck. — Une halte. — Combat. — Un chien tué et un homme blessé.

— Sur la lisière du bois. — Robert Kergorieu. — Un coup de pistolet. — Victoire. — Un cadeau au *Cormoran*. — On se remet en route. — Reprise des plaintes de Claude Marteau. — L'intérieur de l'Afrique française. — Un chameau. — Deux branches d'arbre. — Arrivée à Bône. — Un café arabe. — Le Turc d'Erzeroum. — Un charmeur de serpents. — Scènes de la vie orientale. — Une lettre au capitaine du *Cormoran*. — Rendez-vous à Tunis... 49

CHAPITRE IV. — Tunis. — La chapelle de saint Louis. — Le tombeau des Abencerrages. — Les marionnettes. — Justice du bey. — Le port. — Un prétendu marchand de corail. — La felouque. — Un mendiant. — Horace Vertpré s'embarque. — Retour du *Cormoran*. — Ce qui se passait à bord de la felouque. — Regrets des trois amis. — Projets de vengeance. — La rade d'Aboukir. — Un souvenir historique. — Alexandrie. — Premier salut à l'Égypte. — Voyage à pied. — Le Nil. — Le marchand d'eaux. — Une ravine. — Chasse au crocodile. — Le poignard des nègres. — Un coup de fusil.......................... 65

CHAPITRE V. — Première rencontre avec sir James Primrose. — Repas du soir. — Une nuit d'Orient. — Récit sur la terrasse. — Épisodes de l'expédition d'Égypte. — Les soldats français et les savants. — A propos de la jambe de bois du général Caffarelli. — Le Nil. — Chébreiss. — Les mamelucks. — Bataille des Pyramides. — La caravane. — Une halte. — Le costume arabe. — Alep. — Un marchand de Syrie. — Arrivée au Caire. — Un esclave noir. — Une maison arabe. — Kaddour le Touareg. — Hésitation. — Le Touareg raconte son séjour à Marseille. — Une bague. — L'association des cinq cent mille. — Le bazar. — Premier effet des vertus de la bague. — Retour à la caravane. — Un mystère. — Le visiteur. — On se remet en marche.............................. 91

CHAPITRE VI. — Rentrée dans le désert. — Un mirage. — Du Caire à Suez. — Une route dans les sables. — L'oasis. — Une estafette du viceroi d'Égypte. — Le lion et les gazelles. — Suez. — Destinées de ce pays. — La source de Moïse. — Djeddah. — Le tombeau d'Ève. — Une note au crayon. — Les mystères de la Mecque. — Un mendiant. — Voyage à la ville sainte. — La Caabah. — Le puits de Zem-Zem. — Horace Vertpré. — Départ. — Contre-temps... 121

CHAPITRE VII. — Ispahan. — Un jardin. — Collation. — Usbeck. — Le séjour à Aden. — Ce que c'est que ce port. — Le *cicerone*. — A propos de la bague de Kaddour. — Lutte. — Fuite en Perse. — Une lettre. — L'invitation de sir James Primrose. — Seconde lettre. — Jacques et Claude Marteau aux portes de la Chine. — Un moyen de sortir d'embarras. — Jacques et Claude Marteau à Djeddah. — Un conte arabe. — Manière d'avertir. — Les trois voleurs et l'homme à la chèvre. — Un chamelier. — L'oasis. — Taïf. — Tromperie. — On s'embarque. — Tempête. — La Cochinchine. — Une idée de Claude Marteau. — Commerce de confiserie. — Le rajah Branmine. — Le miel et les mouches. — Un petit trésor. — La factorerie........................ 137

CHAPITRE VIII. — Départ de la Perse. — Premier regard jeté sur l'Inde.

— Les grandes villes. — Un éléphant. — Les divers enfants de Brahma. — Une forêt. — Rencontre sous les arbres. — Un convoi. — La chasse au tigre. — Le brahmine médecin. — Histoire du Canadien. — Arrivée au bengalow. — Invitation d'un rajah. — Un courrier. — Une lettre datée de Macao. — Jacques à Robert Kergorieu et à Horace Vertpré. — La factorerie de Macao. — Les deux négociants arrêtés. — Un escogriffe. — Hauts dignitaires. — Une bouteille de raum. — Commerce. — Jacques invite ses amis à venir près de lui pour faire un voyage en Chine... 167

CHAPITRE IX. — Préparatifs de départ pour la chasse aux éléphants. — Le palais du Rajah. — Ce qu'était le prince. — Une cour indienne. — Le fakir. — Une collation. — Le majordome. — Un premier coup d'œil. — Les éléphants et le champ de maïs. — De la chasse au lacet. — La sentinelle. — Un petit. — Coup de trompe. — Le rajah blessé. — La bague d'Aden. — Combat à la carabine. — Les deux éléphants. — Supplice du majordome. — La topaze retrouvée. — Lettre de Robert Kergorieu à Jacques et à Claude Marteau. — La vie de voyage. — Un guide. — Le fakir. — La chaîne du fils du roi. — Le serpent tué. — Tombeaux indiens au milieu d'une forêt. — Temple du génie du feu. — Les Tugs ou Étrangleurs. — Un orage. — Un fumeur d'opium. — L'Africain. — Effet de la bague. — Sidi-Kaddour retrouvé. — Les Tugs mis en fuite. — Séparation.. 193

CHAPITRE X. — Robert, Horace, Jacques et Claude dans l'intérieur de la Chine. — La ville de Tching-tou-fou. — Un conseil de Claude Marteau. — Ce que disait la foule. — Le gouverneur de Tching-tou-fou. — Un mot sur l'organisation intérieure de la Chine. — L'empereur. — Les lettrés ou mandarins. — Une chasse à l'hippopotame. — Le dîner. — Le vin chaud et le vin de riz. — Un rôti peu européen. — Les deux bâtons. — La fourchette. — Les serviettes en papier. — Les noix et les amandes. — Une table à thé. — Voyage à la maison flottante. — Les buveurs d'opium. — L'extase. — Disparition inexplicable de Claude Marteau. — Entrée dans Pékin. — La grande Pagode. — Visite au gouverneur de la capitale. — Le dignitaire. — Une lettre de recommandation. — La tour de porcelaine. — Intérieur d'une maison chinoise. — Le mandarin philosophe... 223

CHAPITRE XI. — Retour à Macao. — Sur le port. — Une bouteille cachetée. — Une lettre apportée par la mer. — Rendez-vous à l'île des Papillons. — Ce que c'est que Poulo-Pinang. — Richesses et merveilles du pays. — Journal de Claude Marteau. — Le *Soleil d'ivoire*. — Un long voyage. — Un épisode de la pêche à la baleine. — Un paysage. — Le conte du Petit-Poucet à bord. — Poulo-Pinang. — Départ fait.... 245

CHAPITRE XII. — Départ de Poulo-Pinang. — Un regret de Jacques. — L'Amérique. — Dernière étape du navire. — Jacques malade. — La fièvre jaune. — Mort de l'ancien marin. — Une motion d'Horace Vertpré. — Nouvelle séparation. — Forêts, savanes, paysages. — L'ours et les singes. — L'ours et le daim. — Les îles flottantes. — Une rencontre. — Les cavaliers sauvages. — Waï-ta-hü. — Un poignard. — Invocation avant la chasse. — Les buffles. — Un coup de fusil. — Invitation 259

Chapitre XIII. — Le festin après la chasse. — Fours souterrains. — Une épaule de bison. — Un conseil du Canadien. — Nuit sous la tente. — Une apparition. — La face noire. — L'examen d'un sauvage. — Le fusil. — Le poignard en arête de poisson. — Un ami qu'on n'attendait pas. — Allocution de Waï-ta-hü au Renard-au-Museau-noir. — Le chef. — Le bâillon. — Fuite. — Les sentinelles. — Chasse aux chevaux sauvages. — Le pont du Rio. — Chasse aux daims. — Les émigrants..... 271

Chapitre XIV. — L'Amérique du Sud. — Buenos-Ayres. — Une lettre d'Horace Vertpré. — Excursion dans le Kentucky. — Les castors. — Visite au tombeau de Washington. — Seconde lettre. — Du retour en Europe. — Les adieux du sauvage. — La chasse à l'ours dans les tribus. — Un épisode. — Une halte auprès du Niagara. — Robert Kergorieu s'embarque pour l'Europe. — Le *Neptune*. — La vie à bord. — Quelques passagers. — Pourquoi les riches colons quittent l'Amérique. — Une terre inhabitable. — Histoire de Nuñez Bravero. — Le *Saphir*. — Pérégrinations, recherches, plaintes au vent. — Les passagères. — Un grain. — Tempêtes sur les côtes du Var. — Naufrage du *Neptune*. — Robert Kergorieu jeté sur un roc.. 287

FIN DE LA TABLE DES MATIÈRES.

2389-81. — CORBEIL, TYP. ET STÉR. CRÉTÉ.

www.ingramcontent.com/pod-product-compliance
Lightning Source LLC
Chambersburg PA
CBHW071251160426
43196CB00009B/1240